En chemin vers la Libération

Tome 1

RÉCITS DE MOMENTS PRÉCIEUX AVEC AMMA.

Édité par Brahmachari Madhavamrita Chaitanya

En chemin vers la Libération
Tome 1

RÉCITS DE MOMENTS PRÉCIEUX AVEC AMMA.

Édité par Brahmacahari Madhavamrita Chaitanya

Publié par:
  Mata Amritanandamayi Center
  P.O. Box 613
  San Ramon, CA 94583-0613
  États-Unis

En France :
  www.etw-france.org

Au Canada :
  http://ammacanada.ca/?lang=fr

En Inde :
  www.amritapuri.org
  inform@amritapuri.org

TABLE DES MATIÈRES

PRÉFACE

Pour les disciples d'un maître spirituel exceptionnel et authentique, établi dans le *sahaja-samadhi* (c'est-à-dire qui demeure constamment dans l'état de conscience suprême) raconter les expériences de première main qu'ils ont eues auprès du guru est une tentative d'exprimer l'inexprimable. C'est pourtant exactement ce qui se passe depuis un an et demi à Amritapuri, lieu de résidence d'Amma, Sri Mata Amritanandamayi Dévi, pendant le confinement dû à la pandémie du coronavirus.

Le principe fondamental du Sanatana dharma (la foi hindoue), c'est d'inclure tout le monde. Le Sanatana dharma encourage de nombreuses voies et offre de nombreuses formes, pour s'assurer que personne n'est exclu et pour fournir un vaste éventail de choix possibles aux chercheurs spirituels et aux croyants.

Comme le dit Amma : « Une seule voie ne peut pas convenir à tous car la nature du mental n'est pas la même chez tous, pas plus que les tendances latentes héritées du passé. Insister pour que tout le monde suive la même voie, cela reviendrait à promouvoir un seul modèle et une seule taille de chaussures ». Donc, en réalité, l'Hindouisme est un monothéisme. Il croit en une seule Réalité, suprême et sans division, appelée Brahman, seule et unique vérité, le substrat même de ce monde manifesté des noms et des formes.

Amma suit cette tradition vénérable des *rishis* (sages de l'Antiquité). Elle accepte tout le monde et toutes les voies, que ce soit *karma*, *bhakti* ou *jnana*, et ne rejette rien. Par conséquent, dans cette compilation de *satsangs* (discours touchant à la spiritualité), vous trouverez un mélange harmonieux de dévotion, d'action désintéressée et de connaissance védantique.

Ces témoignages, avec le vaste éventail d'idées et d'expériences qu'ils nous offrent, fournissent ample matière à réflexion. Ils nous donnent une chance de mieux comprendre et assimiler le mystère qu'est Amma. Ils sont aussi une porte donnant accès à une sagesse ancrée dans la croissance intérieure, personnelle, qui accompagne la spiritualité et une relation proche avec un guru vivant. Au fil des récits, d'un flot incessant d'expériences divines, de leçons qui méritent réflexion et de moments méditatifs, une voie bien définie se révèle, une voie qui ouvre les portes du cœur.

La clé, c'est l'amour, le flot incessant d'amour pur et inconditionnel qui s'écoule d'Amma vers tous les êtres. L'amour d'Amma se manifeste sous la forme d'un cercle complet dont personne n'est exclu : l'amour circule continuellement de la source à ceux qui reçoivent et inversement. C'est « une vraie rencontre des cœurs », comme le dit Amma. L'expérience « négative » du confinement dû au virus du Corona a engendré une transformation à Amritapuri, une « fête », pourrait-on dire : c'est le récit des expériences racontées par chacun des orateurs, des expériences divines, remplies de béatitude. Ces récits ont permis à chacun de mieux saisir la profondeur de la Connaissance que possède Amma et de son impact sur le monde.

Je n'exagèrerais en rien en disant que cette compilation est un trésor, un cadeau sans prix d'Amma à ses enfants du monde entier. Il ne s'agit pas seulement d'un recueil d'expériences, mais d'un excellent livre de référence qui donne un aperçu de la vraie spiritualité. Il nous présente le vaste éventail d'expressions d'une authentique relation entre guru et disciple, telle qu'elle était conçue et cultivée par les anciens sages de l'Inde. C'est un guide pour les chercheurs spirituels, un élixir qui leur insuffle confiance en

Soi, détermination et détachement quand ils sont confrontés à des défis intérieurs et extérieurs ; c'est presque une encyclopédie des différentes façons dont les chercheurs ont employé les enseignements d'Amma pour surmonter la confusion constante créée par le mental.

Chaque exposé comporte des références et des récits tirés des Védas, des *Upanishads*, de la *Bhagavad Gita*, des *Brahma Sutras*, des *Puranas*, des *Itihasas* (épopées), etc. Outre les *sannyasis*, les *brahmacharis* et les *brahmacharinis*, d'autres résidents de l'ashram, parmi lesquels des dévots mariés, des professeurs et des chercheurs qui travaillent dans les différentes facultés de l'Université Amrita, ont apporté leur contribution. Ainsi, certains discours sont illustrés par des références scientifiques et logiques, afin de clarifier le point de vue de l'orateur.

Depuis maintenant un an et demi, depuis le début de la pandémie, les diffusions internationales en direct d'Amritapuri ont été la seule consolation et le seul refuge des enfants d'Amma dans le monde entier. Ces émissions quotidiennes sont complètes : elles incluent la méditation d'Amma, les bhajans, des discours de résidents de l'ashram assis à côté d'Amma, et les messages d'Amma, ainsi que les sessions de questions-réponses. Elles ont été extrêmement enrichissantes et ont insufflé aux dévots la confiance dans le Soi (*atman*), la foi et le courage nécessaires pour faire face à cette période éprouvante. Grâce à ces retransmissions, la distance physique entre les dévots et Amma a pour ainsi dire disparu. Les dévots peuvent ainsi ressentir la présence et la protection d'Amma. Chaque jour, ils ont quelque chose qui les inspire et leur permet de rester patients, calmes et sans peur.

Durant cette période de pandémie, à l'ashram d'Amritapuri les journées ont été remplies de cours de sanskrit et de cours sur les Écritures, de discussions fondées sur ces cours, de méditation, « méditation Ma-Om », « méditation des fleurs blanches », suivies des bhajans, de séances de questions-réponses avec Amma et bien plus encore. L'ashram d'Amritapuri est une immense communauté, un conglomérat de gens du monde entier, qui inclut des *sannyasis*, des *brahmacharis*, des *brahmacharinis* et des familles.

Chacun, des petits enfants aux adultes, a l'occasion de parler et de débattre. Amma donne généralement un sujet, puis Amma elle-même élabore à la fin du discours, à sa manière simple et imagée. Le tout est une fête spirituelle qui insuffle l'enthousiasme.

Les discours contenus dans ce livre ne sont pas bénéfiques uniquement aux chercheurs spirituels. Ils peuvent éclairer toutes les sphères de la vie, quelles que soient notre profession, notre nationalité, notre langue ou notre foi religieuse. Les résidents ouvrent leur cœur et le lecteur sent lui aussi son cœur s'ouvrir. C'est comme si nous assistions à ce spectacle enchanteur : l'épanouissement d'un bouton de fleur.

Chacun de ces discours possède un aspect personnel car les orateurs racontent leurs difficultés personnelles, leur situation familiale, leurs luttes intérieures, leur façon de vivre avant leur rencontre avec Amma et la manière dont leur vision des choses a changé grâce à l'influence d'Amma. Ces discours vous enseigneront aussi comment surmonter certaines de vos propres faiblesses, des traits que vous considérez comme des pierres d'achoppement sur votre chemin. Si votre cœur est assez ouvert, vous pourrez saisir comment changer des choses que vous avez toujours crues « impossible à changer ». Ne soyez pas surpris si vous vous reconnaissez en certains des orateurs.

Pendant cette période d'introspection, de plus en plus de résidents de l'ashram prennent conscience de l'importance qu'il y a à briser les chaînes du « moi » limité, de l'idée fausse : « Je suis ce corps, ce mental et cet ego limités ». Une fois ces liens rompus, ce qui rayonne est l'être omniprésent, l'Un, l'essence de votre être réel.

Dans cet état absolu d'existence, rien n'est séparé de vous. Vous êtes en tout et tout est en vous.

Un bhajan écrit et composé par Amma décrit avec des mots simples cette ultime réalisation : « *annutott-anyamayi kanan kazhiññilla ellam-entatmavennorttu* », « à partir de cet instant, je n'ai plus pu percevoir quoi que ce soit comme séparé de moi. En tout, je voyais mon propre Soi ».

Comme Uddalaka le dit à son fils Shvetaketu dans la *Chandogya Upanishad*, 6.1.3 : « *yenashrutam shrutam bhavatyamatam matam-avijñatam vijñatam-iti katham nu bhagavah sa adesho bhavatiti* » « Cet enseignement grâce auquel on entend ce qui n'est jamais entendu, on pense ce qui n'est jamais pensé, on connaît ce qui n'est jamais connu ». Telle est la connaissance en laquelle Amma est éternellement établie : « Quand on connaît Cela, tout est connu »

Cette « connaissance » explique l'attirance que nous ressentons tous envers Amma et le lien inexplicable que nous avons avec elle. Quand on regarde comment Amma éduque les petits enfants à l'ashram, comment elle prend soin d'eux, cela élève l'esprit, réjouit et comble le cœur. La compréhension qu'Amma possède du monde, des humains et des autres êtres vivants est incomparable. Inutile de dire qu'Amma comprend les enfants mieux que n'importe qui. La manière dont ces enfants répondent aux questions d'Amma, leur dévotion et leur relation pleine d'amour avec elle, leur empressement à apprendre les Écritures, tout cela est indescriptible. Comme dit le proverbe : « Il faut le voir pour le croire ».

Permettez-moi de citer les paroles d'Amma : « On traduit habituellement le mot sanskrit *samskara* (impressions profondément ancrées héritées de vies passées) par le mot culture. Mais une « culture » peut aussi désigner la culture d'un échantillon de sang ou de salive dans un laboratoire, où l'on crée un milieu optimal pour la croissance de la bactérie dans l'échantillon.

C'est pareil pour la « culture », quand elle désigne la croissance intérieure. Pour que nos enfants s'épanouissent, il faut d'abord créer une atmosphère favorable à la maison, puis à l'école ». Amma ne se contente pas d'enseigner ; chacune de ses paroles se traduit par des actions. Il va donc sans dire qu'à chaque instant, Amma crée une atmosphère propice pour que ses enfants pensent à la sphère de l'*atma*, « l'*atma*-sphère », et contemplent là-dessus. Dans cette atmosphère extrêmement propice, l'épanouissement spirituel se produit naturellement.

J'espère sincèrement que ces expériences personnelles, rapportées par ceux qui ont voyagé dans les mondes intérieurs et extérieurs, les domaines subjectifs et objectifs, les plans spirituels et émotionnels, allumeront au moins une petite flamme dans votre cœur, une flamme qui éclairera la voie de votre quête de la Réalité.

Swami Amritaswarupananda Puri
Ashram d'Amritapuri, 1ᵉʳ mai 2021

INTRODUCTION

Om amriteshwaryai namah. En mars 2020, quand le confinement fut imposé en réponse à la pandémie du Covid-19, Amma demanda aux résidents de l'ashram de préparer des *satsangs* (discours spirituels). Elle dit que cela les aiderait à faire le point sur leur vie à l'ashram et à réfléchir sur des sujets spirituels. Cela marqua le début d'une série de discours qui furent tenus presque chaque soir à Amritapuri. Ces discours nous rapportèrent généreusement les expériences des orateurs avec Amma. Ainsi, ces satsangs furent à la hauteur du sens de ce mot : *sat-sangha,* être en compagnie de la vérité. Les orateurs, au début les moines et les moniales de l'ashram, devaient parler sur un sujet donné, sujet tiré des Écritures. La plupart du temps, il s'agissait de versets célèbres des Écritures, particulièrement de la *Bhagavad Gita.* On aurait pu imaginer que ces discours seraient érudits, et que les orateurs nous offriraient leur compréhension de ces versets des Écritures.

Tel ne fut pas le cas ; les swamis et swaminis, les brahmacharis et brahmacharinis ne parlèrent pas en tant qu'érudits mais en tant qu'enfants d'Amma. Pour eux, les expériences vécues auprès d'Amma et ce qu'ils ont appris d'elle, c'est cela qui est primordial, les Écritures ne font que confirmer cet enseignement. Un des orateurs illustra ce fait par une anecdote pleine d'humour. Un élève préparait un examen ; il étudia à fond le sujet des vaches. Mais il s'avéra que le sujet donné fut… les cocotiers. Le candidat, qui ignorait tout des cocotiers, écrivit des pages entières sur les vaches et conclut en disant qu'elles étaient attachées aux cocotiers.

Ainsi, quel que soit le sujet donné aux enfants d'Amma, ils finiront inévitablement par parler d'elle.

Il ne s'agit pas de nier les Écritures. Bien au contraire, quand ces textes se reflètent dans le prisme de l'expérience personnelle, ils prennent tout leur sens et toute leur importance. Ainsi, Amma s'assure que les Écritures ne sont pas perçues comme des abstractions mais vues pour ce qu'elles sont en réalité : les vérités fondamentales de la vie.

En tant que guru, elle n'enseigne pas dans une salle de classe, mais en mettant chaque disciple à l'épreuve de situations faites sur mesure pour lui. Ne soyons donc pas surpris si une brahmacharini ou une swamini qui dirige une des écoles de l'ashram est saisie d'émotion en racontant comment, sous la direction invisible d'Amma, elle a appris à travailler comme un instrument entre les mains du guru ; ou bien si un brahmachari qui dirige les opérations à la cuisine s'émerveille de voir les connaissances dont Amma fait preuve en matière de cuisine et son habileté de gestionnaire ; ou encore, quand un autre moine raconte comment Amma l'a libéré des griffes de l'addiction et d'une maladie mortelle, de sentir l'émerveillement et le respect profond qui colorent son récit.

En d'autres termes, la tâche qu'Amma leur avait assignée devint leur livre d'étude sur les sujets suivants : *sadhana* (pratique spirituelle), *sharanagati* (abandon de soi), *shraddha* (vigilance et foi) et *sarvajnatva* (l'omniscience) du guru, entre autres principes. Ainsi, Amma les aida à voir les doctrines enseignées dans les anciens textes sous un jour nouveau.

Amma institua ces discours quotidiens et peu après, de nombreux résidents de l'ashram, disciples monastiques ou chefs de famille, demandèrent comment ils pouvaient retrouver ces exposés, qu'ils trouvaient si inspirants, importants et bénéfiques pour leur propre vie spirituelle et qui, à leur sens, constituaient des archives de la vie à l'ashram. C'est ainsi que naquit l'idée de compiler ces satsangs.

Pour les orateurs, la préparation des satsangs fut une méditation sur Amma. Et quelle expérience inoubliable de parler juste à côté d'elle ! Et pour Amma, quelle joie d'écouter ses enfants ! Nous espérons, cher lecteur, que ce premier tome des discours fera aussi vos délices et vous permettra d'approfondir votre dévotion et votre amour pour Amma.

Br. Madhavamrita Chaitanya

1

Sous son aile protectrice

Swami Akshayamritananda Puri

Le monde entier a été affecté par la pandémie du coronavirus. Les résidents de l'ashram d'Amritapuri ont la chance de pouvoir vivre auprès d'Amma, sans être confrontés aux problèmes que les gens rencontrent dans le monde extérieur. Quand les dévots m'appellent et me racontent les problèmes auxquels ils doivent faire face, je prends de nouveau conscience à quel point nous sommes en sécurité. Amma prend merveilleusement bien soin de chacun de nous.

Elle a créé des circonstances favorables afin que nous puissions tirer le meilleur parti de cette période de confinement pour progresser spirituellement. Un des éléments nouveaux, ce sont les *satsangs* (discours spirituels) qui ont été tenus à Amritapuri. Leur préparation nous permet de réfléchir aux leçons spirituelles que nous avons apprises. Les écouter nous permet de penser constamment à Amma et à l'importance que revêtent les enseignements des Écritures dans notre vie.

Avant de lancer une fusée, on y attache une fusée auxiliaire. Sans ce soutien, le vaisseau spatial ne peut pas se libérer de l'attraction terrestre et entrer dans l'espace. Cette série de satsangs est l'une des nombreuses fusées auxiliaires qu'Amma a mises en place pour nous aider dans le voyage de la vie. Sans même que nous le sachions, dès que nous recevons le sujet du satsang, l'idée que nous allons parler en présence d'Amma nous plonge dans un état de méditation.

Avant de venir vivre à l'ashram, j'ai participé pendant de nombreuses années aux activités de l'ashram de Calicut. Pendant six ans, j'y ai été responsable d'AYUDH, l'organisation de jeunesse d'Amma. Quand je suis parti pour l'ashram, les dévots de Calicut ont organisé une grande fête d'adieu. Après la fête, ils sont venus à la gare pour me mettre au train. Ils m'ont dit : « Giri, on est venu te dire au revoir pour te rappeler une chose importante : tu pars vivre avec Amma. Sous aucun prétexte tu ne dois revenir. Il faut que tu sois la fierté de Calicut ! ». J'ai répondu : « Je suis prêt à faire tout ce que l'on me demandera à l'ashram, tout, sauf donner des satsangs ! J'espère qu'il me sera permis d'échapper à cela ! ».

Deux mois après ma venue à l'ashram, Amma a demandé à tout le monde de donner des satsangs. Dès que je l'ai appris, je me suis caché pour que swami Amritagitananda, qui nous donnait les sujets, ne me voie pas. Un jour, j'étais près des toilettes quand j'ai vu arriver le swami. Je suis immédiatement entré dans les toilettes où je me suis enfermé. J'y suis resté environ une heure, rien que pour lui échapper ! Mais il a fini par m'attraper. Il m'a tendu un morceau de papier avec mon sujet de satsang. J'ai paniqué ! Mais je me suis rappelé les visages des dévots de Calicut qui étaient venus me dire au revoir, et j'ai senti que je ne pouvais pas quitter l'ashram ; et moi non plus, je ne voulais pas partir.

J'ai commencé à réfléchir au sujet. J'y pensais tout le temps, même quand j'étais aux toilettes. Peu à peu, quelques idées me sont venues. Finalement, j'ai donné mon tout premier satsang devant Amma. Ensuite, quand je suis allé voir Amma, elle m'a dit qu'elle avait aimé mon satsang. Aujourd'hui encore, cette parole de louange d'Amma demeure ma source d'inspiration quand je dois donner des satsangs.

Amma est une Upanishad vivante. Sa vie et ses actions nous montrent ce qu'est la *sadhana* (les pratiques spirituelles) et comment faire une *sadhana*. Chacune de ses actions et de ses paroles sont un enseignement spirituel. Amma nous transmet la connaissance des Écritures à travers les différentes expériences que nous faisons dans la vie.

Je suis né et j'ai grandi dans un endroit célèbre du Kérala. Non, il ne s'agit pas de Guruvayur ni de Chottanikkara, mais de Kuthiravattam à Calicut. La maison où je vivais n'était qu'à deux cents mètres de l'hôpital psychiatrique de Kuthiravattam ! De nombreux écrivains et artistes célèbres sont nés dans ce quartier : Kuthiravattam Pappu, Thikkodiyan, Nellikode Bhaskaran, S.K. Pottekkatt et Balan K. Nair. Kuthiravattam possède également une bibliothèque qui a reçu deux fois le prix de la meilleure bibliothèque du Kérala.

Mes amis étaient les enfants de certaines des familles les plus riches de Calicut. Notre devise, c'était de nous amuser et de profiter de la vie au maximum. Nous passions une ou deux heures par semaine à l'université, allions au cinéma cinq fois par semaine et partions en excursion le week-end ; tel était notre mode de vie. Nous ne pensions qu'au plaisir, sans nous soucier aucunement de l'avenir.

Et c'est pendant cette période qu'un membre de la famille est venu me voir pour un problème qui concernait son frère cadet, Das. Il m'a dit : « Das est tombé dans un piège. Il ne rentre plus beaucoup à la maison et ne va pas travailler régulièrement. Pendant ses vacances, il habite quelque part à Kayamkulam et il dit qu'il va voir une Amma. Elle n'a que trente-deux ans et elle chante des bhajans. Quand elle chante, on dirait qu'elle est ivre. Elle est toujours entourée de nombreux jeunes hommes. Giri, tu dois trouver un moyen de le sauver ! ».

Je lui ai promis de le faire. Le lendemain, j'ai appelé Das et je lui ai dit de venir me voir. Quand il est arrivé, j'ai observé que son comportement avait changé. Je lui ai demandé : « Comment peux-tu appeler Amma quelqu'un qui n'est pas beaucoup plus âgé que toi ? Pourquoi chercher une mère alors que chez toi, tu as une bonne mère ? Est-ce qu'on a besoin de plus d'une mère dans la vie ? ».

Quand j'ai eu fini de lui poser toutes mes questions, il s'est mis à parler d'Amma avec enthousiasme, sans faire aucune pause. Une bonne partie de ce qu'il disait me semblait difficile à croire. J'avais beau essayer de raisonner Das, il était impossible de le guérir de sa folie pour Amma. Et en plus, il insistait pour que je vienne la voir. Je lui ai dit : « J'ai déjà une mère. Je n'ai pas besoin d'une autre mère ! ».

Un jour, Das m'a appelé pour me dire : « Amma vient à Kodungallur. Il faut que tu viennes la voir avec moi ! ».

J'ai pensé que ce serait l'occasion de mettre un terme à sa folie pour Amma, alors j'ai dit oui. Le jeudi 12 avril 1986, nous sommes partis pour Kodungallur. Le 14 avril, c'était *Vishu*. Il était impensable à l'époque de manquer la fête de Vishu[1]. J'ai donc accepté, à la condition que nous rentrerions le jour même.

Le programme d'Amma avait lieu au Sharada Bhakta Samaj de Kodungallur. Nous sommes arrivés le soir. Plusieurs personnes attendaient devant le temple pour accueillir Amma. Soudain, un véhicule est arrivé et s'est arrêté devant nous. Amma en est sortie. Au milieu de la foule des dévots, nous n'avons pas vraiment pu la voir. Nous sommes allés vers l'avant de la salle. J'observais étroitement chacun de ses mouvements. Je me suis dit : « Il y a quelque chose de spécial dans sa manière de rire et de parler. Pas étonnant que Das ait parlé d'elle de façon aussi élogieuse ! ».

Amma a commencé les bhajans. Sa voix mélodieuse touchait le cœur. Le premier chant fut *Gajanana he gajanana* et le suivant *Gopalakrishna radha krishna*. Depuis ma plus tendre enfance, j'ai un grand amour pour la musique. Mon passe-temps principal était

---

[1]   Une fête que les Hindus du Kérala célèbrent comme le Nouvel An.

de chanter à mes amis des chants tirés de vieux films malayalam. J'ai énormément aimé les bhajans d'Amma. Chaque bhajan me donnait la chair de poule. J'avais assisté à de nombreux concerts auparavant, mais jamais je n'avais perçu le Divin, palpable dans la voix d'Amma. Captivé par la puissance de son chant envoûtant, j'ai tout oublié. Un des bhajans chantés par Amma m'a profondément touché : « *Bandhamilla bandhuvilla svantam allonnum,* Nul ne nous appartient, il n'existe rien que nous puissions appeler nôtre…. ». Ce chant m'a profondément ébranlé. Il se peut même qu'il ait inspiré mon changement de vie. J'ignore comment ont passé ces deux heures. Pour la première fois de ma vie, j'ai eu le sentiment d'être ivre sans avoir bu d'alcool.

Les bhajans d'Amma furent suivis du darshan. Quand je suis arrivé devant Amma, elle m'a demandé : « D'où es-tu ? ».

J'ai répondu : « De Calicut ».

Amma m'a doucement caressé la poitrine. Je n'ai rien pu dire, j'ai même oublié de parler de Das car j'avais encore le sentiment d'être en extase. Je suis resté là, à regarder Amma, jusqu'à la fin du darshan et au départ d'Amma.

Quand nous avons appris qu'elle allait en visite chez un dévot, nous l'avons suivie. Quel bonheur de voir comment cette famille recevait Amma et comment elle leur parlait. Les swamis qui accompagnaient Amma sont allés dans un temple voisin pour présenter un *Harikatha*[2] . Amma est allée s'asseoir sur un tas de sable dans la cour de la maison. Tous les dévots sont venus s'asseoir auprès d'elle. La plupart d'entre eux étaient des jeunes. Beaucoup lui ont posé des questions. Amma a répondu à toutes de manière très claire. J'étais assis à côté d'elle, silencieux. Amma a parlé des changements qui allaient probablement survenir dans le monde dans les 25 années à venir. Elle a parlé de sujets politiques et

---

[2] Mot à mot, « Histoire d'Hari » (Lord Vishnu). Une forme traditionnelle de récit dans lequel la narration est entrecoupée de chants.

de l'abus d'alcool et de drogues parmi les jeunes. Amma a alors spécifiquement mentionné la nécessité pour les jeunes de se livrer à des austérités. J'ai eu le sentiment que tout ce que disait Amma me concernait, que toutes ses paroles ne s'adressaient qu'à moi.

Après le Harikatha, les swamis sont revenus et Amma est montée dans un véhicule avec eux. Soudain, elle est descendue de la voiture et a dit : « Appelez les enfants de Calicut ». Le cœur battant, je me suis approché d'elle. Elle m'a demandé où était Das. Je lui ai dit qu'il dormait. Amma a répondu qu'il avait un fort mal de tête et qu'il ne fallait pas le déranger. Das ne m'avait pas dit qu'il avait mal à la tête. Plus tard, quand je lui ai posé la question, il m'a confirmé qu'il avait effectivement la migraine. Mais il ne l'avait pas dit à Amma.

Amma m'a de nouveau caressé la poitrine et m'a demandé : « Viendras-tu à Vallikkavu ? ».

J'ai fait « oui » d'un hochement de tête en disant : « Je viendrai, Amma ». Donc, pour la première fois, je l'ai appelée Amma. Quand la voiture est partie, je l'ai suivie du regard jusqu'à ce qu'elle disparaisse. J'avais le sentiment que mon lien avec Amma était immémorial.

Quand Das s'est réveillé, je lui ai dit qu'Amma avait demandé si nous allions à Vallikkavu. J'ai ajouté que nous pourrions toujours rentrer après notre visite à Vallikkavu. Je ne me souciais plus du tout de la fête de Vishu ni de mes amis.

Das et moi sommes partis directement pour Amritapuri. Quand nous sommes arrivés à l'ashram, l'atmosphère pleine de charme m'a ravi, au point que je me suis mis à chanter : « *Svarggattekkal sundaraman i svapnam viriyum gramam, premamayiyam ente amma tamasikkum gramam,* Ce village de rêve où vit ma Mère, l'incarnation de l'amour, est plus beau que le paradis ».

Amma est venue vers nous et nous a conduits vers un bosquet de cocotiers. Nous nous sommes assis sous un cocotier. Il n'y avait que nous trois. Amma nous a parlé longtemps. Puis elle s'est levée en disant que nous pourrions partir après le *bhava darshan* du soir. Le *bhava darshan* d'Amma a commencé après les bhajans. Quand les portes du *kalari* se sont ouvertes, nous avons vu une Amma différente. Nous avons à Calicut un temple célèbre, le temple d'Azhakodi Dévi. Quand j'ai vu Amma en Dévi Bhava, il m'a semblé qu'Azhakodi Dévi, une forme de la Déesse, se trouvait devant moi. Plus tard, Amma s'est rendue deux fois dans ce temple et c'est là que beaucoup de résidents de l'ashram, originaires de Calicut, l'ont vue pour la première fois.

J'avais à l'époque un problème dans ma famille. La femme de mon frère souffrait d'une étrange maladie. Le couple n'était marié que depuis dix mois. La maladie s'était révélée pendant la grossesse. Comme il n'y avait pas de traitement possible à Calicut, mon frère et sa femme sont partis pour Vellore. Le bébé devait naître la première semaine de mai. Selon les médecins, ma belle-sœur n'avait que 2% de chances de survivre.

Quand j'en ai parlé à Amma pendant le darshan du Dévi bhava, elle m'a écouté, m'a versé de l'eau dans la bouche et a appuyé du doigt au milieu de mon front. J'ai senti comme un choc électrique. Puis Amma a déclaré : « Il n'arrivera rien. Amma va faire un *sankalpa* (prendre une ferme résolution). Sois fort, mon fils ».

Le lendemain, nous avons pris le train pour Calicut. Je ne sais pas comment je suis arrivé chez moi car mon mental était encore totalement absorbé dans la pensée d'Amma. La première chose que j'ai faite en arrivant, ce fut de mettre une photo d'Amma dans une pièce et de transformer cette pièce en salle de prière.

Le 20 avril, mon frère m'a appelé de Vellore pour m'annoncer que sa femme avait accouché sans problème. La mère et l'enfant allaient bien. Quand ils sont revenus à la maison et qu'ils ont vu la photo d'Amma, ils m'ont dit que la personne qui était sur la photo était venue à l'hôpital ce jour-là. J'étais stupéfait ! Je me suis rendu compte que tout ce que Das m'avait dit au sujet d'Amma était vrai. Amma est Dévi elle-même. Aujourd'hui, Das est lui-aussi un résident de l'ashram, son nom est maintenant Br. Nirvanamrita Chaitanya.

Malgré toutes ces expériences, malgré mon amour et ma dévotion pour Amma, mon caractère ne changea pas beaucoup. Ma vie continua ainsi sur deux rails parallèles : d'un côté la dévotion pour Amma et de l'autre, mes amis et les activités associées à leur amitié.

Peu de temps après, Amma est venue à Calicut. Quand je suis allé au darshan, ma mère m'a accompagné. Je savais qu'elle voulait parler à Amma de mes mauvaises habitudes ! Je l'ai donc laissée dans la queue du darshan et je n'y suis moi-même allé que beaucoup plus tard. Quand je suis arrivé auprès d'Amma, j'ai vu ma mère assise à côté d'elle. Elle avait sans doute déjà parlé de moi à Amma. Pendant le darshan, j'ai dit à Amma que je voulais la servir en vivant avec elle. Amma m'a dit de venir à Vallikkavu et qu'elle me donnerait un mantra.

Quand je suis allé à Vallikkavu, j'ai encore eu la preuve de l'omniscience d'Amma. Une swamini a donné à Amma un morceau de papier sur lequel le mantra était écrit. En le lisant, Amma lui a tiré l'oreille et a dit : « Ce n'est pas son mantra ! Change-le ! ». Je n'avais pas dit à Amma quelle était mon *ishta devata* (déité favorite) ni quel mantra je voulais.

Chaque année, la veille d'Onam, le club dont j'étais membre offrait aux malades de l'hôpital psychiatrique de Kuthiravattam un repas somptueux en l'honneur d'Onam. Les percepteurs du district et les ministres assistaient à la réception.

Après le festin d'Onam, mes amis et moi-même allions généralement dans un restaurant huppé pour faire la fête. Cette année-là, nous avons fait pareil. Nous nous sommes assis dehors sur la pelouse pour déguster nos chopes de bière. Mais il m'a été impossible de boire. Chaque fois que je portais la chope à mes lèvres, le visage d'Amma m'apparaissait mentalement. J'ai eu beau essayer bien des fois, je n'ai pas pu boire. Mes mains ont commencé à trembler. Puis j'ai versé l'alcool par terre et j'ai intérieurement fait le vœu suivant : « Je ne toucherai plus jamais à l'alcool ! » ; en même temps, je voyais le visage d'Amma dans mon mental. Après cet incident, ma vie a été complètement transformée. Quand j'ai revu Amma lors de la célébration de ses trente-trois ans, j'étais une autre personne.

J'ai ensuite consacré tout mon temps à faire du seva à l'ashram de Calicut. J'ai participé à la construction de l'ashram et du temple Brahmasthanam, ainsi que de l'école Amrita Vidyalayam de Calicut. Quand des disciples de longue date d'Amma venaient dans la région du Malabar, je les accompagnais, je jouais de l'harmonium et je chantais des bhajans avec eux, je participais aux activités d'AYUDH ainsi qu'à d'autres activités de l'ashram. Je désirais entrer à l'ashram d'Amritapuri mais ma mère menaçait de se suicider si je le faisais.

Après la consécration du temple Brahmasthanam de Calicut, Amma a appelé tous les bénévoles au darshan. Elle m'a demandé : « As-tu pris une décision ? Comment a réagi ta mère ? ». Quand j'ai dit à Amma qu'elle s'opposait à ma venue à l'ashram, Amma a répondu : « Viens à l'ashram ; je m'occuperai de ta mère ».

Une semaine plus tard, quand les membres du comité de l'ashram de Calicut sont allés à Amritapuri, Amma m'a demandé : « Es-tu venu prêt à rester ici ? ». Non, je n'étais pas prêt. La question d'Amma m'a profondément bouleversé. Quand je suis rentré chez moi, j'ai dit fermement à ma mère : « Je vais entrer dans la communauté de l'ashram ! ». Contrairement à mes attentes, ma mère n'a fait aucune objection. C'est ainsi que je suis venu vivre à l'ashram d'Amma et que je suis devenu un membre de cette grande famille.

Kuthiravattam Pappu, un des plus grands comédiens du cinéma malayali, était un de mes proches amis. Pappu était communiste et athée. Je l'ai invité de nombreuses fois à venir rencontrer Amma. Non seulement il refusait, mais il rétorquait : « N'as-tu rien de mieux à faire ? ». À ce moment-là, son étoile était au zénith. Les Malayalis l'adoraient et son seul nom suffisait à les faire sourire. Soudainement, il a contracté une maladie mortelle et a dû être hospitalisé pendant des mois. Il ne pouvait plus jouer. En peu de temps, la vie de cet homme a subi un changement radical et s'est détériorée : il est passé d'une vie heureuse et confortable à un état de faiblesse impuissante. Ce changement a eu un profond effet sur moi et m'a fait réfléchir à la fragilité de la vie.

Une fois remis, il est allé voir Amma lors de sa venue à Calicut. Amma l'a pris dans ses bras et lui a demandé comment allait sa santé. Elle l'a gardé un long moment. Il a parlé à Amma pendant longtemps. Elle lui a murmuré quelque chose à l'oreille, et il s'est mis à rire.

Je suis retourné le voir après le festival du Brahmasthanam. J'ai remarqué qu'un changement s'était produit en lui. Je lui ai demandé comment il allait après sa rencontre avec Amma et si son opinion avait changé. Ses yeux se sont gonflés de larmes et il est resté un moment sans pouvoir dire un mot. Puis il m'a dit : « Je suis le comédien qui a fait rire les Malayalis du monde entier. Quand je suis tombé malade, beaucoup de célébrités m'ont téléphoné pour me réconforter ou sont venues me voir en personne. Mais c'est Amma qui m'a fait rire de nouveau quand j'étais épuisé, incapable de rire. Au cinéma, il y a de nombreuses mères. Elles jouent toutes très bien, mais cette mère-là est comme la mère qui nous a donné naissance. Quand j'ai vu Amma, je me suis senti plus heureux que je ne l'avais été en jouant dans des centaines de films. C'est quand j'étais dans ses bras que ma nature de Pappu, la capacité de rire et de faire rire les autres, est vraiment revenue.

Il m'a raconté que ce jour-là, il avait demandé deux choses à Amma : « Il y a des mois que je dors mal, Amma, et je désire profondément bien dormir à nouveau. Je souhaite aussi jouer encore dans au moins un film avant de mourir ». Il a ajouté : « À partir de ce jour-là, j'ai bien dormi à nouveau. Deux jours plus tard, le célèbre réalisateur I.V. Shashi m'a appelé pour m'offrir un rôle dans un nouveau film. Le lendemain, un autre réalisateur célèbre, Hariharan, m'a appelé pour me proposer de jouer dans un de ses films. Après avoir dit à Amma que je désirais jouer dans un film, j'ai reçu deux propositions en l'espace de trois ou quatre jours ». Il m'a dit de transmettre ses salutations les plus sincères à Amma.

Un an et demi après ma venue à l'ashram, Amma m'a envoyé au Wayanad. Le Wayanad était alors très diffèrent. J'étais né et j'avais grandi en plein cœur de la ville de Calicut et pour moi, c'était un tout autre monde. Beaucoup de gens étaient pauvres, et cela incluait les aborigènes (*adivasis*) qui étaient exploités par des éléments antisociaux et par des missionnaires.

Avant tout, ce qui m'a frappé, c'est l'influence qu'Amma avait sur les gens de cette région. Elle y était venue plusieurs fois et l'ashram local était florissant, même en l'absence d'un représentant de l'ashram. Amma avait même donné un programme public à Mananthavady (qu'Amma appelle Anandavadi, le Jardin du bonheur) alors qu'il n'y avait personne de l'ashram pour organiser les programmes.

À l'époque, l'activité principale des représentants de l'ashram était de se rendre dans les maisons des particuliers. En moyenne, nous allions dans vingt-cinq ou trente maisons par jour. Personne n'ignorait l'existence d'Amma, même dans les villages les plus reculés. Quand nous disions que nous venions de l'ashram d'Amma, les gens nous manifestaient un immense respect. Ils nous racontaient aussi beaucoup d'expériences qu'ils avaient eues avec Amma.

En écoutant les expériences de centaines de dévots, je me suis rendu compte qu'Amma m'avait envoyé dans le Wayanad non pas pour élever spirituellement les gens de là-bas, mais pour me ressusciter et me guérir. Je crois que c'est uniquement par l'immense grâce d'Amma que je suis devenu un instrument capable d'accomplir son travail parmi eux au cours des vingt-cinq dernières années, ce qui m'a aidé à arrondir et à polir les angles de ma personnalité.

2

Cultiver la dévotion

Swami Anaghamritananda Puri

Permettez-moi de raconter brièvement comment je suis devenu un dévot d'Amma. Comme dirait Amma, je fais partie de ceux « qui ont changé après leur rencontre avec Amma ».

J'avais, à l'époque, glané une idée erronée des personnes enclines à la spiritualité en lisant des articles qui portaient à leur encontre des accusations mensongères. Jamais je ne m'étais préoccupé de vérifier si ces allégations étaient vraies ou fausses et je n'avais aucun lien avec les ashrams en général. J'avais néanmoins une relation distante avec le Sri Ramakrishna Seva Ashram à Kalur, Ernakulam. J'assistais également à des conférences tenues par des érudits tels que Vaidyalinga Sharma, Narayana Pisharody, Prema Pandurangan et Madhavji.

Malgré mes doutes concernant « les êtres spirituels », j'admirais trois sannyasis. L'un était Swami Vivekananda, que les Indiens aiment et révèrent. Les deux autres étaient Swami Jayendra Saraswathi du Kanchi Math et Swami Vishwesha Thirtha du Pejawar Math. Je les avais rencontrés tous les deux. Leurs paroles et leur manière d'être m'attiraient profondément.

Je fréquentais le temple de Pavakulam Sree Mahadeva. Et un jour, j'y ai vu un dépliant avec la photo d'une femme. J'ai demandé à quelqu'un de quoi il s'agissait, et il m'a répondu que le dépliant appartenait à Ravi-chettan[3], et que la photo était celle d'Amma. Sur cette photo, Amma est au *kalari* et elle a les deux mains sur la poitrine. J'ai trouvé la photo fascinante.

Deux jours plus tard, j'ai rencontré Ravi-chettan et je lui ai demandé qui était Amma. J'avoue que j'ai eu un choc car il s'est mis à pleurer abondamment. Puis il m'a longuement parlé d'Amma, en s'efforçant constamment de réprimer ses sanglots. Il m'a dit qu'Amma était Parashakti (l'énergie suprême), le Tout-Puissant, et qu'elle avait accompli des miracles. Et que si elle avait vu quelqu'un une seule fois, elle ne l'oubliait jamais. J'ai trouvé qu'il n'y avait rien de spécial à cela. Les articles calomnieux que j'avais lus étaient toujours dans ma mémoire. Mais ce qu'a dit ensuite Ravi-chettan m'a toutefois inspiré le désir de rencontrer Amma. Il m'a dit : « Pour Amma, tous sont égaux. Elle ne fait aucune discrimination contre qui que ce soit. Son amour est le même pour tous ».

Ces paroles ont pénétré profondément dans mon cœur, où elles ont continué à résonner sans cesse. Il me semblait impossible pour un être humain d'aimer tous les êtres de manière égale. Si Amma en était capable, elle était forcément quelqu'un de spécial et je voulais la rencontrer. Sans même que je le lui demande, Ravi-chettan a proposé de m'emmener voir Amma. Mais il est ensuite allé plusieurs fois à Amritapuri sans moi. Quand je lui ai demandé pourquoi, il m'a expliqué que l'idée d'aller voir Amma lui venait subitement, et qu'il agissait alors aussitôt sur ce coup de tête, sans avoir le temps de m'informer ni d'informer qui que ce soit. À l'époque, je ne l'ai pas cru mais plus tard, je me suis rendu compte qu'il disait vrai : quand j'ai moi-même eu un comportement similaire.

---

[3]   Un dévot d'Amma. « Chettan » signifie frère aîné en malayalam, et on l'ajoute souvent en suffixe comme une marque de respect quand on s'adresse à des hommes plus âgés.

Un jour, Ravi-chettan m'a dit : « Tu n'as pas besoin d'aller à Amritapuri. Amma va venir ici ! ». Le Comité du temple Pavakulam l'avait officiellement invitée. Et c'est ainsi qu'un beau jour de 1986, nous avons reçu Amma au temple. Quand les bhajans ont commencé, sa voix tendre et émouvante a fait jaillir en moi une profonde dévotion. Après les bhajans, je suis rentré chez moi car je n'aimais pas les foules. Le lendemain matin, je suis retourné au temple. Amma était assise dans une pièce, et il y avait une queue de dix à quinze personnes qui attendaient le darshan. Je ne savais même pas ce qu'était le darshan. Ravi-chettan a insisté pour que je me mette dans la queue. Au départ, j'ai hésité, puis j'ai fini par y aller.

Quand je suis arrivé à Amma, elle m'a pris dans ses bras et a murmuré un mantra à mon oreille. Il s'est produit en moi un changement. Je me suis senti proche d'elle, d'une manière inexplicable. L'idée m'est venue qu'il fallait que j'aille à Amritapuri. Alors, sans attendre que Ravi-chettan m'y conduise, je suis parti un beau jour tout seul pour l'ashram. Quand je suis arrivé à Oachira, j'ai demandé à un vieil homme comment arriver à l'ashram. Il m'a répondu qu'il y allait aussi et nous avons voyagé ensemble.

Quand nous sommes arrivés à l'ashram, il m'a montré où était Amma. Elle donnait le darshan dans une petite hutte. J'ignorais ce qu'il fallait faire, je suis donc resté à l'extérieur car il y avait pas mal de monde à l'intérieur. Quand je me suis décidé à entrer, c'était l'heure des bhajans. Puis je suis allé au Dévi Bhava darshan. Amma m'a parlé avec beaucoup d'amour et d'affection.

Le lendemain, quand je suis rentré à Ernakulam, j'ai appris que l'ashram avait acheté un terrain à Kalur. Je me suis impliqué dans les activités de l'ashram local : construction du bâtiment de l'ashram, AYUDH, camps médicaux, archanas et bhajans chez des particuliers… Les dévots d'Amma ont rapidement remplacé mes anciens amis. J'ai acheté les livres d'Amma et je les ai lus. J'ai également lu des livres sur Sri Ramakrishna ainsi que des livres écrits par ses disciples. J'ai fait la connaissance de Gopi-chettan, un ardent dévot de Sri Ramakrishna. J'ai acquis beaucoup de connaissances grâce à lui. Amma lui a fait deux fois la grâce se rendre chez lui.

Ensuite, pendant une longue période, je suis souvent venu à Amritapuri, jusqu'à ce qu'Amma me donne la permission de faire partie de la communauté de l'ashram. Je n'ai pas eu à affronter beaucoup de résistance de la part des membres de ma famille. Mais les proches parents et les voisins se sont comportés comme si j'avais commis un grave crime ! Ils ne savaient pas grand-chose d'Amma à l'époque. Plus tard, quand l'ashram s'est développé et qu'Amma est devenue célèbre dans le monde entier, leur opinion a changé. Beaucoup d'entre eux sont alors venus voir Amma à l'ashram d'Ernakulam quand elle y donnait un programme.

Quelle sorte de dévot est le plus cher au Seigneur ? Quelles sont les qualités qu'il ou elle doit posséder ? Avec quelle attitude faut-il adorer Dieu ? La *Bhagavad Gita* répond à ces questions au chapitre 12 (Bhakti Yoga).

Le Seigneur dit : « Celui qui garde l'équanimité et qui, constamment, voit et vénère le Seigneur en tous les êtres, celui-là m'est le plus cher ».

Il explique ensuite :

samah shatrau ca mitre cha tatha manapamanayoh
shitoshna sukhaduhkheshu samah sanga vivarjitah
tulya ninda stutir mauni santushto yena kena cit
aniketah sthiramatir bhaktiman me priyo narah

J'aime celui qui se comporte de la même manière envers l'ami et l'ennemi ; celui qui, face à des expériences opposées telles que le froid et la chaleur, le plaisir et la

douleur, reste d'humeur égale ; celui qui est libre de tout attachement ; celui pour qui les insultes et les louanges sont identiques ; celui qui est silencieux ; celui qui est satisfait de ce qui vient à lui ; celui qui ne s'attache pas à un lieu particulier ; celui dont l'intellect est fermement établi dans le Soi ; et celui qui est plein de dévotion.
(*Bhagavad Gita*, 12.18 – 19)

Aux yeux du dévot, il n'y a ni ami ni ennemi, bien qu'il puisse exister des gens qui le haïssent. N'est-ce pas ce que l'on constate aussi dans la vie d'Amma ? Il y a des gens qui lui sont hostiles mais cela ne l'affecte pas. Nous considérons comme un ennemi celui qui est un obstacle à la satisfaction de nos besoins. Et nous considérons comme un ami celui qui nous apporte son soutien. Un vrai dévot, cependant, ne se soucie pas du corps. Il ne fait pas de distinction entre ami et ennemi, il ne se soucie pas de l'honneur ou du déshonneur, lesquels se rapportent uniquement au corps.

Saint Eknath revenait un jour de son bain dans le Gange et quelqu'un lui a intentionnellement craché dessus. Eknath, patiemment, est retourné prendre un autre bain dans le Gange. Quand il est sorti, l'homme a de nouveau craché sur lui. Cela s'est répété environ quinze fois. Mais Eknath ne s'est pas plaint. Il a déclaré : « Eh bien, c'est une bénédiction : j'ai eu la chance de me baigner de nombreuses fois dans le Gange sacré ! ».

Les grandes âmes comme lui nous montrent comment gérer de telles situations dans notre propre vie. Il n'a pas été offensé quand son corps a été insulté. Mais nous trouvons cela difficile à comprendre car nous ne nous identifions qu'au corps. Tant que notre conscience est confinée au corps, nous ne réussirons pas à accepter l'honneur et le déshonneur de manière égale.

Le Seigneur Krishna dit : « Mon dévot accepte avec équanimité les louanges et les insultes ». Généralement, les gens adorent qu'on leur fasse des compliments. Si Amma fait notre éloge, quel grand bonheur c'est pour nous ! Si en revanche on nous insulte, nous réagissons fortement et notre tension augmente ! Certains déclarent : « Je m'appelle pas Gandhi pour pardonner ! ». Mais selon le Seigneur Krishna, un vrai dévot n'a aucune fierté. Il accueille également les louanges et les insultes, comme l'arbre qui donne de l'ombre à tous, même à celui qui vient pour le couper.

Cela me rappelle une histoire qui met en scène le sage Ashtavakra, un être réalisé. Il naquit avec un corps atteint de huit difformités, d'où son nom : *ashta-vakra* (huit déformations). Alors qu'il n'était encore qu'un jeune garçon, il se rendit un jour à la cour du roi Janaka pour y participer à un débat entre érudits. Dès que les gens le virent, toute l'assemblée se mit à rire. Alors, à leur grand étonnement, Ashtavakra aussi se mit à rire. Le roi lui demanda : « Je comprends pourquoi les autres rient, mais toi, pourquoi ris-tu ? ».

Ashtavakra répondit : « Je ne vois ici aucun érudit, uniquement des gens qui travaillent le cuir. Ils rient en voyant les imperfections de mon corps. Cela indique qu'ils ne voient pas le Soi qui est en moi. Si un pot casse, l'espace qui est à l'intérieur demeure intact. Il est omniprésent, n'est pas attaché au pot et il est dépourvu d'attributs. Mon corps est difforme mais je ne suis pas le corps. Je suis le Soi. Ces ignorants n'en ont pas conscience ».

Les érudits eurent honte en entendant ce discours. Ashtavakra non seulement n'était pas perturbé par l'insulte, mais il avait rectifié les concepts erronés des érudits.

Exactement comme une montagne reste immobile, que le vent souffle du nord ou du sud, un vrai dévot demeure indifférent au plaisir et à la douleur. Il considère tout ce qui arrive comme le jeu de Dieu. Mais en ce qui nous concerne, nous voulons que tout arrive selon nos désirs, alors que nous ignorons ce qui est vraiment bon pour nous. Bien que la vie soit un mélange de bons et de mauvais moments, de bonheur et de souffrances, nous n'acceptons pas cette réalité. Certains pensent qu'ils se tourneront vers Dieu quand ils traverseront une bonne période. Mais au lieu de cela, il s'agit de penser à Dieu afin de transformer nos mauvaises périodes en bonnes périodes. Quelle est la cause de la souffrance ? L'attachement aux objets. Néanmoins, le seul fait de renoncer aux objets ne suffira pas à nous rendre heureux. Il s'agit de renoncer aussi à notre attachement aux objets. Si nous en sommes capables, même si nous vivons au milieu des objets du monde, ils ne nous affecteront pas. Le roi Janaka était l'exemple parfait d'un tel détachement intérieur.

Le Seigneur Krishna dit :

> *apuryamanam achalapratishtam samudramapah pravishanti yadvat*
> *tadvat kamayam pravishanti sarve sa shantimapnoti na kamakami*

> De même que l'océan n'est pas affecté bien que des eaux se jettent en lui de tous les côtés, celui qui n'est pas troublé par le tourbillon des objets des sens trouve la paix ; celui qui cherche à satisfaire ses désirs ne la trouvera pas. (*Bhagavad Gita*, 2.70)

Une autre qualité d'un vrai dévot est le silence. Il ne s'agit pas d'un silence extérieur. Même si nous ne parlons pas, le bavardage du mental continue. Il y a quelques années, un brahmachari observait un vœu de silence. Il dirigeait des ouvriers venus peindre la chambre d'Amma pendant qu'elle était en tournée à l'étranger. Ce brahmachari a fait des gestes pour signifier aux ouvriers de déplacer certains des meubles de la pièce. En voyant cela, un des ouvriers a fait le commentaire suivant : « C'est un bel homme, quel dommage qu'il soit muet ! ». Un autre ouvrier a répondu :

« Ne t'inquiète pas. Il vit ici, à l'ashram. Amma prendra soin de lui ». Alors le brahmachari a perdu son sang-froid et a dit : « Je ne suis pas muet ! ». Et ce fut la fin de son silence !

La *Bhagavad Gita* définit ainsi l'austérité du mental :

manah prasadah saumyatvam maunam-atma-vinigrahah...

La sérénité du mental, la douceur, le silence et la maîtrise de soi... (16.17)

Un vrai dévot médite constamment sur Dieu. Il voit Dieu partout car il perçoit tout ce qui est, animé ou inanimé, comme différentes formes de Dieu. Il est donc *sthita-prajna*, fermement établi dans la conscience de la réalisation du Soi. Son mental ne vacille pas.

Selon Amma, sans dévotion, il est difficile d'accéder à la vérité et d'y demeurer. Pour fabriquer du ciment, la chaux ne suffit pas. Il faut y ajouter du mortier. De même, la connaissance doit être mélangée à la dévotion. La vision de la Vérité, c'est l'expérience que nous ne sommes pas le corps mais le Soi, l'âme. C'est la compréhension que seul le corps périt, et non pas le Soi qui y demeure. Dans la *Bhagavad Gita*, le Seigneur Krishna compare le corps qui se décompose à des vêtements sales. Amma emploie l'analogie de l'ampoule électrique. Seule l'ampoule est endommagée ; le courant électrique demeure.

La plus grande peur d'un être humain est, dit-on, la mort. Il n'existe qu'un moyen de dissiper cette peur : grâce au *satsang*, i.e. la compagnie de la Vérité. Cela désigne la compagnie de personnes établies dans la Vérité. Grâce au satsang, *bhaya* (la peur) fait place à *abhaya* (l'absence de peur). *Abhaya* signifie aussi refuge, i.e. prendre refuge en Dieu ou dans le *guru*. Pour un vrai dévot, qui s'est totalement abandonné à Dieu, peu importe qu'il soit au Ciel ou en enfer. Il est constamment plongé dans la béatitude intérieure. Il est toujours heureux, quelle que soit la nourriture qu'il mange, quels que soient les vêtements qu'il porte ou le lieu où il dort. Il demeure satisfait, quoi qu'il arrive. La plupart des gens, en revanche, se plaignent : « Pas assez, ce n'est pas assez ! » Leurs plaintes et leurs doléances ne cessent jamais. Le bonheur échappe à de telles personnes.

Un homme fait une promenade tôt le matin. Pendant ce temps, sa femme lui prépare un œuf dur. Il dit en le voyant : « J'aurais préféré une omelette ». Le lendemain matin, sa femme lui prépare une omelette. L'homme dit : « L'œuf dur, était meilleur ». Le troisième jour, la femme prépare un œuf dur et une omelette, pour qu'il puisse choisir. Alors il se plaint : « Tu as fait frire l'œuf qu'il aurait fallu faire bouillir, et tu as fait bouillir celui qu'il aurait fallu faire frire ».

Un vrai dévot a un mental pur et une dévotion absolue pour le Seigneur. Il y a de nombreuses années, j'ai vu une scène inhabituelle : Amma portait une chemise pendant qu'elle donnait le darshan. Un vieil homme était assis à côté d'elle. Quand je me suis informé, j'ai appris que c'était un fermier qui venait d'un village proche d'Erode dans le Tamil Nadu. Ardent dévot d'Amma, il avait l'habitude d'offrir d'abord tout ce qu'il recevait à Amma. Il le déposait dans sa salle de puja et il s'en servait seulement ensuite. Son neveu lui a un jour offert deux chemises. Aussitôt, il a pensé à les offrir à Amma. Comme d'habitude, il a mis les deux chemises dans sa salle de puja. Puis, quand il est allé voir Amma, il en a porté une. Pendant le darshan, il a offert l'autre chemise à Amma. Elle lui a demandé : « Fils, à qui vais-je donner cela ? ».

Il a répondu : « C'est à toi de décider, Amma ».

Amma a déplié la chemise, l'a enfilée et a continué à donner darshan. Elle a parlé de la pureté de son attitude à ceux qui se trouvaient là. Il n'a pas eu la pensée : « Amma est une femme qui ne porte que des saris, pas des chemises ». Il désirait simplement l'offrir à Amma.

Le Seigneur dit :

ye tu dharmyamritamidam yathoktam paryupasate
shraddadhana matparama bhaktaste'tiva me priyah

Et ceux qui, pleins de dévotion, suivent le dharma (la loi) immortel que je viens de décrire, qui ont foi en Moi et Me considèrent comme leur But ultime, Me sont extrêmement chers. (*Bhagavad Gita*, 12.20)

Ce verset indique quelles sont les deux qualités d'un dévot : la foi dans les paroles du guru et la dévotion envers elle (le guru) dans le seul but d'atteindre le Divin.

Les paroles d'un guru sont comparables à une lampe. Une flamme n'indique aucune direction particulière, elle éclaire dans toutes les directions. Nous pouvons utiliser cette lumière pour avancer. De la même façon, nous pouvons utiliser la forme du guru pour nous tourner vers l'intérieur, vers notre vraie nature. Celui qui fait cela est cher au Seigneur. Quand on sait cela, cela permet de comprendre et d'assimiler la dévotion. Le Seigneur Krishna a énuméré les qualités du dévot afin que nous nous en souvenions et les mettions en pratique. Plus nous les appliquons, plus les ténèbres de l'ignorance s'évanouissent et plus nous nous rapprochons de la perfection. Visualisons ces vertus et efforçons-nous de les cultiver. Si nous n'y parvenons pas, alors languissons-nous et pleurons pour les développer. Faisons l'offrande totale de nous-même à cette *sadhana* (pratique spirituelle). Cela aussi, c'est de la dévotion. Il ne suffit pas de glorifier Dieu. Encore faut-il Lui obéir. En outre, il faut prendre conscience de ses limites. Alors, par la grâce du guru, on peut les transcender.

Ces vertus sont naturelles chez un *mahatma* (une âme spirituel-lement éveillée). En Amma, nous pouvons voir toutes les qualités d'un vrai dévot. Elle n'a de colère ni de haine envers personne.

Son seul désir est de soulager la souffrance, partout où elle la perçoit. Les décisions d'Amma ne dépendent pas des opinions ou des perceptions d'autrui. Une fois qu'elle a décidé quelque chose, elle va de l'avant hardiment et joyeusement.

Le brahmachari responsable d'*Amritakuteeram* (la construction de maisons gratuites pour les pauvres) a un jour demandé à Amma : « Pourquoi aider ces gens qui ne font que critiquer tout ce que nous faisons pour eux ? ».

Amma a répondu : « Amma n'aide pas les autres en se fondant sur ce que les gens disent ou font. Amma les aide parce que telle est sa nature ». Elle est fermement établie dans le dharma et ancrée dans la Vérité. Le sens de l'ego est absent de tout ce qu'elle fait. Elle ne s'attache à rien. Amma gère de nombreuses institutions. Mais elle n'a jamais le sentiment du propriétaire.

Swamiji (Swami Amritaswarupananda) dit souvent : « Si vous observez soigneusement Amma, vous pouvez tout apprendre ». Par exemple, pendant le darshan, Amma tient des réunions sur le côté, donne des instructions variées, bavarde avec les dévots qui viennent au darshan et les console. Elle est experte dans l'art d'exécuter des tâches multiples et ne considère aucune de ces tâches comme insignifiantes.

Où et comment accomplir une *sadhana* ? Beaucoup de gens s'imaginent que le lieu idéal pour la *sadhana* serait une retraite solitaire près d'une rivière, dans une forêt ou dans l'Himalaya, où nous imaginons pouvoir demeurer absorbé dans une tranquille contemplation de Dieu. Quel chercheur spirituel n'a pas nourri de tels rêves ? Il n'y a rien de mal à cela. Amma elle-même déclare : « Quand on apprend à conduire, il faut le faire dans un endroit où il n'y a personne ». Et pourtant, les Écritures et les maîtres spirituels déclarent que le meilleur endroit pour la *sadhana*, c'est la présence du guru.

Nous sommes bénis de pouvoir vivre avec Amma. Elle est toujours avec nous, médite avec nous, chante des bhajans avec nous, nous prépare et nous sert à manger, nage avec nous, plaisante avec nous, nous emmène dans ses tournées... aucun guru, dans l'histoire de l'humanité, n'a probablement jamais fait cela. Amma nous encourage. Si le fait de parler en public nous rend nerveux, elle nous caresse le dos pour nous calmer, elle rit de nos plaisanteries pour renforcer notre confiance en nous. Amma adopte différents *bhavas* (attitudes) qui nous aideront à grandir spirituellement.

Un jeune garçon rentrait de l'école quand il s'est mis à pleuvoir. Le garçon a mis les livres dans sa chemise, pour qu'ils ne soient pas mouillés. Quand il est arrivé chez lui, sa mère l'attendait près de la porte. Elle lui a dit : « Tu es trempé ! Tu risques d'attraper une fièvre. Fils, tu aurais pu mettre les livres sur ta tête pour t'abriter de la pluie ». Elle a pris les livres et les a posés, puis affectueusement, elle lui a séché la tête avec une serviette.

Une autre fois, il pleuvait de nouveau à la sortie de l'école et le garçon s'est souvenu de ce que sa mère lui avait dit. Il a utilisé ses livres pour se couvrir la tête. Arrivé chez lui, il a vu son père sur le pas de la porte. Son père l'a grondé parce qu'il n'avait pas pris soin de ses livres d'école.

Qui avait raison, le père ou la mère ? Les deux. Pour la mère, son enfant compte plus que tout, c'est pourquoi elle s'est montrée si affectueuse envers lui. Le père, lui aussi, aime son fils, mais il s'inquiète tout autant de la manière dont la société jugera ses actions. Il se montre donc plus sévère que la mère.

Chez le guru, nous voyons un mélange harmonieux de ces deux qualités. Récemment, pendant la méditation, Amma a dit : « La discipline et la compassion sont toutes deux nécessaires ».

Dans le *Lalita Sahasranama* (Les Mille Noms de la Mère divine), on trouve ces deux mantras : *raga-svarupa-pashadhya* et *krodha-karankushojvala* (mantras 8 et 9). Amma nous attire à elle avec la corde de l'amour, puis elle nous discipline avec l'aiguillon de la sévérité.

Amma a parlé des arbres *rudraksha* et exprimé son désir de les voir pousser à l'ashram. On dit que les désirs d'un mahatma sont des *sankalpas* (résolutions divines). À ma connaissance, on ne trouve pas d'arbres rudraksha dans cette région ; ils ne poussent que dans les endroits proches de l'Himalaya. Mais il y a maintenant ici quelques centaines d'arbres rudraksha.

En un sens, nous sommes tous des plantes différentes et Amma est la jardinière. Sa tâche est difficile. Certaines plantes croissent facilement. D'autres requièrent plus de soin et beaucoup d'engrais. Quelle que soit la catégorie de plante à laquelle nous appartenons, si nous sommes prêts à nous abandonner à la terre, Amma nous transformera en arbres puissants, capables de donner de l'ombre et des fruits. En d'autres termes, nous avons l'occasion ici, en la présence sacrée d'Amma, d'atteindre des sommets spirituels.

Mais il ne suffit pas de rêver de grandeur. Il s'agit peu à peu de surmonter nos faiblesses, pas à pas, avec persévérance. Grâce aux pratiques spirituelles, il faut cultiver toutes les qualités d'un vrai dévot. Pour réussir, nous avons besoin de la grâce d'Amma. Puisse-t-elle nous bénir, afin que toutes nos actions deviennent dignes d'être offertes au Divin, deviennent des offrandes sans réserve, bénéfiques et remplies d'adoration.

3

Un Paradis sacré

Swamini Amalamrita Prana

Un jeune homme se rend dans un ashram pour y apprendre à méditer. Il suit les enseignements du guru, devient son disciple, obéit aux règles de l'ashram, participe à l'adoration et aux pujas, chante des bhajans et fait du service désintéressé. Mais il a beau rester de nombreuses années dans cet ashram, le guru, qui goûte la béatitude de la méditation, ne lui transmet pas les secrets de la méditation. Le disciple finit par s'inquiéter. Les jours passent. L'agitation du disciple s'exprime de façon évidente dans son comportement mais le guru fait semblant de ne rien remarquer. Il parle au disciple avec bonté et affection. Il lui demande parfois de s'asseoir près de lui et vante alors la grandeur de la méditation, mais il ne lui enseigne pas comment méditer.

Un jour, incapable de contenir sa frustration, le disciple finit par demander au guru : « Je vis avec vous depuis des années et pourtant, nous ne m'avez pas enseigné la méditation. Pourquoi ? ».

Le guru se contente de sourire.

Quelques jours plus tard, le guru et le disciple partent un soir se promener. Des étoiles scintillent dans le ciel. La lune s'est levée au firmament. Dans le silence, ils entendent le gazouillement lointain d'un oiseau. Le guru demande : « As-tu entendu cela ? ». Le disciple répond oui.

Le lendemain soir, ils retournent se promener. Ils entendent à nouveau le gazouillis. Le guru demande : « Peux-tu reconnaître quel oiseau chante de manière aussi mélodieuse ? ».

Le disciple écoute attentivement et dit : « Oui, c'est un coucou ».

Le troisième jour, ils entendent encore le chant du coucou. Le guru demande : « Peux-tu entendre la douceur sous-jacente à ce chant ? ». Le disciple comprend soudain ce qu'est la méditation. Il se fond dans la beauté de la nature et n'entend plus ce que le guru dit ensuite.

La beauté fait partie intégrante de la méditation. Il y a de la beauté dans le gazouillis d'un oiseau et dans la sérénité qu'exhalent les fleurs. Dans la caresse de la brise, on peut sentir des vagues de béatitude.

Amma l'a souvent dit et répété : la méditation n'est pas une activité que l'on pratique dans une pièce isolée. Accomplir chacune de nos activités quotidiennes avec une concentration totale, c'est cela, la vraie méditation. C'est aussi le karma yoga.

Dans la *Bhagavad Gita*, le Seigneur Krishna dit :

loke'smindvividha nishta pura prokta mayanagha
jnanayogena sankhyanam karmayogena yoginam

Ô toi qui es sans reproche, comme Je l'ai expliqué dans les temps anciens, il existe en ce monde deux voies : la voie de la connaissance pour les Sankhyas (ceux qui sont enclins à la contemplation), et la voie de l'action pour les Yogis (ceux qui sont enclins à l'action). (3.3)

Le Seigneur se réfère ici aux deux pratiques traditionnelles qui mènent à la réalisation du Soi : la contemplation et l'action. Le résultat d'une action ne vient pas seulement de ce qui est fait, mais aussi de la manière dont cela est fait. Kuchela n'a offert au Seigneur Krishna qu'une poignée de flocons de riz. Bien que la valeur matérielle en fût négligeable, pour le Seigneur, elle n'avait pas de prix : dans chaque flocon, Il discernait l'amour pur et la dévotion.

Combien vaut un pétale de fleur ou une feuille ? Si la feuille est offerte au Seigneur avec amour et vénération, sa valeur est infinie. Quand Satyabhama a placé ses joyaux inestimables sur un plateau de la balance et que Krishna s'est assis de l'autre côté, les joyaux n'ont pas fait pencher la balance de leur côté. Mais quand Rukmini a placé sur le même plateau une seule feuille de *tulasi* (basilic), la balance a penché vers la feuille. Pourquoi ? Parce que la dévotion de Rukmini avait plus de valeur que l'équivalent en or du poids du Seigneur.

Imaginez qu'un érudit et un dévot se baignent dans le Gange. L'érudit va nettoyer son corps tandis que le dévot non seulement nettoie son corps mais purifie aussi son mental. Le résultat de toute action varie donc selon l'attitude avec laquelle elle est accomplie.

Amma pose la question : « Un guru va-t-il adorer celui qui se contente de suivre ses instructions à la lettre, ou bien celui qui effectue la tâche donnée avec discernement ? ». Elle y répond en disant que c'est le second qui est le plus cher au guru. La connaissance et l'action ne sont pas deux choses différentes. Effectuer une action en toute conscience et avec la connaissance nécessaire, c'est le karma yoga.

En 1985, quand j'étais en première année d'université, Amma est venue au Sarada Mandir à Calicut. C'est là que les membres de ma famille et moi-même l'avons rencontrée pour la première fois. Nous sommes tous instantanément devenus des dévots. Cette rencontre avec Amma a éveillé en moi le désir de vivre avec elle pour le reste de ma vie. Personne, dans ma famille, n'a fait d'objection à mon désir d'entrer dans la communauté de l'ashram, mais ils voulaient d'abord que je termine mes études. Amma, elle aussi, m'a dit de finir mes études avant de venir. Finalement, avec son consentement, je suis entrée à l'ashram en 1990.

Mon premier seva fut de travailler à l'imprimerie de l'ashram. À l'époque, j'ignorais pourquoi je devais faire du seva. Il est important d'avoir au moins une petite idée de ce que l'on fait, de savoir pourquoi on le fait. Swami Jnanamritananda était alors le responsable de l'imprimerie. Il s'est un jour mis en colère contre nous parce que nous faisions notre travail sans soin ; il nous a demandé de partir et a fermé l'imprimerie à clé. Au lieu de le prendre comme une punition, nous nous sommes réjouies : nous pouvions aller voir Amma. Nous sommes allées dans la hutte et nous nous sommes assises auprès d'Amma. En nous voyant toutes là, elle nous a demandé : « Que se passe-t-il ? Est-ce que vous n'avez pas de travail à l'imprimerie ? ».

Nous avons répondu joyeusement : « Swami nous a renvoyées et il a fermé la porte à clé ». Amma a fait appeler le swami. Quand elle a appris ce qui s'était passé, elle nous a dit avec beaucoup d'affection que quand nous agissions, il fallait le faire en conscience, et que cela nous aiderait à purifier nos pensées. Après cet incident, Amma s'est mise à surveiller notre travail de près. Elle nous a clairement fait comprendre que nous ne devions pas nous laisser distraire, même si Amma passait juste à côté de l'imprimerie. Elle nous a enseigné que le seva était adoration, et qu'il fallait donc être totalement concentré sur la tâche à effectuer.

À l'époque, peu de personnes travaillaient à l'imprimerie. Les jours où il n'y avait pas de darshan, Amma se joignait aux résidents de l'ashram et aux dévots pour nettoyer le terrain de l'ashram, porter des sacs de sable pour les travaux de construction à l'ashram et d'autres activités de seva.

Sachant cela, ceux qui travaillaient à l'imprimerie étaient tristes de ne pas pouvoir aller rejoindre Amma et ils enviaient ceux qui le pouvaient. Amma, qui savait bien ce que nous ressentions, compensait en faisant des visites-surprises à l'imprimerie, la nuit. Généralement, notre travail durait jusqu'à deux ou trois heures du matin. Quand Amma venait, elle portait toujours un thermos de café dans une main et quelques paquets de snacks dans l'autre. Elle disait : « Mes enfants, comment Amma pourrait-elle dormir pendant que vous travaillez tard la nuit, sans aucun repos ? Une fois rentrée dans sa chambre, Amma va lire des lettres. Mais avant, je voulais vous apporter du café et des snacks ». Amma passait beaucoup de temps avec nous avant de partir. Si nous ne pouvions pas assister aux bhajans à cause de la lourde charge de travail, Amma venait ensuite à l'imprimerie chanter des bhajans avec nous. Ainsi, notre seva devenait une fête. C'est seulement bien plus tard que nous nous sommes rendu compte qu'Amma transformait notre karma en karma yoga, le travail en adoration.

Un jour, Amma cessa soudain de venir à l'imprimerie. Nous avons d'abord pensé qu'elle était trop occupée. Mais comme elle n'est pas venue pendant de nombreux jours, nous avons commencé à nous inquiéter. Faisions-nous preuve de négligence dans notre travail ? Allions-nous contre sa volonté ? Avions-nous des pensées impures ? Pendant que nous faisions des suppositions sur les raisons de son absence, Amma nous a envoyé Swami Amritatmananda. Il nous a demandé si nous faisions tous l'archana sans jamais y manquer. Il a dit : « Amma n'a pas envie de venir à l'imprimerie car elle pense que certains d'entre vous ne font pas l'archana ».

C'était vrai. Pour différentes raisons, certains d'entre nous ne faisaient pas l'archana. Cela nous a clairement révélé qu'Amma n'était pas limitée à son corps physique. Elle est la pure conscience omniprésente et subtilement, elle est toujours avec nous. Cette expérience nous a convaincus de l'omniscience d'Amma.

À l'imprimerie, Vasanthi-*chechi* et moi faisions les plaques qui servaient à imprimer. Avant l'anniversaire d'Amma, nous étions très occupées car c'était le moment de la sortie des nouveaux livres. Vasanthi-*chechi* et moi passions tout notre temps à fabriquer les plaques dans la salle de traitement d'images, puis nous les donnions aux brahmacharis qui travaillaient vingt-quatre heures sur vingt-quatre pour terminer l'impression des livres avant l'anniversaire. Une année, il s'est trouvé que nous n'avons pas pu voir Amma pendant des jours ; nous étions tristes. Nous avions du mal à nous concentrer sur le travail. Finalement nous avons décidé de faire toutes les plaques nécessaire d'un coup, pour ensuite aller voir Amma. De cette façon nous avons réussi à terminer le travail à temps.

Nous avons appris qu'Amma était allée rendre visite aux brahmacharinis. Juste au moment où nous nous apprêtions à y aller, le brahmachari responsable de l'impression est venu nous dire : « La plaque que vous nous avez donnée est endommagée. Il nous en faut une autre. Nous ne pouvons pas imprimer avec celle-là ». Nous étions terriblement déçues. Nous sentions bien que notre dharma était de terminer le seva qu'Amma nous avait confié, en le faisant au mieux de nos capacités. Nous avons donc travaillé trente à quarante-cinq minutes de plus avant de partir. Nous ne savions pas si Amma était rentrée dans sa chambre. La chance a voulu qu'elle soit encore là. Elle était venue surveiller la construction de la cuisine et quand nous sommes arrivées, elle se trouvait dans une des pièces avec les brahmacharinis. Nous entendions la voix et le rire d'Amma, mais comme il n'y avait pas de place à l'intérieur, nous sommes restées sur le pas de la porte. Dès que nous sommes arrivées, Amma s'est levée pour partir, suivie d'un bataillon de brahmacharinis. Cachant notre tristesse, nous nous sommes plaquées contre le mur pour les laisser passer. Au passage, Amma m'a pris la main et m'a fourré quelque chose dans la paume, qu'elle a refermée ; puis elle a continué son chemin. Arrivée à l'imprimerie, j'ai vu qu'elle m'avait donné un peu de prasad. Toute la journée, j'ai pu sentir le parfum d'Amma sur ma main.

Quand notre mental devient plus pur, nous cessons de blâmer les autres pour leurs erreurs et nous prenons en revanche conscience de nos propres défauts. Cela me rappelle une des histoires qu'Amma raconte. Un couple de jeunes mariés emménage dans son nouvel appartement. Par la fenêtre, la jeune mariée peut voir les vêtements que la voisine a étendus sur sa corde à linge. Elle dit à son mari : « Regarde-moi ça. Ces vêtements ne sont pas vraiment propres. Peut-être que cette femme ne sait pas laver les vêtements correctement ». Le mari garde le silence. Chaque jour, la femme fait le même commentaire et son mari ne répond rien. Au bout de quelques semaines, elle a dit à son mari : « Tu as vu ? Cette femme a enfin appris à laver. Les vêtements qui sèchent aujourd'hui sur la corde sont impeccables. Je me demande qui lui a enseigné à laver le linge comme il faut ».

Le mari répond : « Ce matin, j'ai nettoyé les vitres. C'est à cause de la saleté qui encrassait nos vitres que tu voyais des vêtements sales sur la corde à linge ».

Si nous essayons d'accomplir n'importe quelle tâche confiée par Amma comme une adoration ou bien avec le sentiment d'être un instrument entre les mains de Dieu, cette action est transformée. Cette attitude d'abandon de soi attire la grâce du guru, qui purifie notre cœur de l'égoïsme et de l'orgueil. Avec le temps, le miroir de notre cœur deviendra pur. Nous serons alors capables de percevoir le bien en toute chose. Si nous employons les facultés de conscience vigilante et de discernement que Dieu nous a données, nous pouvons servir le monde et évoluer spirituellement. Amma a demandé à un bon nombre de brahmacharinis de passer leur licence, puis leur maîtrise en Éducation, et elle leur a ensuite donné la responsabilité de diriger les écoles Amrita Vidyalayam. Amma m'a d'abord envoyée à Pulpally, où je suis restée plusieurs années. Un jour, Amma m'a envoyée servir à Karwar dans le Karnataka. Comme je ne connais pas le kannada, cette affectation a été un choc, aussi bien pour moi que pour d'autres. Néanmoins, j'étais fermement convaincue qu'Amma s'occuperait de tout. Cela me rappelle un incident qui s'est déroulé à la piscine de l'ashram, il y a des années. Nous faisions la queue pour qu'Amma nous pousse dans la piscine. Quand mon tour est venu, j'ai eu peur et je l'ai dit à Amma. Elle a dit : « Une fois que tu auras appris à nager, tu n'oublieras plus ». Puis Amma m'a poussée dans l'eau. Heureusement, je suis tombée dans la bouée qui avait été placée en-dessous. Je n'ai rien eu à faire. En bougeant un peu les jambes, j'ai pu nager jusqu'à la partie peu profonde du bassin.

Quand Amma m'a envoyée à Pulpally et à Karwar, cela s'est avéré aussi facile que l'expérience de la piscine. J'ai senti la puissance divine d'Amma agir à travers moi. Il me suffisait d'être un instrument entre ses mains.

Voici une histoire que l'on m'a racontée. C'était la fin de l'année scolaire, le moment de proclamer les résultats. Le directeur voulait faire passer tous les élèves, à condition que chacun montre ses compétences. Chaque élève devait travailler sur un projet ; ceux qui ne pourraient pas le terminer redoubleraient. Mais le temps accordé pour mener le projet à bien était insuffisant. L'instituteur a réfléchi au moyen de faire passer tous ses élèves, qui étaient tous intelligents. Il a eu une idée. Il a dessiné une étoile au tableau et a demandé aux élèves d'en faire autant dans leur cahier. En faisant le tour de la classe, il a remarqué que certains élèves avaient dessiné de magnifiques étoiles, d'autres avaient dessiné des étoiles médiocres et certains avaient fait de très mauvais dessins. Il a murmuré quelque chose à l'oreille des élèves qui dessinaient bien, et aussi quelque chose à ceux qui ne savaient pas dessiner.

Le directeur est venu évaluer les élèves. L'instituteur a dessiné une étoile au tableau et a écrit : « Remplissez les espaces vides ». Chaque élève a dû venir au tableau et dessiner ce qu'il pouvait. Quand ils ont eu terminé, le directeur a vu au tableau une magnifique constellation : il y avait des étoiles de différentes formes et une très belle Lune. Il y avait aussi de nombreux points. Le directeur a demandé ce que représentaient les points. L'instituteur a répondu qu'il s'agissait d'étoiles lointaines. Le directeur, impressionné, a dit au directeur de faire passer tous les élèves. Qu'avait donc fait l'instituteur ? Il a dit à ceux qui savaient bien dessiner de dessiner les étoiles et la Lune, et aux autres de faire un point.

N'est-ce pas ce que fait Amma, la Protectrice universelle ? Nous sommes tous arrivés auprès d'elle après de nombreuses vies. Dans sa compassion infinie, Amma a créé pour nous des façons très variées de servir et d'épuiser notre dette karmique. Ne pouvons-nous pas au moins dessiner un point ? Elle dit : « Mes enfants, faites simplement ce que vous pouvez. Soyez ; cela suffit. Amma prendra soin du reste ».

Si nous faisons le meilleur usage de cette chance qui nous est donnée, notre vie sera réellement bénie. Puisse Amma répandre sa grâce sur tous.

4

Ces yeux-là

Br. Rishi Chaitanya

Amma dit : « Le guru est comme une immense porte ; en la franchissant, le disciple peut avancer sur la voie spirituelle. Pour cela, le disciple doit entrer dans le cœur du guru. Le guru est l'ami le plus noble, celui auquel on peut faire confiance, celui qui nous éveille à la réalité : « Je ne suis pas cette petite entité, je suis infini, omniprésent comme le ciel, je suis la Plénitude ». Qu'est-ce que cette porte intérieure ? C'est un grand mystère. Quelque chose s'ouvre à l'intérieur, quelque chose auquel nous n'avions pas accès auparavant et dont nous ignorions même l'existence. Cette porte est le guru intérieur. C'est grâce à cette ouverture intérieure que le disciple peut avoir un aperçu de la nature réelle du guru, la ressentir. Il s'agit aussi de notre nature réelle.

Amma dit : « Dans la vie spirituelle, il se produit deux rencontres : la rencontre extérieure du guru et la rencontre intérieure du guru. Pour progresser spirituellement, il faut avoir fait les deux rencontres ».

C'est à San Ramon, en Californie, que j'ai rencontré Amma pour la première fois, en 1996. Amma donnait le Dévi Bhava darshan. Je me suis frayé un chemin vers les marches et me suis installé sur le balcon, au-dessus de la salle où Amma donnait le darshan. J'ai regardé dans la salle, absorbant le spectacle. L'atmosphère vibrait d'une magnifique énergie. Un par un, des gens de tous les âges, de tous les milieux et de toutes les nationalités approchaient d'Amma pour recevoir une étreinte. La scène était fascinante mais ce qui était encore plus splendide, c'était la lumière qui paraissait entourer Amma. Cette lumière n'avait rien de surnaturel. Quelque part, je sentais qu'elle était là.

Après avoir regardé Amma un long moment, j'ai fermé les yeux et j'ai senti en moi la même lumière, sous la forme d'une présence maternelle, la plus apaisante et la plus réconfortante qui soit. Cette présence était vivante et nouvelle, et en même temps totalement familière. Cela paraissait être une présence qui, aussi longtemps que je me souvienne, avait été latente dans ma vie. J'ai passé toute la nuit sur ce balcon, à regarder Amma les yeux ouverts, puis à fermer les yeux, parlant à cette merveilleuse présence qui m'entourait de ses bras invisibles.

Comme personne ne nous avait dit de rester jusqu'à la fin du Dévi Bhava, mes amis et moi sommes partis avant. En sortant de l'ashram, notre voiture a glissé de la digue dans un fossé. Nous avons passé une demi-heure à essayer de sortir la voiture du fossé. J'ai fini par faire une pause, pendant que mes amis poursuivaient leurs efforts. Je suis monté jusqu'à la route et me suis assis sur le trottoir.

Soudain, une Lexus qui venait du temple est arrivée doucement et s'est arrêtée devant moi. Quelqu'un a baissé la vitre. C'était Amma ! Ses yeux ressemblaient à deux soleils brillants. Nous nous sommes regardés. Bouche bée, j'ai dit : « Amma ? ». Elle m'a fait un grand sourire, puis la voiture est partie. Il s'est écoulé ensuite de nombreux mois avant que je revoie Amma, mais ces yeux sont devenus mon refuge. Quand je fermais les yeux et les visualisais, quelque chose en moi s'ouvrait. Chaque fois que je pensais aux yeux d'Amma, une porte intérieure paraissait s'ouvrir pour moi. En écoutant Amma, j'ai ensuite appris que quand nous intériorisons nos expériences avec le guru, qu'il s'agisse d'un darshan, d'un regard, d'un sourire, d'une parole, du contact de la joue d'Amma ou de la caresse de sa main, elles deviennent une ouverture sur la paix de notre Soi réel.

C'est uniquement avec cette technique (intérioriser et revivre leurs expériences avec le Seigneur Krishna) que les *gopis* (laitières) de Vrindavan ont pu réaliser Dieu après le départ du Seigneur Krishna. Aujourd'hui encore, je visualise les yeux d'Amma pendant la méditation ; cette technique garde la même fraîcheur.

Le Seigneur Krishna dit :

> *yo mam pashyati sarvatra sarvam ca mayi pashyati*
> *tasyaham na pranashyami sa ca me na pranashyati*

> Celui qui Me voit en toute chose et voit toute chose en Moi ne Me perd jamais de vue et inversement, jamais Je ne le perds de vue. (*Bhagavad Gita*, 6.30)

Dans toute la Gita, c'est mon verset favori parce qu'il décrit le summum de l'amour divin, quand le dévot ne fait plus qu'un avec Dieu. Pour beaucoup de gens, avant leur rencontre avec Amma, Dieu n'était qu'un mot. Mais ensuite, Dieu est devenu une expérience. C'est le plus grand miracle d'Amma : éveiller cet amour en chacun de nous. Cet amour n'est pas différent de Dieu, de notre Soi réel. Peu à peu, nous sentons que cet amour est le substrat de tout. Amma dit qu'il n'existe qu'une seule manière de franchir la porte qui mène à Dieu, et c'est par l'amour. Quand j'ai rencontré Amma, je me suis demandé s'il était vraiment possible d'avoir une relation avec Dieu aussi intime que celle qui est décrite dans le verset de la *Gita*. Pouvait-on se sentir proche du Divin, d'une manière aussi réelle que dans une relation humaine avec un proche ? Quand je suis venu en Inde, j'ai découvert que ce verset disait la vérité. Je n'avais pas vingt ans quand j'ai quitté ma famille pour faire le voyage jusqu'à Amritapuri, en 1997. Je n'avais jamais quitté les États-Unis. J'avais sans nul doute une soif spirituelle mais il ne fut néanmoins pas facile de me retrouver loin de tout ce qui m'était familier.

À cette époque, il n'y avait pas grand confort à l'ashram. J'ai trouvé difficile de m'intégrer et de m'habituer à la vie autour d'Amma, à l'ashram en général. Pour être honnête, j'ai souvent eu le sentiment : « Je ne sais pas si je suis capable de rester. Peut-être qu'il vaut mieux que je rentre chez moi... ».

C'est alors que j'ai découvert un des plus grands secrets de cet ashram : l'océan. Cela a changé ma vie ici, pour toujours. Dans les quelques années qui ont suivi, l'océan est devenu mon compagnon le plus proche. Je lui ai bien souvent confié les chagrins de mon cœur. J'avais la sensation que même si je passais une journée difficile, chaque fois que j'allais voir la mer, elle se précipitait à ma rencontre et m'accueillait ; alors je m'allongeais dans son giron et je lui disais tout ce que j'avais sur le cœur. Cette pratique est devenue pour moi plus puissante que de prier dans un temple ou devant une déité.

J'appris bientôt que je n'étais pas seul à avoir cette relation avec l'océan. À l'époque, je vivais dans le petit dortoir qui se trouvait sous la chambre d'Amma. Je dormais près de la fenêtre. La nuit, j'entendais souvent Amma sortir en douce. Elle allait méditer sur la plage, prier, parler à la Mère divine sous la forme de l'océan et chanter pour elle. Ce fut Elle le refuge d'Amma dans son enfance et sa jeunesse. C'est à Elle qu'Amma confiait la douleur de son cœur, alors que personne d'autre ne la comprenait.

Une nuit, il était plus de minuit, quelqu'un est venu nous chercher dans le dortoir en disant : « Amma vous appelle à la plage ! ». Nous y sommes allés et nous nous sommes assis autour d'Amma ; elle a chanté des bhajans et médité dans l'obscurité pendant un long moment. Puis elle a dit : « Bon, les enfants, rentrez dormir. Amma va rester encore un peu ici ». Elle n'a même pas permis à Bri. Lakshmi (maintenant Swamini Srilakshmi

Prana), qui s'occupe de son service personnel, de rester avec elle. Amma a dit : « J'ai beaucoup de choses à dire à Mère Océan. Elle n'écoutera peut-être pas si vous êtes là ». Tout en marchant vers l'ashram, je me rappelle avoir regardé Amma. Ses yeux fixaient l'horizon. Certes, j'avais lu les récits qui racontent la période de sadhana d'Amma. Mais c'est cette nuit-là que j'ai vraiment senti sa relation avec la Mère divine. Je me rappelle avoir pensé : « Voilà pourquoi je suis venu ici. C'est cela que je veux. Je veux être capable de confier ce qu'il y a dans mon cœur à cette Présence intérieure, je veux avoir cette relation intime avec Dieu ».

Amma dit que chacun de nous a cette relation intérieure, mais nous l'avons négligée pendant si longtemps que nous avons perdu le contact. Ce fut une expérience extraordinaire, bouleversante, de voir ainsi Amma communier avec Dieu, manifester devant mes yeux son amour immense pour Lui. Nous pouvons apprendre d'elle comment prier et entrer en communion avec cette source d'amour intérieure, apprendre aussi comment percevoir la Présence vivante dans les formes de la Nature comme l'océan, les arbres et le ciel. Ce sont des choses qui ne s'apprennent pas dans les livres. On ne peut les apprendre qu'en présence d'un Maître réalisé. Mais la manière dont cette relation avec le guru se tisse en chacun de nous est différente et unique. C'est ce qui la rend si spéciale et sacrée.

Il y a environ dix ans, je faisais le tour des États-Unis avec Amma et j'ai invité un de mes amis au programme de Los Angeles. Il m'a posé beaucoup de questions et il se réjouissait de rencontrer Amma. Nous nous sommes vus au programme, nous avons parlé un moment. Je lui ai obtenu un ticket de darshan avant le début de la Dévi puja. Quand le Dévi Bhava a commencé, j'ai été pris par mon seva et nous ne nous sommes pas revus de la nuit.

Je l'ai appelé le lendemain pour lui demander : « Alors comment s'est passé la nuit ? Comment s'est passé le darshan ? As-tu rencontré Amma ? Raconte-moi tout ».

« Eh bien, dit-il, quand nous nous sommes séparés, je ne savais même pas où aller. La salle était pleine à craquer, du coup les gens se heurtaient les uns aux autres et il y avait un bruit pas possible. J'ai enfin réussi à me mettre dans la queue du darshan. On me disait sans cesse de bouger, puis d'attendre. C'était très déroutant et honnêtement, j'étais un peu irrité. Juste avant que j'arrive à l'estrade, quelqu'un m'a demandé si je voulais un mantra. J'ai répondu : « Non. Je ne sais même pas ce qu'est un mantra ! ».

Je suis finalement monté sur l'estrade, et avant que je comprenne ce qui se passait, quelqu'un me guidait par ici, puis par là. Arrivé près d'Amma, on m'a fait m'agenouiller. Quelqu'un d'autre m'a enlevé mes lunettes. Une autre personne encore m'a essuyé le visage avec un tissu… j'étais désorienté. Quand je suis enfin arrivé juste devant Amma, quelqu'un a tout à coup mis la tête devant moi pour me demander : « Quelle est votre langue maternelle ? ».

« Ma quoi maternelle ? Langue ??? »

Pendant que je pensais à ma langue, Amma m'a pris dans ses bras et a marmonné quelque chose à mon oreille. Je me suis demandé : « Que dit-elle ? Est-ce que c'est de l'anglais ? ». Puis on m'a tiré en arrière, on m'a fait faire demi-tour et on m'a lâché.

Je me suis dit : « Bon, je vais trouver une place sur l'estrade et prendre le temps de digérer… » mais il n'y avait pas de place. J'ai donc quitté l'estrade et je me suis promené un moment. La foule, les gens, la musique… finalement, j'en ai eu assez et je suis rentré chez moi ! ».

J'étais sidéré. Je lui ai dit : « Je suis vraiment désolé. Je ne m'attendais pas du tout à cela ».

Il a repris : « Mais en fait, quand je me suis réveillé ce matin, il s'est produit une chose très étrange. Je me suis mis à pleurer, et j'ai senti intérieurement une paix que je n'avais jamais ressentie auparavant... ».

Après un long silence, il a dit tranquillement : « Je ne peux pas m'empêcher de penser à elle. Je veux aller la voir au programme suivant ! ».

C'est ce qu'il a fait. Il a pris l'avion et a passé deux jours dans la salle à regarder Amma, à méditer, à prier et à se relier à la partie plus profonde de lui-même, avec laquelle il venait juste de prendre contact.

Il en va ainsi pour beaucoup d'entre nous : quand la rencontre extérieure avec le guru débouche sur la rencontre intérieure avec elle, notre vie est définitivement transformée.

Cela ne signifie pas qu'il soit facile de vivre auprès du guru. Quand j'ai rencontré Amma et que j'ai commencé à passer du temps avec elle, c'était merveilleux. Mais en même temps, quelque chose d'inattendu est entré dans ma vie : la souffrance. Je n'y étais absolument pas préparé. Être avec le guru s'est avéré plus douloureux que je n'aurais jamais pu l'imaginer. À mesure que le désir de se rapprocher d'Amma devient de plus en plus intense, on commence à voir tous les obstacles qui se dressent entre soi et le but : nos faiblesses, notre ego, nos désirs et nos *vasanas* (tendances latentes). Cela peut s'avérer accablant et douloureux car, bien que nous sachions ce que nous voulons, nous ne sommes pas capables de l'obtenir. Nous comprenons que nous avons besoin d'aide. C'est là qu'intervient le guru. Elle est l'incarnation de l'amour de Dieu en nous, et elle nous aide à surmonter ces obstacles. Mais ce n'est pas une tâche facile. Nous nous trouvions un jour avec Amma dans un lieu d'une grande beauté. Elle nous a tous regardés et a dit : « Vous êtes tous des fleurs magnifiques. Mais le travail d'Amma c'est de chercher les vers dans chacune de ces fleurs et d'attendre le moment opportun pour les éliminer ! ». Cette « élimination des vers » est parfois douloureuse.

Il y a de nombreuses années, pendant un tour, nous étions logés chez un dévot. Le matin, nous nous sommes préparés pour le programme et sommes partis très vite, en laissant la maison dans un désordre complet. Tard dans la nuit, Amma a dit à notre hôtesse : « Amma veut dormir chez toi cette nuit ! ».

Tout d'abord, elle a été transportée de joie ; puis elle a paniqué ! Le programme était presque terminé et rien n'était prêt. La maison était un vrai chantier. Tous ceux qui dormaient là-bas ont quitté le programme avant la fin ; ils ont sauté dans leur voiture et sont retournés très vite dans la maison. Une fois arrivés, nous avons ramassé les sacs de couchage, les vêtements sales, le linge humide, les serviettes, les assiettes et nous avons tout entassé dans une des chambres. Pendant que nous nous activions, on a sonné. L'hôtesse, pensant que d'autres dévots venaient nous aider, a ouvert la porte. Amma était là avec les swamis ! Dans sa panique, elle leur a claqué la porte au nez et a crié : « Amma est là ! ».

En toute hâte, nous avons tout préparé pour le rituel de la *pada puja* (qui consiste à laver les pieds d'Amma), puis nous avons ouvert la porte. Amma est entrée et la pada puja a commencé. Pendant ce temps, le mari était encore en haut, en train de fourrer tout ce qui traînait dans la pièce réservée pour cela. Quand il a entendu la cloche de l'arati, il a dévalé les escaliers si vite qu'il est tombé juste devant Amma !

Après la puja, Amma est allée dans la cuisine où elle a plaisanté, distribué du prasad à tous, puis elle est montée dans sa chambre. On avait préparé une chambre spécialement pour Amma. Cette chambre était nettoyée méticuleusement toute l'année et révérée comme « la chambre du guru ». Mais quand Amma est montée, elle a tourné brusquement à gauche pour aller tout droit dans la pièce où nous avions entreposé tout notre bazar, et elle a fermé la porte. Les hôtes étaient absolument horrifiés. Et c'est là qu'Amma a dormi !

Nous pouvons mettre un masque et duper tout le monde, mais pas le guru. Elle va tout droit là où est la saleté, là où sont nos faiblesses et nos défauts. Et c'est là qu'elle s'installe pour refléter qui nous sommes, comme un miroir. Mais le guru fait cela uniquement par amour. Son seul désir est de combler le fossé entre Dieu et nous, de nous aider à reconnaître et à éliminer les obstacles. C'est parfois douloureux, accablant et épuisant. Amma dit que le guru crée même parfois des situations pour nous faire prendre conscience de notre ego.

Nos efforts peuvent nous conduire jusqu'à un certain point, peut-être jusqu'au seuil. Mais pour aller plus profondément dans la méditation, pour franchir cette porte et entrer dans le cœur du guru, nos efforts seuls sont insuffisants. Quand j'ai commencé à voir toutes mes faiblesses, mes désirs et mes négativités faire surface de manière répétée, je me suis senti complètement dépassé et j'en ai parlé à Amma. Elle m'a dit : « Tu dois apprendre à regarder tes faiblesses et tes négativités bien en face, non pas avec crainte, mais avec amour, en tenant fermement la main du guru ».

N'importe qui peut apprendre à faire des pratiques spirituelles. Mais pour lâcher l'ego et être un livre ouvert devant le maître, il faut un immense courage. Il existe un lien profond et intrinsèque entre Dieu, nous et le guru. Quand on se rapproche du guru et qu'on s'ouvre complètement à elle, on constate que les obstacles à ce lien se dissolvent d'une façon mystérieuse. La relation avec le guru est la plus tendre et la plus douce qui soit ; elle est aussi la plus difficile.

L'incident suivant s'est déroulé il y a environ vingt ans à Chennai, pendant un programme au Brahmasthanam. Il était tard dans la nuit, environ deux heures du matin, et je lavais les grands récipients à la cuisine. Quelqu'un est venu me dire en courant : « Amma t'appelle au darshan ! ». Comme je n'avais pas le temps de me changer, j'y suite vite allé. Le darshan était presque terminé.

Je suis arrivé devant Amma. Elle n'a rien dit. Elle m'a simplement pris par les épaules et a rapproché son visage du mien, jusqu'à ce que nous soyons nez à nez. Ses yeux étaient pleins de lumière. Ils regardaient dans les miens avec un tel amour que j'ai eu le sentiment de tomber dans ces yeux à la profondeur infinie… Et puis, ce fut terminé. Elle m'a lâché, et je suis parti complètement hébété. Mais cette expérience, Amma me regardant ainsi dans les yeux, est entrée si profondément en moi qu'elle fait désormais partie de moi. Il me suffit d'y penser, et je le sens.

Une nonne demanda un jour à sainte Thérèse d'Avila, la grande sainte chrétienne : « Ma sœur, comment méditez-vous ? Comment communiez-vous intérieurement avec Jésus ? ». Sainte Thérèse a répondu : « C'est très simple. Je Le regarde et Il me regarde ». Il n'y a pas de mots, rien qu'un sentiment profond, un flot d'amour… et si nous prenons cette pensée et l'abandonnons, tout ce qui reste, c'est le silence, l'unité, la paix.

Si nous intériorisons toutes nos expériences avec le guru, que ce soit un regard, un sourire, une parole, le contact de la joue d'Amma ou de sa main, elles deviennent des portes vers la paix de notre Soi réel.

Puissions-nous toujours sentir les yeux divins d'Amma nous regarder intensément à travers toute la nature, le ciel, les fleurs, l'océan… puissions-nous tenir fermement la main du guru lorsque nous traversons des moments difficiles, quand elle nettoie nos « chambres sales ». N'oublions jamais que nous ne sommes pas seuls, où que nous soyons, quelles que soient les difficultés que nous traversons, quel que soit le nombre de fois où nous chutons. Sachons qu'elle ne nous quitte jamais du regard, pas un seul instant.

5

Le contentement

Bri. Nirlepamrita Chaitanya

En 1992, j'étais étudiante à l'université de Calicut et ma compagne de chambre m'a parlé d'Amma, de ses expériences avec elle. Ses récits étaient si captivants que je me suis mise à penser à Amma. Cette nuit-là, j'ai rêvé que j'avais son darshan. Je pouvais sentir son amour et j'ai même eu une bouffée de son parfum. Le lendemain, j'ai vu dans le journal une publicité qui annonçait « Amma à Calicut ». Il y avait une photo d'Amma, et je l'ai reconnue grâce à mon rêve de la nuit précédente. Un désir ardent de rencontrer Amma est né en moi.

Le lendemain matin, à sept heures, je suis partie pour le lieu du programme et je me suis mise dans la queue du darshan. J'étais toujours dans la queue à quatre heures de l'après-midi. Comme je devais être de retour dans mon foyer d'étudiante avant dix-huit heures, j'ai décidé de partir. J'allais franchir la barrière quand un homme est arrivé en courant en disant qu'Amma m'appelait. J'ai pensé qu'il s'agissait d'une erreur. Comment Amma aurait-elle pu m'appeler alors que nous ne nous étions jamais rencontrées ? Je l'ai ignoré et je suis partie. Il a bloqué mon chemin en disant : « Je dois vous conduire à Amma. C'est elle qui m'a dit de vous amener au darshan ».

C'est ainsi que j'ai eu mon premier darshan d'Amma. Quand elle m'a vue, elle s'est comportée comme si elle me connaissait depuis longtemps. Elle m'a serrée dans ses bras en disant : « Comment peux-tu partir sans avoir le darshan ? ». C'était le même darshan que j'avais eu en rêve ! Ce jour-là, je me suis rendu compte qu'il y avait un grand vide dans ma vie. J'avais beau avoir tout ce qu'on peut désirer, au fond de mon cœur, j'aspirais à quelque chose. Jusqu'à ce darshan j'ignorais ce que c'était : c'était le lien avec un satguru.

En 1996, Amma m'a permis de faire partie de l'ashram. Avant cela, je vivais au Sarada Math. J'aimais l'ambiance de discipline spirituelle qui y régnait et les résidentes de l'ashram se montraient très affectueuses envers moi. Quand je suis venue vivre à Amritapuri, j'ai perçu à quel point la vie en présence d'une incarnation divine était différente. Amma est Parashakti, Toute-puissante. Elle est la déesse Bhavatarini, que Sri Ramakrishna vénérait et qui s'est incarnée sous la forme d'Amma.

Ici, Amma conseille directement chaque chercheur spirituel. Tout ce dont un chercheur a besoin est disponible ici : archana, cours sur les Écritures, cours de sanskrit, méditation, cours de yoga, chant védique, puja, satsangs, bhajans… Comment pourrait-on ne pas être heureux ici ? Celui qui n'est pas heureux ici, où pourrait-il être heureux ?

Le Seigneur Krishna dit :

yadrccha-labha-santushto dvandatito-vimatsarah
samah siddhavasiddhau ca krtvapi na nibadhyate

Celui qui est satisfait de ce qui vient à lui sans effort, qui a transcendé toute dualité et la jalousie, celui qui garde l'équanimité dans le succès comme dans l'échec, même s'il agit, ses actions ne le lient pas. (*Bhagavad Gita*, 4.22)

Amma nous dit la même chose : comme n'importe quelle décision, le bonheur aussi est une décision. Un karma yogi est satisfait de ce qui vient à lui. Il s'efforce de se libérer de la jalousie et du sentiment de rivalité, ainsi que des dualités telles que la joie et la tristesse, le succès et l'échec, la louange et le mépris. Il accomplit son devoir avec détachement et garde l'équanimité devant la victoire ou la défaite.

Amma raconte l'histoire d'un roi âgé qui désirait trouver un successeur. Il n'avait pas d'enfants. Dans un tel cas, la coutume du royaume était de lâcher un éléphant portant une guirlande avec sa trompe. Celui à qui il mettait la guirlande était désigné comme l'héritier du trône. L'éléphant passa la guirlande au cou d'un mendiant qui tenta de s'enfuir, ne comprenant pas ce qui lui arrivait. Les soldats l'ont attrapé et emmené au palais ; ils lui ont annoncé qu'il serait le prochain roi. Le temps passa, le vieux roi mourut et l'ancien mendiant fut couronné roi. Après quelques années de règne, il eut le désir de faire à nouveau l'expérience de son ancienne vie. Il enfila des haillons et sortit. Certains lui firent l'aumône, d'autres jetèrent de la nourriture dans son bol de mendiant, quelques-uns le chassèrent. Il se rappela comment il avait réagi auparavant à ces situations. Il exultait quand il recevait beaucoup de nourriture ou de l'argent. S'il ne recevait rien ou si on lui criait dessus, il était triste et blessé. Maintenant, sachant qu'il était roi et avait à sa disposition le trésor royal, il n'était ému ni par la générosité ni par l'avarice. Il était capable d'accepter ce qu'il recevait avec une parfaite équanimité.

Les *mahatmas* (les êtres spirituellement éveillés) sont ainsi. Ils sont *purna* (parfaits, complets). Rien d'extérieur ne les affecte. Ce contentement, cette équanimité, nous les voyons constamment chez Amma. Elle voit sa propre *svarupa* (sa nature réelle), qui est pure Conscience, en tous les êtres.

La plupart des gens ont tendance à se comparer aux autres. Quand nous pensons surpasser les autres, nous en tirons fierté. Quand ils nous surpassent, nous sommes tristes et jaloux. Un *jnani* (celui qui connaît la Vérité) sait que nous sommes tous des parties d'un tout, il n'éprouve donc ni orgueil ni jalousie. Son mental est toujours calme et ferme. Il accomplit ses devoirs pour le bien du monde. Il agit comme un instrument entre les mains de Dieu et il n'a donc pas le sentiment d'être celui qui agit. Ses actions ne sont pas motivées par des *vasanas* (tendances latentes) et n'en créent pas de nouvelles. Ses actions sont une bénédiction pour le monde.

Chez Amma, ces qualités sont innées. Il est difficile de comprendre ou d'évaluer ses actions. Si l'on observe la manière dont elle reçoit les dévots, instinctivement, on saisit que l'ego est totalement absent chez elle. Amma s'identifie complètement à la joie ou au chagrin de la personne qui est devant elle. Le sujet et l'objet se fondent dans l'Un non-duel.

Certains nous demandent quels bienfaits procure le fait de rencontrer Amma. Permettez-moi de raconter un incident dont j'ai été témoin pendant le darshan. Un jeune homme en chaise roulante a été conduit au darshan. Il était dans une grande détresse ; il a raconté à Amma qu'il souffrait depuis dix ans d'une grave maladie, il lui a décrit ses souffrances. Amma l'a pris dans ses bras et a pleuré aussi. Le darshan terminé, cet homme paraissait avoir reçu une nouvelle vie. Une paix et un contentement jusqu'alors inconnus éclairaient son visage. Il a dit : « Mes amis et ma famille m'ont abandonné depuis longtemps. Mais maintenant, j'ai une Mère ! Même si je ne guéris pas de cette maladie, peu importe, car j'ai enfin rencontré quelqu'un qui compatit à ma souffrance. Désormais, je ne serai plus triste, parce que si je pleure, mon Amma pleurera aussi ».

En sa présence, nous oublions tout pour atteindre un état où nous n'avons besoin de rien, un état de contentement. C'est le plus grand bienfait que l'on puisse obtenir. La personne suivante pour le darshan avait de bonnes nouvelles. Du fond du cœur, Amma a partagé sa joie. Cette personne-là aussi est partie totalement satisfaite.

Comment Amma parvient-elle à satisfaire tout le monde ? Toutes ses actions jaillissent d'un sentiment de plénitude. Elle est éternellement satisfaite. Elle ne dépend de rien d'extérieur pour son contentement. Amma nous aide à nous tourner vers l'intérieur et à devenir indépendants, afin que nous cessions de nous appuyer sur des objets extérieurs pour être heureux.

En 2006, Amma m'a dit d'aller à l'école Amrita Vidyalayam de Kannur. Et elle a ajouté : « Je vais te faire vivre là-bas toute seule ». J'ai essayé de mon mieux d'esquiver cette situation. J'ai dit : « Amma, s'il te plaît, ne m'envoie pas là-bas toute seule. Je ne sais rien. Que pourrai-je faire là-bas, toute seule ? » Mais Amma n'a pas cédé. Elle a dit : « Il suffit que tu y sois. Je ferai tout ».

Comment peut-on nourrir des doutes ou des craintes quand on devient un instrument entre les mains d'Amma ? Quand on se fie totalement à elle, l'abandon de soi devient naturel. Elle m'enseignait aussi que le mental ne doit pas s'effondrer quand il rencontre des situations difficiles. Nous devrions plutôt les accepter comme la volonté de Dieu, ou du guru, et nous efforcer d'aller de l'avant.

Un brahmachari demanda un jour à Amma : « Que faire quand les autres considèrent notre patience comme une faiblesse ? »

Amma a répondu : « Fils, qu'importe si les autres te prennent pour un faible ? Ta question n'implique-t-elle pas que tu attends des autres qu'ils reconnaissent tes qualités ? Tu as choisi la voie spirituelle pour réaliser le Soi. Alors pourquoi t'inquiéter de ce que les autres pensent de toi ? ».

Par cette réponse, Amma nous incite à accepter toutes les expériences avec patience, et à développer l'équanimité face aux louanges et au mépris.

Un soir de Nouvel An, Amma est venue dans le hall de darshan. Après la prière, quand elle a commencé à distribuer du prasad, les gens se sont précipités vers elle et l'ont entourée. J'ai essayé de me rapprocher d'elle pour avoir le prasad mais je n'ai pas réussi, à cause de la bousculade. Des questions ont surgi dans mon mental : « Comment puis-je me frayer un chemin dans cette foule si dense ? Si j'attends un moment, est-ce que j'aurai le prasad ? Et si je n'arrive pas à obtenir le prasad ? ». Puis une pensée opposée m'est venue : « Est-ce que tout ce que nous recevons ici n'est pas le prasad d'Amma ? S'il en est ainsi, je veux être patiente et satisfaite ». Soudain, Amma a changé de direction, suivie par la foule qui l'entourait. Je ne sais pas ce qui s'est passé, mais l'instant d'après, j'ai vu Amma juste devant moi. Elle distribuait le prasad de la main droite. Abasourdie, j'en ai même oublié de tendre la main. De sa main gauche, Amma m'a pris la main droite et y a mis du prasad. Elle a ensuite replié mes doigts sur le prasad, pour qu'il ne tombe pas de ma paume. Un instant plus tard, elle s'est éloignée, distribuant du prasad à d'autres. La foule s'est déplacée avec elle.

J'étais complètement sidérée. Je n'arrivais pas à croire ce qui était arrivé. Je n'avais pas fait un seul pas et pourtant, j'avais reçu le prasad dans ma main. Comment ? Quand j'ai essayé d'imaginer que tout est la volonté de Dieu, le prasad d'Amma est arrivé tout droit dans ma main ! Nous ne pouvons peut-être pas toujours garder cette disposition d'esprit mais je m'efforce souvent de contempler cette expérience.

L'insatisfaction peut être dangereuse, comme le montre l'histoire suivante. Un pêcheur a trouvé une belle perle, de bonne taille. Mais elle avait une éraflure. Il s'est dit que s'il enlevait ce défaut, ce serait la plus belle perle du monde. Il a donc limé la surface de la perle pour enlever la rayure mais elle n'a pas disparu. Le pêcheur a continué à limer énergiquement, si bien que toute la perle a été réduite en poudre. L'éraflure a disparu, et la perle avec ! Rien n'est parfait dans la création. Si le pêcheur avait laissé cette perle inestimable telle qu'elle était, il ne l'aurait pas perdue.

Mais à cause de son insatisfaction et de son ambition, il a détruit ce trésor.

Je suis un jour allée à Udupi inspecter une école. On m'a offert un cadeau. Une fois rentrée, j'ai ouvert le paquet. Il contenait un beau vase en argent ! Dès que je l'ai vu, j'ai décidé de le donner à Amma, qui se trouvait alors en tournée à l'étranger. Quand elle est revenue, je suis allée au darshan avec le cadeau. En approchant d'Amma, j'ai éprouvé un certain embarras à lui donner le vase. Alors j'ai essayé de le pousser doucement sous sa chaise sans qu'elle le remarque.

Soudain, quelqu'un me l'a arraché des mains. C'était Amma ! En le montrant de la main gauche, elle m'a demandé : « Où as-tu eu cela ? ».

J'ai répondu : « Amma, j'ai reçu cela en cadeau quand je suis allée à Udupi inspecter une école ».

« Tu veux dire que tu as accepté un pot-de-vin ? » a interrogé Amma.

J'ai essayé de faire comprendre à Amma qu'il ne s'agissait pas d'un pot-de-vin. J'ai donné l'exemple des livres que l'ashram donne aux invités d'honneur.

Comme si elle n'avait pas entendu ce que je disais, Amma a dit : « Donc tu as accepté un pot-de-vin ». Elle a montré le cadeau à tout le monde en disant : « Nos enfants (brahmacharinis) ont été reconnues par le CBSE (Central Board of Secondary Education, Bureau Fédéral de l'Éducation secondaire). On les invite à inspecter des écoles ». Puis Amma m'a dit : « Ma fille, quand tu vas inspecter une école, n'accepte jamais de cadeau. Si on t'en offre un, rends-le leur en disant que tu as accepté le cadeau mais que tu désires qu'il reste dans cette école ». J'ai promis. En me levant, j'ai dit à Amma que je n'avais pas pu lui parler plus tôt de mon inspection car elle n'était pas en Inde à ce moment-là. Amma a répondu qu'elle était au courant car elle avait lu ma lettre. Que voulait donc dire Amma ? Je ne lui avais envoyé aucune lettre. Ce n'est qu'ensuite, une fois rentrée à Kannur, que j'ai compris ce qui s'était passé. Comme je vis seule dans l'école, j'avais l'habitude d'écrire des lettres à Amma chaque fois que je quittais l'école, et je les gardais dans mon journal. C'était un exercice d'autodiscipline. Et c'est ce que j'avais fait avant de me rendre à Udupi.

Les paroles d'Amma m'ont révélé qu'elle sait tout ce que je fais et pense. Cette expérience m'a inspiré le désir de continuer à écrire à Amma. Depuis, chaque fois que je vais inspecter une école, je fais exactement ce qu'Amma m'a dit au sujet des cadeaux. Mes hôtes ont parfois l'air surpris mais j'éprouve une satisfaction profonde à suivre les instructions d'Amma.

Chacune de nos pensées passe par Amma. Sachant cela, efforçons-nous de nous mettre plus profondément au diapason d'Amma. Cela devrait être notre effort constant. Si nous persévérons dans cette attitude, chaque moment de notre vie deviendra une expérience précieuse. Puisse Amma nous bénir en nous accordant une attitude intérieure d'acceptation et d'abandon à Dieu.

6

La peur et l'amour

Br. Satvamrita Chaitanya

Avant de rencontrer Amma j'étais un rocker. J'étais habillé tout en noir, des jeans noirs et un T-shirt noir. Mes cheveux m'arrivaient au milieu du dos. J'étais en classe de 3ème et tout le monde à l'école pensait que j'étais bizarre. Après ma rencontre avec Amma, je suis retourné à l'école tout en blanc : un dhoti blanc, un T-shirt blanc et la tête rasée. Tout le monde à l'école a pensé que j'étais bizarre. Mais ça m'était égal. J'étais amoureux. Et quand on est amoureux, on a une autre vision des choses.

On peut considérer l'histoire de la race humaine comme une lutte entre la peur et l'amour, entre les efforts pour manipuler notre environnement et ceux pour vivre en harmonie avec lui.

L'histoire de la race humaine est une histoire de survie,
des ténèbres à la lumière, d'épreuve en épreuve,
d'impulsions biologiques et de complexités morales,
excepté pour ceux qui ont le courage de comprendre.
C'est l'histoire du sacrifice d'une mère et de l'avidité
de ses enfants qui ravagent la planète sans aucune
réflexion,
sans aucune compassion, jusqu'à ce que la création leur
rappelle
que cette belle planète n'est pas leur demeure exclusive.

Telle est notre histoire. Nous avons atteint des sommets impressionnants dans le domaine de la technologie mais la Nature a montré qu'à la fin, elle nous survivra. Nous sommes des créatures fragiles, qui se brisent au moindre changement dans les éléments. Cette soudaine prise de conscience de notre fragilité a plongé le monde dans la peur. Amma a dit : « Sans foi, nous sommes remplis de peur. La peur handicape le corps et le mental, elle paralyse, tandis que la foi ouvre le cœur et mène à l'amour ».

Au lieu de chercher à vivre en harmonie avec la Nature, nous choisissons souvent de l'exploiter à notre bénéfice. Le seul moment où nous nous tournons vers Dieu, c'est quand la peur s'empare de nous, quand nous nous rendons compte que nous ne maîtrisons pas la situation. Dès que la situation est résolue et que nous n'avons plus peur, nous reprenons aussitôt le style de vie qui a causé les problèmes au départ.

La pandémie du Coronavirus a provoqué une agitation intense chez les gens du monde entier. Mais le covid 19 est notre histoire, l'histoire de la race humaine. C'est le récit de la lutte entre la peur et l'amour. Le virus nous a mis la mort sous les yeux, forçant le monde entier à s'arrêter et à s'interroger : « Qu'est-ce qui est important pour nous ? Quelles sont nos valeurs essentielles ? Pourquoi sommes-nous donc sur cette terre ? ». Il y a des années qu'Amma nous avertit des changements imminents dans la Nature et nous indique la voie à suivre. Chaque jour, Amma guide la méditation des Fleurs blanches en disant : « Dans le monde actuel, le mental humain et la nature sont agités. Seule la grâce divine peut apporter la paix dans nos cœurs et sur la planète ».

Les êtres humains semblent avoir la tendance innée de vouloir dominer tant la Nature que les autres humains, tout, sauf eux-mêmes. Cependant, la spiritualité enseigne que tout est Dieu : *isha vasyam idam sarvam*. Dans un monde qui vit sous l'emprise de la peur et submergé par l'ego, la seule voie est d'en garder conscience. Pour comprendre ce que signifie vivre avec cette attitude, il suffit de regarder comment Amma coule en ce monde, en harmonie avec le chaos apparent qui l'entoure. Quand elle entre dans une pièce, ce n'est pas dans l'intention de vendre quoi que ce soit. Les politiciens, les hommes d'affaires, les chefs religieux et même les philanthropes et les militants, tous, quand ils entrent, veulent vendre quelque chose ; tous ont besoin de notre soutien. Mais Amma n'attend rien de nous. Son seul désir est d'élever notre conscience. Et pour cela, elle n'a besoin de rien. Elle n'a pas besoin de dire ou de faire quoi que ce soit. Il lui suffit d'entrer dans la pièce. En élevant notre niveau de conscience, elle nous fait prendre conscience de nos motivations égoïstes. À ce niveau, l'amour gagne toujours. Et quand l'amour triomphe, la peur n'a plus de place.

C'est ce que l'on peut voir même quand Amma va dans un lieu où personne ne la connaît. Prenez l'exemple d'un aéroport. Elle est peut-être entourée de swamis et de swaminis, de brahmacharis et de brahmacharinis, de dévots et d'enfants ; ils sont tout sourire et se tiennent droits dans leurs beaux habits de couleur, fiers de marcher auprès d'Amma. Mais tout le monde voit bien où est le centre de l'attention. Même ceux qui n'ont jamais vu ni entendu parler d'Amma le savent tout de suite. C'est la petite dame sans prétention, à la robe blanche toute simple. Ils ignorent qui elle est, ce qu'elle est, mais ils savent tous : c'est elle. Et comment cela se manifeste-t-il ? Ils mettent la main sur la poitrine, rient ou pleurent en la voyant. Pourquoi ? Bien que leur mental ne le sache pas, leur cœur le sait. C'est l'amour. Elle vibre de l'amour divin et les gens ne peuvent s'empêcher d'y être sensible. Comme les blancs pétales de la paix qui tombent du ciel, elle enveloppe tous ceux qui l'entourent dans l'espace où elle existe, un espace de sécurité et de béatitude. Là, nous nous sentons tous chez nous. Ceux qui rencontrent cet amour le reçoivent à leur manière propre.

Chacun a son filtre personnel pour l'amour. Amma est comme l'*advaita* (la philosophie de la non-dualité) : il n'existe que l'Un, mais chacun imagine Amma de façon différente et en a sa propre version. Mais comme c'est donné et reçu avec amour, il se produit toujours une élévation de la conscience. L'amour ne peut qu'élever, même quand il est mal compris.

J'en ai personnellement fait l'expérience. J'avais quinze ans quand j'ai entendu pour la première fois un satsang d'Amma. Une des idées mentionnées s'est gravée en moi et y est restée des dizaines d'années. Le seul problème, c'est qu'au départ mon interprétation était complètement fausse. Amma a dit quelque chose comme : « Seuls les humains ont le pouvoir de différencier. Les chiens ne différencient pas ». Amma voulait dire que seuls les humains ont la capacité de discerner entre le bien et le mal, le réel et l'irréel et qu'ils peuvent employer cette faculté pour avancer sur le chemin de la réalisation de Dieu. Mais moi, garçon américain de quinze ans, fils d'un père noir et d'une mère blanche, appartenant donc à une minorité aux États-Unis, je ne pouvais penser qu'à une discrimination négative : discriminer sur la base de la race, de la religion ou du statut social. J'ai donc trouvé cet enseignement d'une grande profondeur ! Un chien ne discrimine pas. Peu importe le comportement de son maître : qu'il le batte ou le caresse, le nourrisse ou non, peu importe s'il l'ignore, le chien accourt vers son maître avec amour. J'ai donc pensé que les chiens étaient des animaux nobles et les humains stupides. J'ai totalement accroché ! Amma militait pour les Droits de l'Homme, super ! Certes, Amma milite pour les Droits de l'Homme, mais… je n'avais pas compris l'idée !

Même le chien de mon histoire choisit l'amour, non la peur. Qu'en est-il de nous ?

J'ai un jour voulu poser une question à Amma, rien que pour avoir une conversation avec elle. Beaucoup d'entre vous savent que ce n'est pas une bonne idée, à moins d'être prêt à tout. Le pire, c'est que j'avais réfléchi à la question qu'Amma aimerait que je lui pose, celle qui me mettrait dans ses petits papiers comme si on pouvait être sur la liste noire d'un être dont la vie entière est consacrée au service de tous. Pour donner le contexte, je vais revenir un peu en arrière.

En 1994, j'ai quitté l'ashram d'Amma à San Ramon pour venir vivre à Amritapuri. Il y avait des années que je suppliais Amma de me laisser venir mais elle répondait toujours : « Pas encore. Finis tes études ». Mais en été 1994, elle m'a dit : « D'accord. Essaye ». Je n'en savais pas assez à l'époque pour comprendre ce que cela signifiait : « Bien, tu as été averti ! ». Cela ne s'est pas du tout passé comme je m'y attendais, bien au contraire. Je venais de l'ashram de San Ramon où j'étais un gros poisson dans une petite mare ; je n'étais pas prêt à être un petit têtard dans l'océan d'Amritapuri. J'avais déjà planifié mon avenir. J'allais, en quelques semaines, devenir le joueur d'harmonium d'Amma. Et le reste du temps, j'allais méditer comme un saint. Et Amma allait m'accorder beaucoup d'attention et chanter mes louanges à tout le monde parce que j'étais son favori. Cela ne s'est pas passé ainsi. Mon plan n'était pas le plan du Maître.

Beaucoup d'entre nous entrent à l'ashram mais oublient qui est le guru. Nous voulons peut-être changer les choses en accord avec ce que nous aimons ou n'aimons pas. Nous essayons peut-être d'introduire nos propres concepts de la spiritualité ou de ce que les dévots devraient faire ou ne pas faire. Nous désirons peut-être implanter nos propres idées en créant à l'ashram un nouveau produit ou un nouveau service ou bien influencer Amma pour qu'elle soutienne les causes humanitaires qui nous sont chères. Ou encore, nous tenterons d'appliquer la logique du monde au domaine spirituel. Mais nous aurons beau résister, il ne peut y avoir qu'un seul guru.

Au bout d'une année, je suis parti, incapable de suivre le chemin qu'Amma avait tracé pour moi. J'ai fermé ma hutte au milieu de la nuit et j'ai fui en Amérique. Comme Amma le formulerait plus tard : j'étais venu pour grandir spirituellement mais je n'avais fait qu'une seule chose, tout critiquer. Je suis retourné en courant à San Ramon, et j'ai fait porter la responsabilité de mon départ à l'ashram, alors qu'en vérité, je n'étais tout simplement pas prêt à accepter les coups portés à mon ego, qui me plongeaient dans la peur et l'agitation mentale.

En fait, je ne suis pas revenu tout de suite à l'ashram de San Ramon. Je suis d'abord allé passer un mois chez ma mère. Il restait encore un mois avant la tournée des États-Unis.

Cette année-là, la retraite de Seattle avait lieu sur une île, à environ deux heures de la ville. J'ai décidé de sauter la retraite et d'attendre qu'Amma vienne au programme de Seattle pour affronter la tempête. Quand ma mère est allée au darshan pendant la retraite, Amma lui a parlé de moi et lui a dit qu'elle était très triste quand elle voyait quelqu'un comme moi qui, par manque de connaissances en matière de spiritualité, ne comprenait pas ce qui se passait. Ma mère m'a défendu. Elle n'était pas d'accord et a dit à Amma que je méditais encore et que je chantais des bhajans. Amma a secoué la tête et a dit : « S'il médite encore, alors il a besoin d'un guru et s'il en veut un, il a intérêt à venir ici tout de suite ! ».

Alors j'y suis allé. Quand je suis arrivé à la retraite, Amma m'a simplement comblé d'amour et dans sa lumière, j'ai vu mes propres erreurs. J'ai vu que j'avais laissé ma crainte de l'inconnu créer le chaos dans ma vie. Après le tour, je suis retourné vivre à l'ashram de San Ramon, déterminé à faire les choses selon le calendrier d'Amma. Elle m'avait dit de trouver du travail, de travailler à l'ashram et de terminer mes études. Et c'est ce que j'ai fait.

Cela me ramène à la question que je m'apprêtais à poser à Amma. La question que j'avais trouvée, c'était : « Comment puis-je développer le détachement (*vairagya*) ? ». Amma m'a lancé un regard un peu sévère et m'a dit : « Tu sais, je ne t'ai pas demandé de trouver un emploi pour que tu deviennes comme ça. Je voulais que tu deviennes fort sur la voie spirituelle. Mais regarde-toi. Regarde ce que tu es devenu ».

Sur le moment, je n'ai pas perçu qu'Amma avait en fait répondu à ma question. En fait, elle venait de me dire : « Fils, regarde, tu te laisses de plus en plus dévorer par la vie dans le monde. Je sais que si tu continues à travailler dur, la nature du monde te sera révélée et tu finiras par obtenir le détachement (*vairagya*). Mais peut-être te faut-il faire un peu plus d'efforts ». Si elle me l'avait dit d'une voix douce, j'aurais compris, mais cela ne m'aurait pas transformé. C'est pourquoi elle l'a dit d'un ton qui allait avoir sur moi un effet durable. Amma me donnait la force de continuer à avancer. Lentement, sans que j'en sois conscient, elle me faisait suivre le chemin qu'elle avait tracé pour moi. D'abord, elle m'a dit de faire toutes les tournées aux U.S.A. Puis, de venir chaque année passer quelques mois en Inde. Puis de passer six mois de l'année avec elle. Pendant seize ans, j'avais beau passer de plus en plus de temps avec Amma, j'ai eu le sentiment d'être en exil à San Ramon, avec de petits intervalles de paix pour rompre cet exil. Plus je passais de temps avec Amma, plus il m'était difficile de vivre loin d'elle. Je me sentais impuissant et déprimé.

Un matin, après avoir travaillé toute la nuit, je suis rentré à l'ashram de San Ramon et, trop fatigué pour sortir de la voiture, je me suis endormi là. Mon téléphone a sonné. C'était un appel de l'étranger. J'ai hésité à décrocher, je me demandais s'il y avait un problème. C'était Radhika-*chechi*.[4] Elle m'a dit qu'il y avait trop de travail à la cantine occidentale et qu'Amma voulait donc que je

---

[4] La personne responsable du Bureau International à l'Ashram d'Amritapuri.

vienne vivre à l'ashram et prenne la responsabilité de cuisiner les repas occidentaux. Je suis resté bouche bée. Radhika-*chechi* s'est demandé si elle avait dit quelque chose de travers. Elle m'a dit : « Tu peux y réfléchir quelque temps si tu veux ». J'ai répondu : « Ce n'est pas la peine. Faites-moi venir à la maison ! Je veux rentrer à la maison ! ».

Cette fois, quand je suis venu à Amritapuri, il n'y a pas eu en moi d'agitation mentale ni de critique malveillante. Il n'y a pas eu de peur parce que je suivais le flot d'Amma, son calendrier. Mais le secret, c'est que le calendrier d'Amma est en réalité notre calendrier ; il ne s'agit pas du moment que nous choisissons mais du moment juste, celui qu'il nous faut pour réussir et qu'Amma connaît.

Amma nous donne de nombreuses occasions de nous mettre au diapason du lieu où elle demeure. Ses méditations des Fleurs Blanches et Ma-Om sont des antidotes aux maladies de l'égoïsme, de la peur et de l'intolérance. Ces techniques de méditation sont un cadeau d'une Mère à ses enfants, de Dieu au monde. Et Dieu, connaissant notre désespoir, est venu sous la forme d'une Mère pour nous montrer le chemin. Car qui pourrait, mieux qu'une Mère, faire revivre l'innocence enfantine, qui nous permet d'accepter toutes les personnes autour de nous ? Qui, mieux qu'une Mère, peut nous dire que nous sommes supérieurs à nos pulsions biologiques et égoïstes, et que nous pouvons encore vivre en harmonie avec la nature ? Qui, mieux qu'une Mère, pourrait être cette boussole morale qui nous montre la voie quand nous sommes perdus ? Qui, mieux qu'une Mère, pourrait nous prendre par la main et nous guider vers la Lumière ?

Amma nous a montré la voie dans un monde ravagé par la peur de l'inconnu, du Covid-19, et par des horreurs encore jamais vues. Cette voie, c'est l'amour. Il nous faut seulement le courage de la suivre. Une fois que nous le faisons, une fois que nous choisissons l'amour, une fois que nous choisissons Amma, nous verrons alors que dans le flot d'Amma, au diapason des vibrations d'Amma, tous les obstacles cessent d'exister.

7

Merveille des merveilles

Bri. Shantipurnamrita Chaitanya

J'ai entendu parler d'Amma bien avant de la rencontrer, mais j'ai dû attendre longtemps avant de recevoir mon premier darshan.

En 1993, j'ai appris qu'Amma venait à Calicut. Comme l'ashram de Calicut n'était qu'à quelques kilomètres de l'endroit où j'habitais, j'ai décidé d'aller la voir. Mon plan secret était non seulement de voir Amma, mais aussi d'entrer à l'ashram pour y vivre. J'ai mis mes affaires dans un sac, sans que ma famille s'en aperçoive. Je pensais que si Amma acceptait, je pourrais tout de suite partir vivre à l'ashram. Malheureusement, pendant mon darshan, je n'ai pas pu poser de question. Mais Amma m'a murmuré à l'oreille : « Ma fille, Amma comprend ta souffrance. Ne t'inquiète pas. Amma est avec toi ». Il m'a fallu attendre encore deux ans avant de poser la question à Amma. Tous les membres de la famille étaient opposés à mon idée d'entrer à l'ashram et ils ont contrecarré toutes mes tentatives pour le faire. Rétrospectivement, quand je regarde la succession d'événements qui ont abouti à mon entrée à l'ashram, je suis stupéfaite. N'est-il pas étonnant de voir comment Amma est capable de changer le cours de notre vie pour lui faire prendre une orientation favorable ? Chaque moment que nous passons avec Amma est merveilleux.

Le Seigneur Krishna dit :

ashcaryavatpashyati kashcidenam ashcaryavadvadati canyah
ashcaryavaccainamanyah shrrnoti shrutvapyenam veda na
caiva kashcit

Certains voient le Soi comme une merveille, d'autres
en parlent comme d'une merveille et d'autres encore en
entendent parler comme d'une merveille. Et pourtant,
ils ont beau en entendre parler, aucun ne le comprend.
(*Bhagavad Gita*, 2.29)

Et de même, la *Kathopanishad* déclare :

shravanayapi bahubhiryo na labhyah shrnvanto'pi bahavo
yam na vidyuh
ashcaryo vakta kushalo'sya labdha ashcaryo jnata
kushalanushishtah

Celui dont beaucoup ne peuvent même pas entendre
parler, celui que beaucoup ne peuvent pas comprendre
même après en avoir entendu parler : merveilleux
est le Maître, merveilleux est celui qui peut recevoir
l'enseignement donné par un Maître qualifié. (1.2.7)

Les occasions d'entendre parler du Soi sont rares. Si on en
entend parler, les chances de comprendre ce que l'on entend
sont minces. Il est dit que sur un million, seule une poignée
comprend correctement. Les Écritures décrivent cela comme
merveilleux car tout ce qui ne peut pas être perçu par nos cinq
sens nous émerveille. Il faut avoir le sens de la beauté. Ceux qui
aiment contempler des forêts, le lever ou le coucher du Soleil, ont
l'intuition de la gloire du Créateur. La beauté d'un tel spectacle
peut les transporter dans un état d'extase.

Les Écritures disent que le Soi est *anor aniyan mahato mahiyan*,
plus petit que le plus petit, plus grand que le plus grand. Les cinq

organes des sens ne peuvent percevoir que des objets (extérieurs), et non pas le sujet qui perçoit. Pour comprendre celui qui perçoit, il faut se tourner vers l'intérieur et le mental doit devenir subtil. Tout comme le reflet que l'on voit dans un miroir propre est net, un mental pur est capable de percevoir le Soi. Inutile de dire que pour obtenir cette vision intérieure, la grâce du guru est nécessaire.

Une institutrice demanda un jour à ses élèves de nommer les sept merveilles du monde. Les élèves citèrent le Taj Mahal, le Canal de Panama, la Grande Muraille de Chine, etc. Au bout d'un long moment, un des élèves écrivait toujours. Surprise, l'institutrice alla voir ce qu'il avait écrit. Le contenu de sa liste était bien différent : entendre, parler, marcher… Quand elle lui demanda pourquoi il les considérait comme des merveilles, le garçon répondit qu'il avait un frère sourd et muet de naissance. Les larmes montèrent aux yeux de l'institutrice.

En vérité, les merveilles sont innombrables. Ce que nous considérons comme allant de soi est bien souvent pour d'autres merveilleux. Pour le paralysé, marcher est merveilleux. Pour le muet, parler est merveilleux. Pour le malade, la santé est une merveille. Amma nous rappelle sans cesse que la prochaine respiration n'est pas entre nos mains. Elle est entre les mains de Dieu. Une chose aussi simple que la respiration est donc une merveille. Nous ne pouvons fonctionner que par la grâce de Dieu.

Certains affirment qu'Amma est assez puissante pour permettre à un paralytique d'escalader une montagne. Ce que cela signifie vraiment, c'est qu'elle insuffle à cette personne la confiance en elle. On pourrait peut-être guérir la paralysie en faisant une opération. Mais seuls les *mahatmas* (êtres éveillés) comme Amma peuvent donner à un handicapé physique la confiance nécessaire pour escalader une montagne. Eux seuls peuvent changer les tendances innées de notre mental.

Avant d'entrer à l'ashram, j'avais une amie très proche qui s'est suicidée en se jetant dans un lac profond. Une nuit, pendant mon sommeil, j'ai rêvé d'elle. C'était un rêve lucide. Elle est venue s'asseoir à côté de moi et m'a dit que dans son nouveau monde, elle se sentait seule et triste car sa mort n'avait pas été naturelle. Elle m'a demandé de la rejoindre en me jetant dans le même lac. J'étais horrifiée ! Je lui ai dit : « Tu sais que je vais aller chez Amma. Je ne peux pas te rejoindre ». Mais elle a insisté. Pour me libérer de son emprise, je lui ai dit de partir en ajoutant que j'irais la rejoindre quand je mourrais. Mais elle m'a secouée violemment et ne cessait de répéter : « Viens avec moi ! ». Quand je me suis rendu compte qu'elle ne partirait pas sans m'emmener avec elle, j'ai eu peur. Je me suis rappelé les paroles d'Amma : « Ma fille, ne t'inquiète pas. Amma est avec toi ». J'ai rassemblé toutes mes forces et j'ai visualisé Amma, puis j'ai hurlé « Amma ! ». Mon amie morte m'a lâchée. Quand j'ai hurlé une seconde fois « Amma ! », elle a demandé : « Alors tu ne viendras pas avec moi ? ». Et quand j'ai appelé « Amma » une troisième fois, elle m'a quittée et a disparu. Je me suis réveillée et j'ai vu les membres de ma famille autour de moi. J'ai compris que j'avais vraiment hurlé de toutes mes forces.

On pourrait penser que c'est simplement le fruit d'une imagination surmenée mais pour moi, l'expérience fut intense, bien que je ne puisse pas l'expliquer au moyen de la logique. Je suis certaine que si Amma ne m'avait pas sauvée, j'aurais quitté la maison et j'aurais suivi mon amie dans le lac car le lien entre nous avait été très fort. Aujourd'hui encore, quand je pense à cette expérience, je suis sidérée.

Je n'avais jamais parlé à Amma du suicide de mon amie et je n'étais pas auprès d'elle cette nuit-là. Mais il a suffi que je prononce trois fois le grand mantra « Amma » pour être sauvée des griffes de la mort. Qui d'autre qu'Amma peut opérer de tels miracles ?

Avez-vous vu Amma pendant l'arati ou à la fin du Devi Bhava ? Avec un sourire enchanteur, les yeux d'Amma regardent tout le monde. Ce regard n'est-il pas extraordinaire ? Chacun a le sentiment qu'Amma le ou la regarde, même ceux qui sont assis au fond du hall. Amma seule a le pouvoir de regarder ainsi.

Dans le *Bhagavata*, une histoire raconte comment le sage Narada a voulu mettre le Seigneur Krishna à l'épreuve. Quand il est allé dans les appartements privés des 16 008 épouses du Seigneur, il a clairement vu la forme physique du Seigneur chez chacune d'entre elles. Il a également vu Krishna nourrir les vaches, jouer avec les enfants, bavarder avec les villageois… tout cela à la fois. Alors, Narada a été convaincu de la nature omnipotente et omniprésente du Seigneur.

Un jour, alors qu'Amma donnait le darshan à l'ashram de San Ramon, un dévot est arrivé avec un perroquet. Amma a pris dans sa main l'oiseau qui gazouillait. En l'écoutant, Amma a dit au dévot qu'il désirait une compagne. Peu après, un autre dévot, qui ignorait complètement ce qu'avait dit Amma, est arrivé avec un perroquet femelle. Les deux oiseaux ont volé joyeusement jusqu'au plafond et ont traversé la grande salle, en gazouillant mélodieusement. Amma est la Mère de tous les êtres, cela ne fait aucun doute, c'est pourquoi elle a pu comprendre ces oiseaux.

Nous connaissons bien l'histoire du Seigneur Krishna et de son apparition devant Kururamma (1570 – 1640), une femme âgée qui nourrissait une intense dévotion pour Guruvayurappa (une forme du Seigneur). Il a accompli pour elle toutes les tâches domestiques. S'agit-il seulement d'une fable ?

Une swamini a raconté une merveilleuse expérience faite par sa mère, qui était asthmatique depuis longtemps. Quand son asthme empirait, sa fille s'occupait de tous ses besoins. Puis la fille est entrée à l'ashram. Un jour, l'asthme de la mère s'est aggravé ; elle avait désespérément besoin d'aide. Mais il n'y avait personne pour lui apporter ne fût-ce qu'un verre d'eau. Et juste à ce moment-là, la meilleure amie de sa fille pendant ses études universitaires est arrivée et lui a demandé comment elle allait, si elle avait mangé. La mère n'avait rien mangé. Comprenant la situation, l'amie est allée à la cuisine et a apporté de l'eau pour qu'elle boive. Puis elle a fait quelques *dosas* (crêpes indiennes). Après lui avoir donné à manger, elle a fait le ménage dans toute la maison. Avant de partir, elle a dit à cette femme : « Il y a beaucoup de feuilles de cocotier éparpillées dans la cour. Je reviendrai un autre jour les empiler correctement ». Puis elle est partie. La mère était pleine de gratitude pour cette aide, arrivée juste au moment opportun, et elle a remercié Amma de la lui avoir envoyée.

Quelques mois plus tard, la mère est allée à Amritapuri et elle y a rencontré la jeune fille qui l'avait aidée quand elle était malade. Elle l'a abordée et lui a dit : « Ma fille, tu m'a énormément aidée l'autre jour. Mais je ne t'ai pas revue depuis ». La jeune fille a paru perplexe. « Mais quand donc vous ai-je aidée ? », a-t-elle demandé. La mère a répondu : « As-tu oublié ? Rappelle-toi, tu es venue chez moi, tu as fait des dosas pour moi et tu as nettoyé la maison. Tu as dit aussi que tu reviendrais empiler les palmes de cocotier ». La jeune fille a dit : « Je ne suis jamais venue chez vous. D'abord, je ne sais pas comment on y va. Et en plus, jamais mes parents ne me permettraient d'aller seule chez une amie. Alors comment aurais-je pu faire tout cela ? ».

La mère a compris qu'Amma elle-même était venue sous la forme de l'amie de sa fille. En pensant à tout le travail accompli et au mal qu'Amma s'était donné pour elle, elle a ressenti de la tristesse. Les larmes lui sont venues aux yeux. Amma dit qu'elle est la servante des serviteurs de Dieu. Cette expérience le prouve.

Beaucoup de gens se demandent ce qu'aurait été leur vie sans Amma. Je vais vous raconter une de mes expériences. Il y a quelques années, j'ai eu un problème de vue.

Quand j'ai consulté un spécialiste, il a dit que mon œil avait été atteint par le virus de la varicelle et que j'allais perdre complètement la vue car il n'existait pas de remède. J'étais atterrée. Intérieurement, j'ai prié Amma : « Amma ! Comment puis-je vivre sans voir ? Comment vais-je pouvoir te voir ? Comment vais-je continuer cette existence ? ». Amma se trouvait alors à l'étranger. L'absence de sa forme physique n'a fait qu'augmenter ma détresse. Il n'était pas facile à l'époque de transmettre un message à Amma. Mais quelqu'un a réussi à l'informer et elle a répondu aussitôt. Elle m'a demandé d'aller dans un l'hôpital spécialisé dans le traitement des yeux, l'hôpital Aravind à Madurai, dans le Tamil Nadu. J'ai consulté un ophtalmologue là-bas. Juste après mon départ pour Madurai, Amma a même appelé l'ashram pour vérifier si j'étais déjà partie. Il m'a fallu prendre des remèdes pendant deux mois. Puis la maladie a complètement disparu. Le jour de ma sortie de l'hôpital, le docteur m'a fait appeler. Il m'a dit : « Je n'aurais jamais cru que vous retrouveriez la vue. Seule la grâce de Dieu vous a conduite ici au bon moment et seule la grâce divine a permis que le traitement réussisse ».

Quand Amma est rentrée à l'ashram, elle m'a appelée et m'a interrogée à propos de mes yeux et de mon traitement. Je suis convaincue que seule sa grâce m'a permis de recouvrer la vue, et donc de continuer à la voir et d'assister à son drame divin. Quelle dette nous avons tous envers Amma !

Si nous réfléchissons à tout ce qui arrive avec Amma et autour d'elle, nous acquérons la conviction suivante : elle n'est pas simplement une petite femme d'un mètre cinquante ; elle est omniprésente et incompréhensible, insondable. Elle est la merveille des merveilles.

8

Grâce salvatrice

Br. Prabuddhamrita Chaitanya

Certaines affirmations des Écritures sont comparables
à la pointe d'un iceberg. Elles sont infiniment plus
profondes qu'on ne le perçoit à première vue. Prenons par
exemple : *kamatkrodho'bhijayate* ; du désir jaillit la colère
(*Bhagavad Gita*, 2.62). Pour en comprendre toutes les
implications, il faut examiner le verset entier :

dhyayato vishayanpumsah sangasteshupajayate
sangatsanjayate kamah kamatkrodho'bhijayate

Quand le mental se fixe sur un objet, il s'y attache. De
l'attachement naît le désir et du désir jaillit la colère...

Le verset suivant complète cette idée :

krodhadbhavati sammohah sammohatsmrtivibhramah
smrti-bhramshad buddhinasho buddhinashatpranashyati

De la colère jaillit l'illusion, l'illusion fait perdre
la mémoire ; la perte de la mémoire efface tout
discernement, la ruine du discernement entraîne la perte
d'un homme. (2.63)

Ces versets énoncent de nombreux principes psychologiques ; ils
sont très riches de sens et concernent tout le monde. Ici, le Seigneur

Krishna explique pas à pas comment une pensée sensuelle en apparence insignifiante peut aboutir à un désastre total. Même si un chercheur spirituel pense avoir acquis la maîtrise de ses sens, tant qu'il n'a pas atteint la libération spirituelle, le danger d'une chute est toujours présent. Selon Amma, un chercheur peut chuter au moment qui précède la Réalisation de Dieu.

Un dévot a un jour demandé à Amma : « Comment se fait-il que certains chercheurs, même après avoir vécu à l'ashram, sont victimes de leurs *vasanas* (tendances latentes) ? ».

Amma a répondu : « Le guru fait remonter et ressortir les faiblesses du disciple, afin que celui-ci en prenne conscience et s'efforce de les surmonter. Le guru crée les circonstances qui remuent les impuretés dormantes pour que le disciple en devienne conscient et essaie de s'en libérer ».

Amma mentionne souvent une certaine espèce de serpent qui vit dans l'Himalaya. Ces serpents vivent dans la neige où ils ne mordent personne mais telle n'est pas leur vraie nature. Une fois l'hiver passé, le climat se réchauffe et le serpent, qui était apparemment inoffensif, montre alors sa véritable nature. De même, certaines circonstances font venir au grand jour notre vraie nature.

Permettez-moi de vous raconter un incident dont j'ai honte aujourd'hui encore. Il y a presque trente ans, lors de mon premier darshan après ma venue à l'ashram, j'ai demandé à Amma si elle me donnerait *sannyasa*. Amma a souri et m'a demandé : « D'après toi, qu'est-ce que c'est que *sannyasa* ? ». J'ai répondu sans hésiter : « Un sannyasi, c'est quelqu'un qui porte des vêtements ocres, marche en récitant des mantras et arbore des *malas* et des bracelets en *rudraksha* ». C'est ainsi que je comprenais le *sannyasa* ! Amma a éclaté de rire et m'a dit : « Fils, ce n'est pas cela, le *sannyasa* ! Il ne s'agit pas d'un costume ! Si tu veux devenir un sannyasi, il faut d'abord que tu brûles toutes les impuretés de ton mental et que tu lui fasses prendre la couleur ocre. C'est seulement quand cela se produit que l'on devient un sannyasi ».

Deux semaines après cette conversation, j'ai développé une aversion envers la nourriture servie à l'ashram, surtout envers les légumes (*curries*). Selon moi, il n'y avait aucun rapport entre le mot *curry* et le goût qu'il avait à l'ashram ! Mais ce que je trouvais encore plus inacceptable, c'était le *sambar* (sauce épicée). Quand tout cela est devenu immangeable à mon goût, j'ai pensé à quitter l'ashram. Moi, qui quelques semaines auparavant avais exprimé le désir de devenir un *sannyasi*, voilà que j'étais prêt à quitter la vie spirituelle, uniquement parce que je ne supportais pas le *sambar* !

Puis j'ai pensé qu'il serait très ingrat de ma part de quitter l'ashram sans en informer Amma. J'étais mentalement perturbé et j'ai finalement décidé de lui en parler. Quand je suis allé au darshan, elle m'a dit plusieurs fois : « Dis-moi fils, dis-moi ». Je me suis ouvert à Amma. Je lui ai dit que j'avais envie de quitter l'ashram. Amma m'a demandé pourquoi. Avec beaucoup de honte, je lui ai avoué que je ne supportais pas les *curries* servis ici, surtout le *sambar*. Amma a hurlé de rire et m'a demandé si j'étais venu à l'ashram pour boire du *sambar*. Je n'ai rien pu répondre ; j'ai baissé la tête, j'avais honte. Puis Amma m'a montré la droite de sa chaise en disant : « Fils, assieds-toi ici ». Je me suis assis à côté d'elle. En quinze minutes, la pensée qui m'avait tant perturbé a complètement disparu de mon mental et ne m'a jamais plus dérangé. J'ai pris conscience de ce fait : la simple présence d'un *mahatma* (être réalisé) a le pouvoir de purifier.

Les Écritures nous mettent clairement en garde contre les dangers des plaisirs des sens et elles insistent sur la nécessité de maîtriser le mental, mais seul un guru peut discerner quel est le niveau spirituel d'un chercheur et le guider en conséquence. Et donc, même si l'on possède une connaissance considérable des Écritures, on a malgré tout besoin d'être guidé par un guru. Le guru seul peut rectifier les faiblesses d'un chercheur et le mener à la réalisation du Soi. Sans la grâce du guru, le disciple périra, cela ne fait aucun doute.

Permettez-moi de vous raconter une de mes expériences. Il y a des années, j'étais profondément épris d'une étrangère, blanche et mince. Son nom ? Marlboro… Oui, c'était une cigarette ! Je fumais à la chaîne et j'ai fini par contracter un cancer de la bouche. J'ai suivi un traitement pendant longtemps et je suis finalement arrivé à une phase critique, où je savais qu'il me fallait choisir entre la cigarette et la vie. Quand j'ai compris que je ne pouvais pas me défaire de cette dépendance, à l'instigation d'un ami, j'ai décidé d'aller voir Amma.

Je suis allé au Brahmasthanam du temple de Kodungallur avec quatre cartons de cigarettes, une boîte d'allumettes, un oreiller gonflable, cinq taies d'oreiller et quelques draps. Quand je suis arrivé au temple, mon ami m'a dit de m'inscrire pour la récitation du *Lalita Sahasranama archana* (les Mille noms de la Mère divine). Les dévots étaient logés dans l'école d'Amma (Amrita Vidyalayam) à Kodungallur. On m'a donné une natte pour dormir. Comme oreiller, j'ai d'abord utilisé les cartons de cigarettes. Je les ai cachés en les couvrant avec ma serviette. J'ai gardé au moins quelques paquets de cigarettes sur moi afin de pouvoir fumer pendant la pause entre chaque récitation du *Lalita Sahasranama*, puisque cela durait de l'aube au crépuscule. J'étais totalement convaincu que Dieu Lui-même ne pouvait pas me libérer du besoin de fumer. Alors pendant que tous les autres psalmodiaient *Om parashaktyai namah* (Salutations à la Déesse suprême) après chaque mantra du *Lalita Sahasranama*, je récitais un mantra bien différent : « O Seigneur, au moins dans ma prochaine vie, fais en sorte que je n'aie pas la mauvaise habitude de fumer ! ».

Le matin du dernier jour des programmes, j'ai fini toutes les cigarettes que j'avais apportées. Ce jour-là, après le premier archana, je suis allé chez un petit marchand de thé pour acheter des cigarettes. Je n'ai pas trouvé la marque que je voulais, je n'ai donc pas eu le choix : il m'a fallu en prendre une autre. J'ai acheté les dix paquets disponibles, et le marchand m'a donné une boîte d'allumettes.

J'ai essayé d'allumer une cigarette mais quelqu'un, derrière moi, a éteint la flamme en soufflant avec force. Quand je me suis retourné, il n'y avait personne. Je me suis tourné dans une autre direction et j'ai de nouveau essayé d'allumer la cigarette, mais il s'est passé la même chose. Ce phénomène s'est reproduit jusqu'à ce que j'aie utilisé la dernière allumette de la boîte. Une force invisible éteignait la flamme en soufflant ! Mais cela n'a fait que renforcer ma détermination. Je suis allé vers la flamme du réchaud où on faisait le thé et j'ai pensé : « Si quelqu'un est capable d'éteindre cette flamme-là, qu'il essaie ! ».

Soudain, à ce moment-là, j'ai entendu une voix intérieure : la voix d'Amma, qui m'ordonnait d'un ton sévère de jeter les cigarettes. J'ai jeté les dix paquets de cigarettes, même celle que j'avais entre les lèvres. J'ai payé les cigarettes et j'ai marché vers le temple Brahmasthanam.

Plus tard, ce soir-là, je me suis mis dans la queue du darshan. Quand je suis arrivé devant Amma, je n'ai rien dit. Amma ne m'a rien dit non plus mais j'ai senti la puissance de son regard pénétrant quand il s'est posé sur mon corps.

Après le darshan, je suis rentré à l'école et je me suis allongé. À cause de ma maladie, j'étais obligé de changer fréquemment les taies d'oreiller la nuit. Cette nuit-là aussi, dans mon demi-sommeil, j'ai touché mon oreiller. Mais à ma grande surprise, je ne l'ai pas senti mouillé par le liquide qui suintait de ma bouche : du pus, du sang et de la salive. Émerveillé, je suis allé dans la salle de bains, je me suis mis devant le miroir, j'ai ouvert la bouche et j'ai regardé à l'intérieur. L'intérieur de mes joues était aussi charnu qu'avant que le cancer se déclare. Je n'arrivais pas à y croire ! D'abord, j'ai pensé qu'Amma avait peut-être fait de la magie noire pour créer une illusion, mais je me suis vite rendu compte qu'Amma m'avait guéri uniquement par son *sankalpa* (sa résolution divine). Toutefois, pendant très longtemps, même après mon entrée à l'ashram, je n'ai pas pu me libérer d'un sentiment d'incrédulité devant cette guérison.

À peu près à la même époque de l'année, Amma s'apprêtait à partir pour le tour du Nord de l'Inde. C'était le deuxième tour depuis que j'étais à l'ashram et je m'attendais à voir mon nom sur la liste des brahmacharis qui accompagneraient Amma pendant le tour. Mais il n'y figurait pas. Bien que déçu, je me suis consolé en pensant que j'aurais une chance l'année suivante. Mais il s'est passé la même chose les années suivantes... Chaque année, mon incrédulité augmentait. Mais je n'en ai pas parlé à Amma. Au bout de quatre ans, quand j'ai vu que mon nom ne figurait toujours pas sur la liste alors que celui d'un brahmachari qui venait juste d'arriver y était, j'ai perdu espoir. Je me suis dit que c'était sans doute parce qu'Amma n'avait pas confiance en moi et qu'elle ne voulait pas que des personnes telles que moi l'accompagnent.

D'un côté, j'aimais Amma mais de l'autre côté, j'étais frustré et triste. Peu à peu, cette frustration s'est transformée en mépris pour la vie de l'ashram. Mais à cause de mon amour pour Amma, je ne pouvais pas partir non plus. Finalement, j'ai décidé de mettre Amma à l'épreuve. Je me suis dit : « Si Amma est vraiment Parashakti (la Déesse suprême) alors elle doit savoir ce qui se passe en moi. J'ai décidé que j'allais continuellement réciter un mantra que j'avais composé, de six heures du matin à dix-sept heures, le jour où Amma partirait pour le tour. Je ne mangerais rien et ne boirais que de l'eau pendant tout ce temps. Je voulais qu'Amma me dise ce mantra que je récitais avant de partir pour le tour. Si elle le faisait, je ne douterais plus jamais d'Amma et je ne la quitterais jamais. Mais si elle ne passait pas cette épreuve, je quitterais l'ashram dès qu'elle serait partie pour le tour.

J'ai commencé à réciter le mantra à six heures du matin, le jour du départ d'Amma. Je l'ai récité sans remuer les lèvres, silencieusement. J'ai bu un peu d'eau dans l'après-midi et j'ai continué à psalmodier le mantra jusqu'au soir. Le mantra que j'avais composé et qu'Amma était censée me dire était : « Même si ton nom n'est pas sur la liste des brahmacharis qui accompagnent Amma pour le tour du Nord de l'Inde, viens au programme de Kodungallur ».

Une fois la récitation du mantra terminée, je suis allé aux bhajans, j'ai dîné et je suis rentré dans ma hutte. Mon compagnon de hutte m'a demandé de le réveiller à vingt-trois heures et s'est couché. Je me suis assis dehors sur la véranda. La nuit était illuminée par le clair de lune et le silence était très profond. Soudain, un brahmachari est venu me voir et m'a dit avec sympathie : « Tu ne vas pas au tour, n'est-ce pas ? ».

Cachant mon chagrin, je lui ai dit : « Je pourrai y aller l'année prochaine ». Il m'a dit ensuite qu'il irait charger les bagages de Swamiji peu avant le départ d'Amma et qu'il me dirait alors à quelle heure exactement Amma partirait. Il a ajouté : « Tu auras le darshan d'Amma sans la foule habituelle. Alors sois heureux ».

Je suis resté là ; j'étais en colère contre l'univers entier. Vers vingt-trois heures, les bus sont arrivés. Les résidents de l'ashram qui participaient au tour sont montés dans les bus, qui sont partis à vingt-trois heures trente. Ensuite, la voiture d'Amma s'est garée près de l'endroit où se trouve maintenant la scène. Le brahmachari qui avait promis de m'informer de l'heure de départ d'Amma m'a dit qu'elle partait dans cinq minutes. Il m'a aussi montré où je pouvais l'attendre et avoir son darshan.

Dès qu'il est parti, je suis allé me cacher derrière un écran de plantes et d'arbres, près de l'endroit où se trouve maintenant la cantine indienne. J'étais sûr qu'Amma ne m'y trouverait jamais et

Récits de moments précieux avec Amma.

je ne voulais pas qu'elle me voie. Puis j'ai vu Amma se diriger vers la voiture accompagnée de très peu de gens. Quand je l'ai vue, je me suis prosterné avec respect et je lui ai dit au revoir mentalement. Mon cœur battait si fort que je pouvais l'entendre. Amma a ouvert la portière de la voiture et a mis un pied à l'intérieur.

Je l'épiais à travers les feuilles. J'ai vu Amma rester un moment dans cette position. Soudain, elle a retiré son pied et s'est mise à regarder autour d'elle. Elle a fait demi-tour et a couru vers ma cachette. J'ai pensé qu'elle cherchait quelqu'un d'autre qui se languissait de son darshan. Elle a fait le tour des plantes derrière lesquelles je me cachais et m'a serré contre elle. Elle m'a demandé : « Fils, es-tu triste parce que tu ne peux pas aller au tour ? ». Je n'ai rien pu répondre. Je me suis mis à pleurer. Puis Amma m'a murmuré à l'oreille : « Après le tour de l'Inde, Amma a un programme à Kodungallur. Tu peux venir à ce programme ».

Tous mes doutes se sont évanouis. Amma sait tout. Elle crée toutes les circonstances.

Le seva donné par Amma nous aide à triompher de nos vasanas. Quels que soient nos efforts, nous ne pouvons les vaincre que par la grâce du guru. En faisant son seva consciencieusement, on mérite sa grâce.

Le plus grand miracle du guru, c'est d'élever le disciple d'un état d'incomplétude à l'état de complétude. La tradition nous a transmis un grand nombre de récits, des exemples où le guru a élevé le disciple du fin fond de l'autodestruction au sommet de la Réalisation du Soi. Parce que le guru est omniscient, qu'il est un *jitakami* (quelqu'un qui a maîtrisé les désirs), la quintessence de toutes les nobles qualités et qu'il connaît la Vérité, le disciple qui est prêt à obéir à ses paroles de manière inconditionnelle devient éligible pour la Réalisation du Soi. Si nous n'aimons pas le seva que le guru nous a donné, notre *sadhana* (pratique spirituelle) est d'apprendre à l'aimer. Comme le processus de purification

91

intérieure est long et que le chercheur risque de chuter, la présence du guru est très importante. Les sens sont plus puissants qu'on ne le pense et peuvent facilement piéger un chercheur. Le chercheur devrait considérer les plaisirs des sens comme du poison et y renoncer. Les pensées sensuelles provoquent la chute spirituelle. Quand les désirs qui s'éveillent à force de ressasser de telles pensées sont contrariés, nous voilà enragés. Cette colère entraîne un comportement dépourvu de discernement. L'illusion qui règne dans le mental pave la voie à l'oubli, lequel paralyse l'intellect et scelle ainsi notre destin.

Un savant voulait faire une découverte qui bénéficierait à l'ensemble de l'humanité. Il se dit que s'il parvenait à transformer l'eau de mer en combustible, cela offrirait une solution permanente à la crise de l'énergie que connaît le monde. Beaucoup d'amis riches l'aidèrent financièrement. On construisit un laboratoire aux États-Unis pour y mener des expériences. De nombreux savants célèbres collaborèrent à son projet. Mais il eut beau essayer sans relâche pendant quinze ans, ses recherches n'aboutirent pas. Ceux qui étaient venus l'aider le quittèrent tous peu à peu.

Mais il avait un ami en Inde, avec lequel il échangeait des emails et qui le soutenait. Quand le chercheur cessa de communiquer, son ami décida d'aller lui rendre visite. Quand il arriva au laboratoire, le savant lui avoua qu'il allait abandonner ses recherches car tous ses efforts avaient abouti à une impasse. L'ami lui dit : « N'abandonne pas. Va voir un lama au Tibet et demande une solution. Tes problèmes seront résolus et ta recherche sera fructueuse ». L'ami ajouta qu'il y avait trois conditions pour la consultation : 1. Il devait formuler le problème en une seule phrase ; 2. Il devait marcher jusqu'à la demeure du lama en répétant continuellement la question comme un mantra ; 3. Il n'était autorisé à poser qu'une seule question.

Le savant accepta toutes les conditions et alla voir le lama avec de grands espoirs. Quand il arriva à la résidence du lama, le gardien lui dit : « Suivez ce chemin. Il vous mènera à une petite colline. Gravissez les cent huit marches de cette colline. À chaque marche, récitez la question que vous voulez poser au lama. Quand vous arriverez au sommet de la colline, vous trouverez le lama. Quand il vous verra, le lama vous dira de poser la question à laquelle vous cherchez une réponse. Rappelez-vous : vous n'aurez pas d'autre chance, ce sera la seule question ».

Le savant suivit les instructions données. Il gravit les cent huit marches et au sommet, il vit une jeune femme d'une extrême beauté, assise sur un trône en or. Il fut surpris car il s'attendait à trouver un vieil homme tout ridé à la longue barbe blanche. Le lama demanda au savant : « Quelle est votre question ? ». La question que le savant voulait poser au lama était : « Comment transformer l'eau de mer en combustible ? ». Mais à la place, il demanda : « Madame, êtes-vous mariée ? ».

Cette histoire illustre la force des *vasanas*. Même sur notre lit de mort, ces vasanas peuvent créer le chaos. Seule la grâce du guru peut nous sauver dans de telles situations. Puisse Amma dans sa miséricorde répandre sa grâce sur nous tous et nous aider à triompher de telles situations.

9

Un instrument entre ses mains

Br. Sharanamrita Chaitanya

Que signifie « être un instrument entre les mains du Divin » ?
Le verset suivant, tiré de la *Bhagavad Gita*, nous en donne une
idée claire :

> *tasmat tvam uttishtha yasho labhasva*
> *jitva shatrun bhunkshva rajyam samrddham*
> *mayaivaite nihatah purvam eva*
> *nimitta-matram bhava savya-sacin*

> Donc, lève-toi et conquiers la gloire. Triomphe de tes
> ennemis et jouis ensuite du royaume et de sa prospérité.
> J'ai déjà tué ces guerriers. O maître archer, sois
> simplement un instrument de Mon œuvre. (11.33)

Le Seigneur Krishna avait déjà accompli la tâche déléguée à
Arjuna. Le Seigneur n'a fait que bénir Arjuna en lui offrant
l'occasion d'être un instrument entre Ses mains. Amma nous
dit souvent d'être comme un pinceau dans la main du peintre ou
comme un stylo dans la main du poète. Elle nous montre aussi
comment l'être, exactement comme Krishna a guidé Arjuna sur le
champ de bataille de Kurukshetra. Si elle nous demande de faire
quelque chose, elle nous montre aussi comment nous y prendre.
Mais si, gonflé de vanité, on s'imagine être le véritable auteur de
l'action, il est probable qu'on souffrira.

J'ai reçu de nombreuses fois la bénédiction d'être un instrument entre les mains d'Amma. Permettez-moi de vous raconter une de ces occasions. Il y a environ dix ans, nous avons aidé la Télévision Amrita à organiser une cérémonie de remise de prix. La Télévision Amrita est une entreprise fondée par des dévots d'Amma ; leur l'intention était d'utiliser l'impact médiatique d'une chaîne de télévision pour promouvoir les valeurs de la spiritualité auprès du grand public. La cérémonie de remise des prix devait se dérouler sur le terrain qui jouxte le Stade International Jawaharlal Nehru à Kochi, Kérala.

La date fut fixée, on fit de la publicité, et on distribua environ sept mille cartes d'invitation. La cérémonie devait avoir lieu en juin. Amma se trouvait alors aux États-Unis. Dès le début des préparatifs, il se mit à pleuvoir des cordes ; le terrain prévu pour la cérémonie devint boueux, gorgé d'eau. Quarante-huit heures avant le début de la cérémonie, la scène n'était toujours pas montée, les chaises n'étaient pas installées. Que faire ? Le PDG de l'époque, un ardent dévot d'Amma, appela Swami Amritaswarupananda et lui dit qu'il allait falloir annuler le programme à cause des pluies incessantes.

Swamiji informa Amma, qui m'appela et me dit d'aller sur le lieu du programme et de faire le nécessaire. J'étais inquiet. Comment allais-je gérer cela ? Mais je me suis rappelé comment Amma, dans des situations similaires, m'avait aidé. Quand je suis arrivé sur le lieu du programme avec deux autres brahmacharis, j'ai trouvé les ouvriers assis sous la pluie, ne sachant pas quoi faire. Il ne nous restait plus que vingt-quatre heures ! Amma nous a appelés et nous a donné des instructions par téléphone. Nous avons rassemblé les ouvriers et tant bien que mal, nous avons réussi à construire la scène, mais sur le terrain, l'eau nous arrivait jusqu'aux genoux. Amma nous a demandé de construire des remblais de tous les côtés du terrain pour empêcher l'eau de rentrer. Puis elle nous a demandé de creuser de petit trous, de pomper l'eau de ces trous et d'utiliser des sacs de jute pour sécher le terrain. Nous y avons passé la nuit.

Le jour de la cérémonie, Amma a appelé vers 15 heures. Je lui ai dit qu'il pleuvait toujours et que nous ne pouvions finir à temps l'installation des chaises pour la cérémonie à 18 heures que si nous commencions à 15 heures 30. Il y a eu une minute de silence, puis Amma a dit : « Vous pourrez bientôt commencer à installer les chaises. Amma vous appellera plus tard ». À 15 heures 30 précises, la pluie s'est arrêtée, comme si quelqu'un avait fermé un robinet ! Avec une centaine d'ouvriers, nous avons séché le terrain en utilisant des sacs de jute, puis installé les chaises. Les gens sont arrivés, la cérémonie s'est déroulée sans heurt et s'est terminée vers 21 heures 30. Dès que les invités ont été partis, il s'est remis à pleuvoir ! Nous étions tous convaincus que ce qui s'était passé, c'était le jeu divin d'Amma (*leela*) et que nous avions été bénis car nous avions eu la chance d'y jouer un petit rôle.

Quand nos actions sont en harmonie avec sa volonté, il en résulte la joie et la paix. Devenir un instrument entre les mains de Dieu ne signifie rester oisif, mais agir avec dévouement et discernement. Amma nous rappelle toujours que seule la grâce de Dieu nous permet d'accomplir la plus petite action. Une marionnette croit peut-être que les gens l'applaudissent et apprécient ses actions mais en réalité, la marionnette n'est rien sans le marionnettiste qui tire les ficelles. Ainsi, soyons convaincus que tout ce que nous nommons notre force n'est que le jeu de la Puissance divine.

Quoi que le guru nous demande de faire, c'est pour notre bien, si négligeable que soit cette action. Faisons-la avec la forte conviction que c'est pour notre croissance spirituelle. Un jour, Amma m'a appelé pour me demander de faire un travail. À cause de mon ego, je ne l'ai pas fait correctement. Quand Amma l'a découvert, elle n'a rien dit. Elle a complètement cessé de me parler ! Comme j'aurais préféré qu'elle me gronde ! Les mots sont incapables d'exprimer la souffrance que j'ai ressentie quand Amma m'a ignoré. Je lui ai écrit de nombreuses lettres d'excuse, sans jamais recevoir de réponse. J'ai continué mon seva (service désintéressé) en tant qu'opérateur de téléphone. Auparavant, si Amma voulait savoir quelque chose, elle m'appelait. Mais voilà que maintenant, elle envoyait quelqu'un chercher l'information. Si Amma voulait appeler quelqu'un, elle envoyait quelqu'un faire le numéro et lui passer l'appel. Cela a duré un moment. J'étais tellement perturbé que je ne pouvais plus ni manger ni dormir.

C'était en septembre. Il restait cinq jours avant l'anniversaire d'Amma et un soir, j'ai appris qu'après les bhajans, Amma se rendrait sur le lieu des célébrations pour vérifier les préparatifs. J'avais toujours accompagné Amma à cette occasion et je recevais alors ses instructions en vue de changer ou d'améliorer ce qui devait l'être. Quand j'ai compris que cette fois, je n'aurais pas la chance de partager ces moments si chers, mon chagrin est arrivé à son comble. J'ai perdu tout contrôle de moi-même, j'ai couru jusqu'à la chambre d'Amma et je me suis mis à pleurer devant sa porte. Ce soir-là, quand Amma est remontée dans sa chambre, elle a dû marcher sur mes larmes, à chaque marche. Je ne pouvais pas m'arrêter de pleurer, même une fois rentré dans ma chambre.

Vers 21 heures 30, Amma est descendue de sa chambre et a demandé à une des personnes qui l'accompagnaient où j'étais. Quand celle-ci m'a appelé pour me dire qu'Amma voulait me voir, j'ai couru retrouver Amma qui m'a emmené sur le lieu des fêtes d'anniversaire et s'est mise à discuter des dispositions à prendre, comme si de rien n'était. Le silence du Maître nous enseigne parfois des leçons colossales.

Un médecin ne cesse pas de soigner un malade pour la simple raison que le traitement pourrait le faire souffrir un peu. La seule intention du docteur est de le guérir de sa maladie. Ainsi, certaines façons de faire d'Amma nous feront peut-être un peu souffrir, mais c'est uniquement pour notre bien. Le but essentiel du guru est de faire disparaître l'ego du disciple. À cette fin, elle emploie différentes méthodes, selon la nature du disciple. De même qu'un sculpteur cisèle une pierre et en enlève les parties indésirables afin de créer une magnifique idole, le guru, par pure compassion, fait disparaître les tendances indésirables qui font obstacle au progrès spirituel du disciple. Nous devons faire de notre mieux pour céder. Sans abandon de soi, il est difficile d'obtenir la grâce divine.

Avant de venir vivre à Amritapuri, je m'occupais d'un petit magasin de textiles à Vaikom, dans le Kérala. J'ai dû assumer la responsabilité de la gestion du magasin alors que j'étais encore en classe de Première. Ce petit commerce était criblé de dettes et de problèmes judiciaires, mais j'ai cru pouvoir m'en sortir. J'ai seulement prié Amma de m'accorder sa bénédiction, mais je ne lui ai pas parlé de ces problèmes. Au bout de trois ans, les difficultés étaient devenues insurmontables. Je suis allé au darshan en larmes et j'ai confié tous mes soucis à Amma. Je lui ai dit que je ne pouvais plus rien et qu'elle seule pouvait résoudre tous ces problèmes. Amma m'a consolé en disant : « Amma va s'occuper de tous tes problèmes. Ne t'inquiète pas, Amma est toujours avec toi ». Et c'est ce qui s'est passé : tous les problèmes ont été résolus en l'espace d'une année. Quand nous déposons tout à ses pieds, Amma prend soin de tous nos besoins. Comme la gestion du magasin ne m'intéressait pas et que je n'avais pas envie de continuer, je suis venu vivre auprès d'Amma, à Amritapuri.

Quelqu'un a demandé à une flûte : « Comment une musique aussi belle peut-elle jaillir de toi ? »

La flûte a répondu : « Je n'étais qu'un morceau de bambou. Un jour, mon Maître m'a pris, il m'a nettoyé, il a percé sept trous, il a enlevé les parties indésirables et il s'est mis à jouer ».

C'est ce qu'Amma s'efforce d'accomplir avec chacun de nous. Tout ce que nous avons à faire, c'est de nous abandonner à elle. Durant la vie du Seigneur Rama, les *vanaras* (ses compagnons singes) n'ont profité de sa compagnie que pendant la guerre. Au cours de la vie du Seigneur Krishna, les *gopis* (laitières) et les autres dévots fervents tels qu'Akrura et Uddhava, n'ont pas pu passer énormément de temps avec Lui. Mais nous avons la bénédiction de passer beaucoup de temps auprès d'Amma. Puisse notre lien avec Amma durer et se renforcer.

10

La barque de notre vie

Swamini Suvidyamrita Prana

Après de longs préparatifs, le capitaine chevronné d'un navire partit un jour pour un long voyage. Il était fier de ses capacités, et son comportement et son attitude exprimaient clairement son arrogance. Les membres de l'équipage en étaient certes irrités, mais ils n'avaient pas le choix : il leur fallait obéir à ses ordres. Le navire vogua comme prévu et les passagers savouraient la traversée maritime.

Un jour, le temps changea brusquement. De sombres nuages de pluie recouvrirent le ciel et les eaux devinrent turbulentes. Le bateau pencha dangereusement, et les passagers hurlèrent. Le capitaine leur cria : « Je suis là ! Pourquoi avez-vous peur ? ». Mais quand le navire se mit à osciller et à tanguer de façon inquiétante, le capitaine comprit qu'il ne contrôlait pas la situation. Il leva les yeux vers le ciel, impuissant, et joignit les mains en prière. Sa vision s'assombrit et il perdit connaissance. Un peu plus tard, le capitaine reprit conscience. Il régnait un silence total. Il regarda autour de lui et vit que le navire était presque totalement détruit. Il n'y avait à bord personne d'autre que lui. Il hurla de désespoir, mais seuls le ciel et les vagues de l'océan entendirent ses cris. En songeant à l'arrogance dont il avait fait preuve et à son impuissance présente, il se mit à prier. Il entendit soudain un son. Quand il ouvrit les yeux, il vit un énorme oiseau blanc voler dans sa direction. Il se rendit compte que le bateau était sans doute proche d'une côte. Mobilisant toute l'énergie qui lui restait, il plongea dans l'océan et nagea. Il suivit la direction de l'oiseau et finit par atteindre la côte.

Nous sommes tous pareils au capitaine de l'histoire. Nous commençons le voyage de la vie avec toutes sortes de projets et de rêves. Mais des tempêtes inattendues ruinent tous nos espoirs, et nous nous retrouvons au milieu des vagues montantes et descendantes de notre *prarabdha* (karma passé), en train de nous débattre. Ne sachant comment avancer, impuissants, nous nous abandonnons. C'est alors que, comme l'oiseau blanc de l'histoire, la Conscience suprême apparaît devant nous sous la forme du guru, afin de nous guider à bon port. Si nous avons foi en elle et suivons le chemin qu'elle nous indique, la grâce divine nous aidera à traverser l'océan de la transmigration (cycle des naissances et des morts) et ainsi, nous sauvera.

La *Bhagavad Gita* donne un exemple saisissant de la manière dont le Seigneur a sauvé une âme désemparée. Arjuna, si fier de ses capacités, sombre subitement dans la confusion et le désespoir. Il s'écrie : « Ô Seigneur ! Je suis Ton disciple et je m'abandonne à Toi. Je T'en prie, guide-moi et instruis-moi » (2.7).

La réponse du Seigneur Krishna (chapitre 2) est l'essence de toute la *Bhagavad Gita*. Les conseils qu'Il donne à Arjuna sont des joyaux, parmi lesquels se trouve celui-ci :

yoga-sthah kuru karmani sangam tyaktva dhananjaya
siddhy-asiddhyoh samo bhutva samatvam yoga ucyate

Ô Arjuna, établi dans le yoga, agis sans attachement, accueillant le succès et l'échec avec équanimité. Cette équanimité, c'est ce que l'on nomme le yoga. (2.48)

Dans ce verset, Sri Krishna donne une explication précise de ce qu'est le *karma yoga*, la voie de l'action consacrée à Dieu. Le yoga est l'équanimité du mental. Cela implique de se libérer de l'attente d'un résultat particulier, de demeurer calme face au profit ou à la perte, au succès ou à l'échec, et d'accomplir toutes les actions avec détachement. Amma transmet la même idée quand elle dit : « Mes enfants, vivez dans le moment présent et faites votre devoir. Seul le moment présent est entre nos mains. Quoi qu'il arrive, allez de l'avant avec courage et abandonnez le reste à Dieu ».

En 2006, après le départ d'Amma pour la tournée des États-Unis, j'ai reçu le message qu'Amma voulait que je dirige l'école Amrita Vidyalayam d'Hyderabad. J'ai eu le sentiment de recevoir un grand coup derrière la tête. Amma envoie normalement des personnes qui connaissent la langue du pays à de tels postes. Je n'ai pas été la seule à être surprise qu'Amma m'envoie à Hyderabad, tout le monde l'a été, car je ne connais pas le télugu. Mais j'étais tout de même contente qu'Amma pense à moi. Plus tard, Amma elle-même m'a donné des instructions précises sur ce que je devais faire et sur la manière dont je devais me comporter. J'avais foi qu'Amma s'occuperait de tout.

Il y avait chaque jour de nombreux problèmes à l'école. Tous les matins, en anticipant les plaintes et les problèmes que j'allais entendre ce jour-là, j'étais tendue. Mais tous les problèmes se trouvaient résolus d'une manière ou d'une autre, j'en étais toujours étonnée. En y réfléchissant, il n'y avait qu'une seule explication possible : la grâce d'Amma était à l'œuvre. Elle nous dit souvent : « Mes enfants, ne vous stressez pas. Faites de votre mieux et abandonnez le reste à la volonté de Dieu ». Amma pourrait facilement payer des gens plus qualifiés que nous pour faire une grande partie du travail de l'ashram. Son but n'est pas de faire de nous des professionnels. Amma nous aide à acquérir une attitude d'abandon à Dieu. Pour cela, il s'agit de nous appliquer de tout notre cœur à exécuter la tâche qu'Amma a jugée la plus adéquate pour notre progrès spirituel.

J'ai un jour emmené les enfants de l'école à une foire ; j'étais heureuse de les voir s'amuser en faisant un tour sur la Grande Roue. Mais un des enfants du groupe s'est mis à hurler et à pleurer en demandant qu'on arrête la roue. Cette roue est mise en marche grâce à un interrupteur. Une fois installé, on ne peut plus descendre avant que la roue s'arrête. Que nous appréciions l'aventure ou que nous hurlions de peur, la roue ne s'arrête qu'au moment programmé. De même, le Créateur a déterminé le début, le milieu et la fin de la Grande Roue de notre vie. Nous ne pouvons faire qu'une seule chose : nous fixer un but et nous efforcer de l'atteindre. Rappelons-nous que plus notre but est élevé, plus les obstacles que nous rencontrerons serons nombreux et importants. Le Gange coule depuis les hauts sommets de l'Himalaya jusqu'à la baie du Bengale. Son voyage est-il facile ? Non. Il coule sur de petits cailloux, négocie d'immenses rochers, vogue sous les arbres qui obstruent son cours ou les contourne, navigue à travers des chaînes de montagne. Pense-t-il jamais : « Je ne peux pas continuer ! J'en ai assez ! » ? Non, de telles pensées ne lui viennent jamais. Il coule sans hésiter, se frayant un chemin jusqu'à ce qu'il atteigne son but. Il nous faut développer cette même foi, cette même détermination.

Il n'est pas facile à des êtres ordinaires d'acquérir une telle force intérieure, mais elle est la nature même d'êtres divins tels qu'Amma. Depuis l'enfance, elle a dû affronter des critiques acerbes fusant de tous côtés. Pourtant, rien ne l'a perturbée. Dans les 108 noms d'Amma (*Ashtottaram*), il est mentionné qu'Amma resta silencieuse quand elle sortit du ventre de sa mère (mantra 24). Ce silence exprimait son équilibre intérieur. C'est à partir de cet état de silence et de stabilité intérieure qu'elle agit. Toutes les œuvres caritatives d'Amma sont l'expression de la sagesse qui provient de cette équanimité. Qu'il s'agisse de la gestion de catastrophes naturelles ou de projets de nettoyage, d'orphelinats, d'hôpitaux, de secours ou de recherche, Amma, avec une sagesse infaillible, dirige tout très tranquillement. Elle ne s'octroie aucun mérite, reçoit les applaudissements et les critiques avec détachement et continue sa mission : aimer et servir les autres.

L'anecdote suivante m'a été racontée par le Dr Priya Nair. Cela s'est passé en 2010, après la remise par l'Université d'état de New York d'un doctorat honoris causa à Amma. Après la cérémonie, on a emmené Amma dans une pièce située derrière la scène. Priya tenait la robe de cérémonie. Soudain, Swami Amritaswarupananda a pris la robe de docteur, l'a tenue devant Amma et s'est exclamé avec enthousiasme : « Dr Amma ! Dr Amma ! Amma est devenue un docteur ! ». Priya a applaudi.

Mais Amma a repoussé cette tenue de la main en disant : « Mais qu'est-ce que tu dis-là ? Ce genre de titre ne m'intéresse pas ! Amma ne fait rien dans l'espoir de recevoir des honneurs. Aujourd'hui les gens applaudissent et demain, ils pourraient très bien hurler des slogans hostiles. À quoi sert de se laisser affecter par l'un ou par l'autre ? Amma a accepté de recevoir ce titre parce que cela te rend heureux et les autres enfants aussi. Mais si tu t'attaches à ces soi-disant succès, tu seras malheureux si les gens te critiquent. Reste calme ».

Que ferions-nous donc si nous recevions un tel honneur ? Nous mettrions des photos sur Facebook et nous essayerions d'avoir autant de « J'aime » que possible !

En vérité, la vie d'Amma illustre la *Bhagavad Gita* tout entière. Amma suit son dharma, sans se soucier des louanges ou des insultes ni d'être acceptée ou rejetée. Jamais Amma n'a annulé un darshan ou une tournée en disant qu'elle était fatiguée. Aujourd'hui encore, pendant que le monde entier est confiné, Amma demeure aussi active que jamais, et même encore plus, car elle examine les problèmes de toutes les filiales de l'ashram dans le monde.

Je voudrais citer une autre anecdote racontée dans le livre de Swami Ramakrishnananda, *Amritashtakam*. Quand Amma est allée au Japon en 2011, le pays n'était encore pas remis du tremblement de terre Tohoku. Ceux qui accompagnaient Amma auraient préféré qu'elle n'aille pas du tout au Japon, et ils étaient soulagés de savoir qu'au moins les lieux des programmes étaient loin de l'épicentre du tremblement de terre. Beaucoup de gens qui se trouvaient dans des camps de réfugiés sont venus au darshan d'Amma. En voyant leurs visages qui exprimaient l'angoisse, la peur et le désespoir, Amma a appelé le brahmachari qui organisait les programmes au Japon et lui a dit : « Demain, je veux aller à l'épicentre du tremblement de terre pour y voir mes enfants. Prends les dispositions nécessaires ! ».

Après un long voyage, Amma est arrivée dans un des camps de réfugiés, où elle a étreint les victimes et leur a consacré du temps. Ceux qui l'accompagnaient ont vu le courage et la compassion d'un vrai yogi. Puis elle est allée jusqu'à la plage toute proche et a prié pour les âmes de ceux qui étaient morts, et pour l'harmonie entre l'humanité et la nature. Telle est l'équanimité de sa vision, tel est son amour pour tous les êtres. Amma est arrivée juste à temps dans la ville où se déroulait le programme suivant pour commencer à l'heure.

Comment Amma peut-elle faire tout cela ? Elle est établie dans un état qui transcende le corps, le mental et l'intellect, mais elle se met à notre niveau pour nous guider. Les Écritures affirment que nous devons apprendre et suivre l'exemple des maîtres spirituels. Nous pouvons apprendre d'Amma quels sont les facteurs qui transforment le karma en karma yoga :

- Aimer tout ce que nous faisons.
- Accorder plus d'importance à l'effort qu'au résultat des actions.

- Rester détaché des résultats de l'action. Ne pas être transporté par le succès ni abattu par l'échec. Accepter toute chose comme un *prasad*, un cadeau de Dieu. C'est cela, l'abandon de soi.

Quand on regarde un verre à moitié rempli, on peut dire qu'il est à moitié plein ou à moitié vide. Qu'est-ce qui est vrai ? La vérité, c'est que le verre est moitié eau et moitié vide. Voyons ainsi toute chose telle qu'elle est.

Amma rentrait un jour dans sa chambre après le darshan et une dévote lui a offert trois roses jaunes de son jardin. Amma a regardé les fleurs pendant quelques instants, elle a savouré leur parfum puis elle a dit avec un sourire : « La forme et les pétales de ces roses sont très différents et pourtant, chacune d'elles est magnifique ». Après quelques instants de silence, Amma a ajouté : « Vous savez, quand je regarde le monde, je vois toute chose comme ces fleurs : très différentes, et pourtant merveilleusement belles ! Chacun de vous, chaque personne qui vient au darshan ou qui passe est si différente et pourtant si divinement belle. Si seulement vous pouviez voir le monde comme je le vois… ».

Nous ne pouvons même pas imaginer à quoi ressemble cet état. Amma fait partie de ces âmes si rares que ne voient que la beauté. Dans cet état si mystérieux et sublime, qui peut-on haïr ? Comment être triste quand il n'y a que la beauté ? Il n'existe rien de négatif, il y a seulement un flot constant d'énergie positive. Il n'y a que l'amour et la compassion envers tous. Amma chante :

> *taye! nin makkalanennuracchal*
> *loka vairuddhyam snehamakum*
> *dharmam engum anandam ekum (extrait de Shakti Rupe)*

Ô Mère, si on considère tous les êtres comme Tes enfants, les contradictions de ce monde seront changées en amour, et le dharma (ce qui est juste, conforme aux lois de l'univers) répandra partout la joie !

Nous avons ci-dessus comparé la vie à un navire voguant sur l'océan majestueux. Ayons foi que le navire de notre vie vogue sur l'océan de béatitude d'Amma. Alors, quelle que soit la force des ouragans ou des tempêtes, nous n'aurons rien à craindre. Inutile non plus de s'inquiéter de l'avenir.

Vivons sans peur, le cœur rempli de cette seule prière : « Puissé-je ne jamais m'écarter de toi ! ». Puisse Amma exaucer cette prière.

11

La garantie donnée par le Seigneur

Br. Devidasa Chaitanya

Dans la Bhagavad Gita, le Seigneur Krishna nous assure :

> *kshipram bhavati dharmatma shashvacchantim nigacchati*
> *kaunteya pratijanihi na me bhaktah pranashyati*

> Mon dévot devient très vite un juste et atteint la paix éternelle. Ô Arjuna, sois-en certain, jamais mon dévot ne périt. (9.31)

Na me bhakta pranashyati signifie mot-à-mot : « Mon dévot ne périt jamais ». Cela peut signifier que Dieu sauve les dévots des dangers et satisfait leurs besoins. Cela veut-il dire aussi qu'un vrai dévot est immortel ou qu'il ne sera pas confronté à la souffrance ? Mais la vie de nombreux grands dévots nous rapporte qu'ils ont rencontré de grandes difficultés et ont beaucoup souffert. Comment résoudre cette apparente contradiction ?

La *Bhagavad Gita* mentionne quatre sortes de dévots : *arta, artharthi, jijnasu* et *jnani*, c'est-à-dire celui qui souffre, celui qui désire la richesse, celui qui recherche la connaissance (divine) et celui qui connaît la vérité. Dans le verset mentionné ci-dessus, le Seigneur se réfère à la troisième et à la quatrième catégorie. Amma parle de *tattvattile bhakti*, c'est-à-dire de la dévotion fondée sur la connaissance des principes de la spiritualité. Les dévots qui ont cette compréhension savent que les problèmes font partie de la vie et les acceptent calmement. Ils ne considèrent même pas la mort comme une tragédie mais comme une réunion avec le Bien-aimé.

Prahlada, un ardent dévot du Seigneur Vishnu, est tourmenté par son père Hiranyakashipu, qui veut que son fils renonce à sa dévotion envers le Seigneur. Mais Prahlada refuse, et son père tente de le tuer de nombreuses façons : en le précipitant du haut d'une falaise, en le jetant dans une rivière, en le lançant face à un éléphant pour qu'il soit piétiné. Chaque fois, le Seigneur sauve Prahlada. Finalement, Hiranyakashipu dégaine son épée pour tuer l'enfant et lui demande : « Où est donc ton Vishnu maintenant pour te protéger ? ». La dévotion de Prahlada était fondée sur *jnana* (la connaissance). Il répond : « Mon Seigneur est partout, même dans ces piliers qui nous entourent ». Offensé, Hiranyakashipu frappe de son épée l'un des piliers. Le Seigneur sort de ce pilier sous la forme de Narasimha (l'homme-lion) et tue Hiranyakashipu.

Dieu ne sauve pas toujours les dévots de la mort. Quand Jatayu, un aigle géant et un fervent dévot de Rama, a vu Ravana, le roi-démon, enlever Sita, il a tenté d'arrêter le démon. Mais le roi a coupé les ailes de l'oiseau, qui est tombé du ciel. Avant que Jatayu n'expire, le Seigneur Rama est arrivé, a pris Jatayu sur ses genoux, et lui a prodigué son amour et son affection pendant ses derniers moments. C'est ainsi que Jatayu a atteint la libération

Dans la dévotion suprême, le Seigneur et le dévot ne font plus qu'un spirituellement. C'est l'état auquel il est fait référence dans la prière : *Mrityorma amritam gamaya*, Guide-moi de la mort à l'immortalité. Les *Narada Bhakti Sutras* décrivent ainsi l'état de la vraie dévotion : *Yal labdhva puman… amrito bhavati*, quand on l'atteint, on devient immortel (4). Dans cet état, la question de Dieu protégeant son dévot ne se pose pas, car le protecteur (Dieu) et le protégé (le dévot) ne font qu'un.

Beaucoup des enfants d'Amma ont vécu des expériences au cours desquelles Amma les a sauvés de graves difficultés. Swami Dayamritananda m'a raconté l'une de ces expériences. Il est venu voir Amma au début des années 80, non en tant que dévot mais par simple curiosité. Pendant son tout premier Dévi Bhava darshan, il a vu Amma recevoir Dattan, le lépreux. Quand Amma l'a pris dans ses bras, ses yeux étaient remplis d'amour. Puis elle s'est mise à lécher les plaies suintantes, en aspirant le pus. Cette scène a fait une profonde impression sur le futur swami, qui a rapidement décidé d'entrer à l'ashram.

Mais Amma voulait qu'il obtienne d'abord la permission de ses parents. Malheureusement, ceux-ci désiraient qu'il mène une vie « normale ». Pour le détourner de la spiritualité, ses parents décidèrent de l'envoyer à l'étranger, où des membres de la famille étaient chargés de veiller sur lui. Quand swami Dayamritananda en a parlé à Amma, elle a répondu : « Vas-y maintenant. Tu seras confronté à de nombreuses situations qui te mettront à l'épreuve. Si tu restes ferme, Amma fera un *sankalpa* (prendra une résolution divine) et tu pourras revenir bientôt ». Swami Dayamritananda est donc parti à l'étranger et y est resté quelques années. Il a dû affronter bien des défis, mais avec la force intérieure qu'il tirait de son amour pour Amma, il est toujours resté ferme. En voyant qu'il restait impassible face aux tentations de la vie dans le monde, les membres de sa famille étaient prêts à abandonner. Il les a suppliés de lui acheter un billet d'avion pour pouvoir rentrer en Inde. Ils ont refusé. Swami Dayamritananda se retrouvait dans le pétrin. Il n'avait pas assez d'argent pour acheter un billet et se demandait quoi faire. En fouillant dans sa valise, il a trouvé un vieux billet de retour Air India, dont la date d'expiration était dépassée depuis longtemps. Espérant l'impossible, il est quand même allé au bureau d'Air India et a demandé à une employée au comptoir s'il y avait moyen d'échanger ce billet. Elle l'a examiné et a dit aussitôt :

« Sûrement pas ! ». Le cœur brisé, swami Dayamritananda a appelé silencieusement Amma à l'aide, debout dans le bureau d'Air India. Au bout de quelques instants, la même employée, derrière le comptoir, l'a appelé : « On peut peut-être essayer. Avez-vous la preuve que vous avez subi un traitement médical récent ? Si c'est le cas, il y a peut-être une solution ».

Appelez cela une pure coïncidence (ou la grâce d'Amma), swami Dayamritananda avait eu peu de temps auparavant un traitement pour ses yeux et il avait dans son sac les papiers qui le prouvaient ! Quelques minutes plus tard, il avait en main son billet de retour pour l'Inde (et la vie spirituelle).

Amma m'a personnellement aidé à apprécier le sens des mots *na me bhakta pranashyati*, grâce à une expérience. Peu après mon entrée à l'ashram en 1991, Amma m'a envoyé à AICT (Amrita Institute of Computer Technology), l'Institut d'informatique de l'ashram, à Puthiyakavu. Je devais y étudier et en outre aider le Dr Krishnakumar qui dirigeait alors l'institut. Dans le cadre de mon travail, il me fallait sortir pour faire des achats. Quand je passais devant les magasins d'alimentation, le désir de manger ces aliments s'éveillait en moi. La vie à l'ashram était alors beaucoup plus austère : il était mal considéré de boire du thé, lire les journaux était vu comme une perte de temps et manger de la nourriture venant de l'extérieur était complètement interdit. Mais de jour en jour, le désir de manger de délicieux snacks grandissait en moi.

Un jour, j'ai vu des cacahuètes dans une boutique. Incapable de résister à la tentation, je suis entré et j'ai acheté un paquet de cacahuètes. Après le dîner, j'ai mangé les cacahuètes, avec un sentiment constant de culpabilité. Quelques jours plus tard, cela m'est devenu insupportable. En tremblant intérieurement, je suis allé trouver Amma et je lui ai dit ce que j'avais fait. Elle m'a regardé sévèrement en disant : « Si tu n'as aucun détachement (*vairagya*), même au début de ta vie à l'ashram, comment vas-tu pouvoir rester sur ce chemin ? ». Je suis parti le cœur lourd. Les jours suivants furent difficiles. J'ai fait beaucoup d'efforts pour intensifier ma *sadhana* (mes pratiques spirituelles). J'ai jeûné toute une journée, puis le lendemain, j'ai mangé à l'excès. Je luttais contre mes *vasanas* (tendances latentes), j'échouais bien souvent et en conséquence, j'étais malheureux. J'ai commencé à me dire que je n'étais pas apte à suivre une voie spirituelle. Mais en même temps, la vie dans le monde me paraissait affreuse et je ne pouvais pas imaginer y retourner. Désespéré, j'ai pensé qu'il était peut-être temps de mettre fin à mes jours.

Un soir pendant les bhajans, Amma a chanté beaucoup de chants poignants, comme *Kannunir toratta ravukal etra poyi* (Combien de nuits ai-je passées, les yeux débordant de larmes ?) et *Ente kannunir etra kandalum manassaliyuka ille* (Bien que Tu voies mes larmes, comment se fait-il que Tu n'aies aucune compassion ?). Ces chants semblaient refléter mon état intérieur. J'ai pleuré pendant tous les bhajans. Après les bhajans, je suis allé m'asseoir sur le balcon à l'ouest du temple de Kali, en face du balcon de la chambre d'Amma. Je voulais méditer, mais je n'arrivais pas à m'arrêter de pleurer. J'avais le sentiment d'être au bout du rouleau. En pleurant, je priais Amma avec ferveur : « Ô Amma, suis-je vraiment indigne de la vie spirituelle ? Ne me donneras-tu pas une autre chance, me sauvant ainsi de la souffrance ? Je ne pense pas pouvoir tenir plus longtemps... ».

Quelques heures ont dû passer ainsi. Tout était plongé dans l'obscurité, à l'exception d'une petite lumière dans la chambre d'Amma. Soudain, le rayon d'une lampe de poche a éclairé mon visage. En ouvrant les yeux, j'ai vu que ce rayon venait du balcon d'Amma. C'était Amma qui tenait la lampe de poche ! Elle a demandé : « Qui est là ? ». D'une voix ténue, j'ai répondu : « Amma, c'est moi... ». Elle a éclairé mon visage un moment avant d'éteindre la lampe. Au bout de quelques instants, Amma a de nouveau illuminé mon visage. Elle m'a aussi lancé quelque chose. C'était une pomme. Un *prasad* d'Amma ! Puis elle m'a parlé, cette fois doucement et avec amour : « Hé, Sudeep ! Mange cela maintenant et va dormir. Et lève-toi demain pour l'archana ». C'était la première fois qu'Amma m'appelait par mon nom ! J'ai eu le sentiment de me redécouvrir moi-même. Amma avait toujours su ce qui se passait en moi. Elle avait entendu toutes mes prières et vu toutes les larmes qui coulaient sur mes joues. Elle avait compris et ressenti toutes mes angoisses. Et elle m'avait accepté dans son cœur… le soulagement et la tranquillité que j'ai alors éprouvés sont inexprimables. J'ai continué à pleurer en mangeant la pomme. Puis je suis rentré dans ma hutte et je me suis endormi en pleurant. C'étaient des larmes de gratitude.

Quand je me suis réveillé le lendemain matin, j'étais une nouvelle personne. Ma confiance en moi était revenue, et mon cœur était rempli de l'amour d'Amma.

Au cours de toutes les années passées avec Amma, cet incident est celui qui m'a le plus marqué. Je tâtonnais dans les ténèbres. La pomme et le fait qu'Amma m'appelle affectueusement par mon nom symbolisaient pour moi l'assurance du Seigneur Krishna à Arjuna : *na me bhakta pranashyati*. Amma nous transmet le même message de façon plus chaleureuse, quand elle nous murmure à l'oreille : « Mon enfant chéri, ne t'inquiète pas, Amma est toujours avec toi ».

Avec le recul, je me rends compte que dans cette expérience, il ne s'agissait pas du tout de cacahuètes mais de ma lutte intérieure pour être à la hauteur de mes aspirations spirituelles. Je considérais à l'époque que mon désir ardent pour de la nourriture savoureuse était un problème sérieux. La véritable difficulté, c'était mon incapacité à surmonter les faiblesses de mon mental. C'était un grand coup porté à mon ego et mes échecs répétés avaient entraîné une perte de confiance en moi. La réaction d'Amma à ma confession n'avait fait que refléter mon propre sens de l'échec ; ce n'était pas un reflet de son attitude envers la nourriture. Le masque de sévérité qu'elle arbora m'aida à acquérir une compréhension plus réaliste de la façon dont on peut équilibrer les désirs avec les valeurs fondamentales de la vie spirituelle.

Il est important pour un chercheur spirituel de s'accrocher fermement aux valeurs spirituelles et à la discipline des pratiques spirituelles. Comme Amma le dit souvent, il suffit d'un trou minuscule dans la coque d'un bateau pour le faire couler. À moins que nous nous assurions qu'il n'y a pas de trou dans le bateau de notre vie spirituelle, comment pourrons-nous traverser l'océan du *samsara*, le cycle des naissances et des morts ?

Amma est *ahaituka kripa sindhu*, l'océan de miséricorde sans cause. Elle est un *kalpataru*, l'arbre divin qui exauce les désirs, qui satisfait les aspirations qui nous rapprochent de Dieu. Elle n'attend absolument rien de nous. Offrons-lui néanmoins nos prières sincères et pures, des prières qui atteignent son cœur d'amour divin. Grâce à *shraddha* (la foi et l'attention) et à *bhakti* (la dévotion), puissions-nous tous ne plus faire qu'un avec Amma et atteindre sa demeure divine d'immortalité.

12

Maîtriser le mental

Bri. Gurukripamrita Chaitanya

Amma dit que la circulation sur la route est parfois intense alors qu'à d'autres moments, elle est fluide. En revanche, la circulation des pensées dans le mental, le flot incessant de pensées, d'inquiétudes, d'espoirs, de rêves, de regrets, de jugements etc., ne se calme jamais. Bien que nous soyons en Inde, il se peut que notre mental soit à New York. Telle est la nature d'un mental non maîtrisé. Il n'est jamais silencieux. Il pense sans nécessité, invente des histoires et il est bouleversé. Il ne peut pas imaginer faire quoi que ce soit sans attentes.

Quand j'étais à l'université, je suis un jour allée acheter un livre dans un magasin. J'y ai vu un chocolat joliment emballé. J'ai pensé le donner à Amma. La veille, je l'avais vue savourer un chocolat offert par un dévot. Toute heureuse à l'idée qu'Amma accepterait mon offrande de chocolat, j'ai imaginé comment elle me regarderait, me sourirait et me demanderait où je l'avais trouvé... Deux amies, deux brahmacharinis, m'accompagnaient dans la boutique, mais je ne leur ai pas révélé mon plan. J'ai acheté le chocolat secrètement et je l'ai gardé dans mon sac. Si je leur avais dit que c'était pour Amma, elles auraient été heureuses. Mais égoïstement, je désirais l'attention d'Amma pour moi seule. Le lendemain, Amma donnait le darshan aux résidents de l'ashram et je lui ai offert le chocolat. Elle l'a pris et l'a posé sur le côté sans même le regarder. Je ne m'y attendais pas ! Cela m'a contrariée. Plus tard, en y réfléchissant, je me suis rendu compte que la veille,

Amma avait savouré non pas le chocolat, mais l'amour du dévot. Je pensais que moi aussi, j'offrais le chocolat avec amour, mais mon offrande était entachée d'égoïsme et d'attentes.

Si nos attentes ne sont pas satisfaites, nous voilà malheureux. Donc, pour être heureux, lâchons nos attentes. Le Seigneur Krishna dit : « *Yogastha kuru karmani sangam tyaktva*, établi dans le yoga, accomplis tes devoirs, abandonnant tout attachement aux résultats » (*Bhagavad Gita*, 2.48). Cela signifie qu'il faut agir en pleine conscience, avec vigilance, en mettant de côté les attentes que nous pourrions avoir concernant le résultat. Telle est l'attitude d'un *karma yogi*. Une action faite dans l'attente d'un résultat précis nous lie, tandis que la même action, accomplie avec l'attitude juste, mène à la libération.

Amma raconte une histoire qui illustre cette idée. Lors d'une fête, un homme a mangé beaucoup de *ghee* (beurre clarifié). Le lendemain, il avait mal au ventre et il est allé voir un médecin qui lui a dit de prendre un litre de *ghee*. Alors le malade lui a expliqué que l'indigestion avait été provoquée par un excès de *ghee*, et qu'il ne voulait pas en prendre plus. Le docteur a mélangé des herbes ayurvédiques au *ghee*, il a prescrit la dose que le malade devait prendre, puis il l'a congédié. L'homme a pris le *ghee* prescrit et a été guéri. L'excès de *ghee* avait rendu l'homme malade. Le même *ghee*, pris comme un médicament, l'a guéri. Ainsi, la même action peut nous lier ou nous libérer, tout dépend de notre attitude.

Les *mahatmas* (âmes spirituellement éveillées) comme Amma donnent toujours l'exemple correct. Elle accomplit chaque action avec une concentration et une vigilance extrêmes. Quand elle sert le *prasad* pour le déjeuner, elle le fait à une vitesse étonnante. Même si quatre équipes préparent les assiettes, il est difficile de suivre le rythme d'Amma. Tout en passant les assiettes avec rapidité, Amma regarde chaque personne et vérifie que chaque assiette a de tout en quantité suffisante et qu'elle est complète.

C'est généralement elle qui remarque s'il manque le *pickle* dans une assiette, par exemple.

Quand Amma a fini de servir le *prasad*, elle calcule combien de temps il lui a fallu pour servir x personnes. En la regardant, il est clair que tout ce qu'elle fait est optimal : le maximum de travail, fait parfaitement, en un minimum de temps.

Le Seigneur Krishna dit : « *yogah karmasu kaushalam*, le yoga est l'habileté dans l'action » (*Bhagavad Gita*, 2.50).

Il y a de nombreuses années, Amma est venue à l'imprimerie et a remarqué que la machine était poussiéreuse. Cette négligence l'a attristée. Amma a essuyé la machine de ses propres mains et nous a dit que nous devions considérer le travail comme une adoration. De la même manière que nous nettoyons la salle de puja avant l'adoration, nous devions aussi nettoyer notre lieu de travail et prier avant de commencer à travailler, a-t-elle ajouté. Si le travail est fait comme une adoration, son résultat est du *prasad*. Si nous acceptons le résultat de notre travail comme un *prasad*, nous garderons l'équanimité dans le succès comme dans l'échec. C'est ce que voulait dire le Seigneur Krishna quand Il a déclaré : « *Siddhyasiddyoh samo bhutva*, dans le succès comme dans l'échec, garde l'équanimité » (*Bhagavad Gita*, 2.48).

Nous apprenons plus de nos échecs que de nos réussites. La douleur provoquée par l'échec nous amène à faire une pause, à réfléchir sur la nature réelle des choses et sur leur importance dans notre vie. Il en résulte une transformation personnelle, un progrès.

En 2019, l'Inde a lancé Chandrayaan-2, sa seconde mission d'exploration de la Lune. L'ISRO (Indian Space Research Organization) avait travaillé dur pendant des années pour que la mission réussisse. Mais juste avant que Chandrayaan-2 n'atteigne son but, l'atterrisseur s'est écrasé. L'équipe était certes déçue, mais elle a accepté l'échec et en a tiré les leçons ; elle se prépare maintenant à lancer Chandrayaan-3.

De même que l'échec nous enseigne d'importantes leçons, la tristesse nous rapproche de Dieu. Quand nous sommes tristes, nos prières viennent du fond du cœur. C'est pourquoi Kunti, la mère des Pandavas (dans le *Mahabharata*), priait toujours le Seigneur Krishna de lui envoyer de la souffrance. Elle savait que cela la rapprocherait de Lui.

Il nous est tous arrivé d'être triste et d'appeler Amma. Je vais vous raconter une de mes expériences. J'ai rencontré Amma quand elle est venue à Mumbai pour la première fois, en 1987. J'étais alors en sixième. Amma a donné deux programmes par jour pendant environ deux semaines. Puis, quand elle est revenue à Mumbai, Amma est restée un mois. Pendant plus de vingt jours elle a logé dans une maison proche de l'appartement de mes parents à Mumbai. Le plus souvent, quand Amma quittait la maison pour aller à un programme public, j'étais debout à côté de la voiture. En me voyant, Amma demandait : « Est-ce que tu ne viens pas au programme ? » Puis elle m'emmenait avec elle ! Quand j'avais envie de dormir, elle m'allongeait sur ses genoux. J'étais donc toute la journée avec Amma. Quand je n'étais pas avec elle, j'écoutais les swamis raconter des anecdotes sur Amma. Un mois a passé ainsi. Puis les programmes ont pris fin ; Amma allait partir et j'en avais le cœur brisé. Il m'était difficile d'être éloignée d'Amma, mais je devais retourner à l'école.

Quelques mois plus tard, on publia les dates du programme d'Amma à Calcutta. Mes parents décidèrent d'y assister et demandèrent à une dévote d'Amma de s'occuper de moi pendant leur absence. Je ne pouvais pas les accompagner car j'avais cours. Après leur départ, la tristesse s'est emparée de moi. Amma me manquait et je pleurais souvent. Je n'avais aucune connaissance de la spiritualité mais je m'étais attachée à Amma. Je voulais seulement la voir et être avec elle.

Deux jours plus tard, Amma m'est apparue en rêve. Elle tenait une poignée de ses élastiques de cheveux et elle m'a dit : « Je vais t'envoyer cela ». Quand je me suis réveillée, j'étais aux anges, parce que j'avais vu Amma et parce qu'elle avait dit qu'elle allait m'envoyer ses élastiques de cheveux. J'étais certaine que le rêve allait se réaliser et j'attendais avec impatience le retour de mes parents. À l'époque, il n'y avait pas de téléphones portables, je ne pouvais donc pas appeler ma mère pour lui raconter mon rêve.

À Calcutta, quand le programme s'est terminé, au moment de partir, Amma a appelé ma mère, lui a donné une poignée de ses élastiques de cheveux et lui a dit de me les donner. Quand ma mère est rentrée, elle m'a apporté les élastiques de cheveux d'Amma. J'étais ravie ! Ce que j'avais vu en rêve s'était réalisé.

Amma connaît toutes nos pensées, tous nos chagrins et elle est toujours avec nous. Alors pourquoi s'inquiéter ? Travaillons avec une attitude d'abandon au Divin. Quand cette attitude intérieure s'épanouit en nous, nous savourons la paix et le contentement.

13

L'ouverture du cœur

Bri. Niramayamrita Chaitanya

La guerre de Kurukushetra s'est déroulée il y a plus de cinq mille ans et pourtant, elle est toujours un sujet de réflexion et de discussion. Quelle importance a-t-elle donc aujourd'hui ? Le champ de bataille de Kurukshetra est une métaphore du mental. Amma dit : « La guerre la plus féroce est celle qui se déroule dans notre mental. Si nous gagnons cette bataille, rien ne pourra plus jamais nous vaincre ». D'un côté sont déployées les forces inférieures en nombre des pensées vertueuses et de l'autre, les forces bien supérieures en nombre des pensées non-vertueuses. L'Arjuna en nous sera tôt ou tard déprimé, c'est inévitable, et il aura envie d'abandonner.

Heureusement, le même *Paramatma* (la Conscience suprême) qui prit alors la forme du Seigneur Krishna s'est incarné sous la forme de la Mère de l'Univers. Cet avatar d'amour et de compassion est avec nous pour nous aider à gagner la bataille contre notre nature inférieure.

Le Seigneur Krishna dit à Arjuna :

ashocyananvashocastvam prajnavadamshca bhashase
gatasunagatasumshca nanushocanti panditah

Tu t'affliges pour ceux sur lesquels il est inutile de pleurer, bien que tu parles en apparence comme une personne sage. Le sage ne pleure ni sur les vivants ni sur les morts. (*Bhagavad Gita*, 2.11)

Un *jnani* (celui qui connaît la vérité) est toujours dans l'équanimité ; il n'est attaché à rien. Voyez le vaste ciel, il contient tout : l'air, les nuages, le Soleil, la Lune, les étoiles, les galaxies, etc., mais il n'est attaché à rien. Nous nous méprenons souvent et confondons le détachement avec l'indifférence. Ce que j'ai appris d'Amma, c'est que le détachement est un état d'équilibre intérieur : c'est une équanimité totale. Nous ne voyons cet état de détachement que chez les *mahatmas* (les êtres spirituellement éveillés) comme Amma. Elle étreint tous ceux qui l'approchent et répand sur chacun son amour et sa compassion, sans avoir la moindre attente. Son seul souci est d'élever les consciences.

Cela me rappelle une histoire que raconte Amma au sujet du détachement. Un cheval fort et magnifique entra un jour dans l'écurie d'un éleveur de chevaux. Nul ne savait d'où il venait. Quand les voisins l'apprirent, ils vinrent féliciter l'éleveur en lui disant qu'il avait beaucoup de chance. L'éleveur ne dit rien, il se contenta de sourire. Quelques jours plus tard, le cheval disparut. Les voisins exprimèrent leur tristesse devant cette perte. L'éleveur sourit simplement, sans rien dire.

Une semaine plus tard, le même cheval revint avec quelques autres, tous forts et magnifiques. Les voisins congratulèrent l'éleveur : « Comme vous avez de la chance ! Maintenant, vous avez beaucoup de chevaux ! ».

L'éleveur sourit mais garda le silence.

Quelques jours passèrent. Son fils unique monta un des nouveaux chevaux. Il tomba et se cassa les bras et les jambes. Les voisins exprimèrent leur sympathie : « Comme c'est malheureux ! Hélas ! Votre fils unique s'est gravement blessé ! ».

Cette fois, l'éleveur dit : « Mon fils est tombé de cheval et s'est cassé les membres. C'est la vérité. Le temps dira si c'est un bonheur ou un malheur ».

Une semaine plus tard, des soldats arrivèrent dans le village et enrôlèrent tous les jeunes hommes valides dans l'armée car le royaume avait été attaqué par des ennemis. Les voisins commentèrent : « Quelle chance a l'éleveur de chevaux ! Seul son fils a échappé à l'enrôlement ».

Ainsi va la vie. Elle est pleine de joies et de chagrins inattendus, de bonheurs et de malheurs. Notre mental est comme celui de ces villageois, il interprète sans cesse. Amma s'efforce de nous rendre pareils à l'éleveur de chevaux : calmes et sages. Elle souligne que la plupart des gens ont tendance à osciller entre les extrêmes : ils montent au ciel comme un oiseau quand ils sont ravis et ils sombrent comme une pierre quand ils sont abattus.

Comme les sept couleurs de la lumière du Soleil, la Conscience inclut sept vertus : l'amour, la paix, la connaissance, la force, la joie, la pureté et la tranquillité. Nous faisons toutefois l'erreur d'imaginer que l'amour, la paix et la joie résident dans les objets et les gens, alors qu'en réalité, ils sont à l'intérieur de nous.

Amma dit que nous devrions être des *tantedi*. Ce mot désigne généralement en malayalam une personne hardie et d'intrépide. Mais Amma en donne la définition suivante : *tante idattil irikkuka* (celui qui demeure en lui-même). Un bhajan qu'Amma chante souvent explique de quelle manière :

> *ullatonnum ullilallatilla mattengum*
> *atu kanditanay ullinullil cellanam nammal*

Ce qui existe réellement est en nous. Pour voir Cela, il faut se tourner vers l'intérieur.

Dans la *Bhagavad Gita*, le Seigneur Krishna dit à Arjuna qui s'afflige que tous ceux sur lesquels il pleure ne sont pas leur corps éphémère mais la Conscience éternelle. La plus grande partie de nos souffrances a trait à des choses éphémères. La séparation d'avec Amma aussi nous fait souffrir. Quand j'ai été envoyée à Tanur pour y faire du seva à l'école Amrita Vidyalayam (AV), je suis allée au darshan. Chaque fois que je vais au darshan, je note des phrases sur un bout de papier. Ce jour-là, j'avais écrit : « Amma, je veux toujours te voir comme maintenant. Même quand je serai à Tanur. Amma, s'il te plaît viens avec moi ! ».

Amma a lu la note et a ri. Puis elle a dit : « Embrasse les piliers et les cocotiers là-bas, appelle Amma. Moi aussi, je faisais cela ». Alors, chérissant ces paroles, je suis partie joyeusement pour Tanur. Une fois à l'école, j'ai regardé chaque cocotier. Je me suis dit : « Si j'embrasse les arbres maintenant, que vont penser les enfants, les professeurs et les parents ? Ils vont peut-être s'interroger : « Mais qu'arrive-t-il à notre directrice ? Elle était normale jusqu'à hier ». Alors j'ai pensé : « Pas maintenant », et je suis allée dans ma chambre.

Ce soir-là, je suis allée sur la véranda comme d'habitude pour faire mon *japa* (répétition du mantra). Tout le monde était parti et j'étais seule. Après mon *japa*, j'ai bien regardé les piliers. Puis j'ai couru vers eux et je les ai serrés très fort, en appelant tout haut : « Amma ! Amma ! ».

Les arêtes des piliers appuyaient douloureusement sur mon corps. Je ne sentais pas la douceur, la fraîcheur ou le parfum du corps d'Amma, ni la béatitude que nous éprouvons quand elle nous embrasse. J'ai pensé : « Amma s'est moquée de moi ». Puis j'ai marché lentement jusqu'à ma chambre. Plus tard, j'ai réfléchi : « Amma ne dit rien qui soit dépourvu de sens. C'est à cause de ma compréhension limitée que je n'ai pas réussi à comprendre ses paroles ».

Dans la *Bhagavad Gita*, le Seigneur Krishna dit :

raso'hamapsu kaunteya prabhasmi shashisuryayoh
pranavah sarvavedeshu shabdah khe paurusham nrshu

Ô Arjuna, je suis le goût de l'eau, le rayonnement du
Soleil et de la Lune, la syllabe Om dans les Védas, le son
dans l'éther et la virilité chez les hommes. (7.8)

Amma m'encourageait peut-être à la voir comme la quintessence
de toute chose. Un autre élément important de son enseignement,
sur lequel elle insiste toujours, c'est *shraddha* (la vigilance). Mais
la vérité, c'est que nous avons beau être vigilants, les actions
des autres peuvent créer des problèmes dans notre vie. Pour
illustrer cela, Amma donne l'exemple de quelqu'un qui conduit
prudemment : si un autre chauffeur manque de vigilance et
provoque un accident, il peut malgré tout être blessé.

Cela me rappelle un incident qui s'est produit en 2010 à
l'école AV de Tanur. Le fils d'un professeur qui enseignait depuis
longtemps dans notre école a passé les examens de fin de Seconde,
puis il a demandé à être admis en Première et en Terminale.
Quand le certificat de fin de Seconde est arrivé, nous avons vu
qu'il y avait une erreur dans sa date de naissance. L'employée qui
avait rentré les données en ligne avait fait une erreur. Pour rectifier
cette erreur, il fallait contacter le bureau du CBSE (Central Board
of Secondary Education) à Chennai, et la correction exigeait
beaucoup de temps.

Prise par mon travail, j'ai oublié de suivre cette affaire. L'élève
a passé avec succès les examens de Terminale et ceux d'entrée
à l'université. Il a été admis dans une école d'ingénieur en
informatique proche de chez lui. Mais comme son certificat de
fin de Seconde n'était pas en règle, l'université ne lui a accordé
qu'une admission provisoire : il devait leur fournir le certificat

correct dans un délai de deux semaines, sinon son admission serait annulée.

J'étais très inquiète. La directrice de l'école AV d'Ernakulam, Swamini Bhaktipriyamrita, m'a beaucoup aidée. Elle a demandé à la directrice de l'école AV de Chennai d'aller au bureau du CBSE et de vérifier si la correction avait été effectuée. Elle a de plus réussi à obtenir le numéro du secrétaire du CBSE, qu'elle m'a transmis. Je l'appelais tous les jours. Au bout de quelques jours, il s'est fâché et m'a dit qu'il n'aimait pas être importuné constamment (surtout sur son téléphone personnel). Dix jours passèrent. Le onzième jour était un samedi. La mère de l'élève est venue m'avertir que son mari était en colère. Elle m'a dit qu'il avait servi dans l'armée et qu'il lui reprochait d'avoir gâché l'avenir de leur fils en l'inscrivant à Amrita Vidyalayam. Je n'ai rien dit ; j'ai regardé la photo d'Amma en la suppliant intérieurement de m'aider. Le lendemain était un dimanche. J'ai prié Amma toute la journée : « Ô Amma, la réputation de l'école est en jeu. Les gens diront que nous avons ruiné l'avenir de ce garçon par notre négligence. Amma, c'est un bon garçon. S'il te plaît, aide-le ».

Le lundi, quand le facteur est arrivé, j'ai couru… mais il n'y avait rien. Ce soir-là, la mère du garçon est venue me voir et m'a dit : « Mon mari viendra demain. Madame, ne m'en veuillez pas s'il vous parle durement ».

L'image d'un soldat ivre avec une moustache en guidon a surgi dans mon mental. J'avais si peur que je n'en ai pas dormi de la nuit.

Mardi matin est arrivé. Je me suis dit : « S'il ne reçoit pas le certificat aujourd'hui, son admission sera annulée demain ». J'ai décidé d'appeler le secrétaire du CBSE. Puisque tout était perdu, peu importait qu'il me crie dessus au téléphone. Avant que je puisse dire un mot, il m'a dit : « Madame, j'ai envoyé le certificat corrigé. Vous l'aurez aujourd'hui ».

Ma joie était inexprimable. J'ai couru à la salle de puja et j'ai remercié Amma à profusion. J'ai pris les dispositions nécessaires auprès de la poste pour faire envoyer le certificat au professeur aussi vite que possible.

Ce soir-là, le mari m'a appelée pour me remercier. Il m'a dit : « Madame, j'ai retrouvé la foi en Amma. C'est seulement par la grâce d'Amma que nous avons eu le certificat aujourd'hui ».

Le lendemain, il est venu à l'école avec les membres de sa famille. Ils ont offert de l'huile, des mèches, de l'encens, de gros paquets d'amandes, de pistaches et de noix de cajou, des stylos et un drap sur l'autel d'Amma.

La première semaine d'août, quand Amma est rentrée de sa tournée d'été, je suis allée au darshan avec une note et un paquet d'amandes : « Ô Amma, par ta grâce infinie, le certificat de ce garçon est arrivé à temps. Pour exprimer leur bonheur, les membres de sa famille ont apporté des amandes, des pistaches, des noix de cajou, des stylos et un drap. J'ai placé les pistaches et les noix de cajou devant ta photo pendant la puja. Après la puja, je les ai mangées. Le drap attend ton arrivée à Tanur. Ce paquet d'amandes est pour toi ! ».

Amma a lu la note tout haut et a éclaté de rire. Elle a ensuite mangé quelques amandes. Quand Amma est venue à Tanur en 2014, elle a dormi dans notre école, dans le lit où nous avions mis ce drap.

Cet incident m'a appris qu'une négligence de notre part peut avoir des conséquences sérieuses pour les autres. Dans le cas que j'ai raconté, seule la grâce d'Amma nous a sauvés.

Permettez-moi de vous raconter comment mes deux sœurs aînées et moi-même sommes entrées à l'ashram. En décembre 1986, Amma est venue donner un programme au temple Moothakunnam Siva. J'étais en classe de Quatrième. Comme j'avais des examens, je n'ai pas pu aller au temple. Une fois le programme terminé, Amma s'est rendue dans deux maisons proches de chez nous. C'est dans l'une d'elles que nous avons vu Amma pour la première fois. À notre connaissance, les membres de cette famille ne sont pas retournés voir Amma une seule fois ensuite. Nous croyons donc qu'Amma y est en fait allée pour nous voir !

Nos parents nous emmenaient voir Amma chaque fois qu'elle était à proximité de notre ville. Ils nous ont aussi acheté des photos d'Amma et de nombreuses cassettes de bhajans. Après un ou deux darshans, nous avions le désir constant de revoir Amma et nous passions de longues heures à écouter ses bhajans. Quand notre père a vu cette transformation, son attitude a changé. Il a pris les cassettes et les photos. Il nous a formellement interdit d'aller voir Amma. Alors nous sommes allées la voir à son insu.

Notre père travaillait à l'extérieur du Kérala et ne rentrait qu'une ou deux fois par an. Quand il était parti, nous harcelions notre mère pour qu'elle nous permette de voir Amma ; nous y sommes même allées sans qu'elle le sache. Il nous arrivait de dire que nous avions des cours supplémentaires ou des cours particuliers. Notre mère disait qu'elle allait rendre visite à des membres de la famille. Souvent, nous nous retrouvions dans la queue du darshan ! Nous mentions, certes, pour venir voir Amma mais malgré cela, elle nous recevait comme si elle nous avait longtemps attendues. Chaque fois, elle disait : « Mes filles sont venues ! ».

Nous avons un jour appris qu'Amma allait inaugurer le temple de l'ashram de Kaloor. Notre père étant absent, nous avons tarabusté notre mère jusqu'à ce qu'elle cède. Nous voulions manger avant de partir mais quand nous lui avons demandé quelque chose, elle a répondu : « Je ne suis pas votre mère, n'est-ce pas ? *Votre* mère vous nourrira ! ».

Alors nous nous sommes entêtées et sommes parties sans rien manger. Nous sommes arrivées à Kaloor. Le programme et le darshan terminés, Amma allait rentrer dans sa chambre. Nous avons attendu en bas. Nous pensions partir après le départ d'Amma. Nous avions affreusement faim. Soudain, Bri. Leelavati (maintenant swamini Matrupriya) est venue et nous a demandé : « Pourquoi avez-vous l'air si pâles ? Vous êtes fatiguées ? Venez, montons, il y a à manger pour nous là-haut ».

Elle nous a conduites en haut. Là, nous avons savouré un repas somptueux, avec deux sortes de pudding sucré (*payasam*) !

Quand nous sommes rentrées, nous avons annoncé triomphalement à notre mère : « Amma nous a offert un repas de fête, avec deux sortes de *payasam* ! ».

Au départ, nos parents se sont opposés à l'idée de nous voir entrer à l'ashram, mais ils ont fini par accepter.

En 2005, on a diagnostiqué chez notre mère un cancer de l'utérus au troisième stade. Pour notre père et pour notre sœur restée à la maison, c'était un coup dur et douloureux. Les médecins n'ont pas voulu opérer mais ils ont prescrit vingt-quatre séances de radiations et une chimiothérapie. Chaque fois que ma mère ou ma sœur appelait, je m'efforçais de les consoler et de leur donner confiance en leur racontant des histoires qu'Amma nous avait dites, comme par exemple celle de l'éleveur de chevaux. Je visualisais aussi Amma assise près de notre mère, lui caressant la tête et les parties du corps atteintes par le cancer. Quand j'étais triste, j'avais recours à ces visualisations et cela me soulageait.

Le traitement a commencé. Je demandais bien sûr des nouvelles de notre mère, mais je ne posais jamais de question au sujet des effets secondaires des rayons ou de la perte des cheveux, généralement inévitables. Le dernier jour du traitement, nous sommes allées la voir à l'hôpital AIMS. J'imaginais qu'elle serait dans un état pitoyable, et j'ai résolu de ne pas montrer mon chagrin.

À ma surprise, notre mère était en bonne forme. Elle n'avait pas perdu ses cheveux, les rayons n'avaient pas laissé de cicatrices !

J'ai eu le sentiment qu'Amma avait caressé ma mère pendant son traitement, exactement comme je l'avais visualisé. Plus de quinze ans ont passé et notre mère est encore en vie, en bonne santé et heureuse.

Un million de remerciements à Amma pour sa bénédiction infinie !

Pour que notre vie ait un sens, il nous faut devenir un instrument entre les mains d'Amma. Considérons les expériences amères comme l'occasion d'apprendre de précieuses leçons. Nous pouvons, certes, commettre des erreurs, mais soyons capables de les corriger et de poursuivre notre route. Et ce qui est encore plus important : ouvrons totalement notre cœur à Amma. Quelle que soit la crise à laquelle nous sommes confrontés, accrochons-nous fermement à ses pieds sacrés. Puisse Amma nous bénir tous, en nous accordant ces qualités.

14

L'abandon de soi

Br. Mukundamrita Chaitanya

La Bhagavad Gita explique succinctement comment il est possible d'accéder à la connaissance du Soi.

> *tadviddhi pranipatena pariprashnena sevaya*
> *upadekshyanti te jnanam jnaninastatva-darshinah*
>
> Sache que si tu abordes un maître avec humilité, si tu lui poses des questions et te mets à son service, ce sage qui a réalisé la vérité te l'enseignera. (4.34)

La *Mundakopanishad* indique que la connaissance du Soi contient la Totalité :

> *kasmin nu bhagavo vijnate sarvam idam vijnatam bhavati iti.*
>
> Qu'est-ce qui une fois connu, donne la connaissance de tout ? (1.1.13)

Le Seigneur Krishna affirme Lui aussi :

> *na hi jnanena sadrsham pavitramiha vidyate*
>
> En ce monde, rien ne purifie autant que la connaissance divine. (*Bhagavad Gita*, 4.38)

Le guru transmet une connaissance qui ne peut pas être enseignée. Par le silence, il/elle transmet ce que l'on ne peut pas expliquer avec des mots. Seul un disciple humble, dévoué et qui s'est totalement abandonné, peut recevoir cette connaissance. Pour l'éveiller, le disciple doit se mettre intérieurement sur la fréquence du guru.

Dans l'épopée du *Mahabharata*, voici comment Ekalavya apprend le tir à l'arc de son maître Dronacharya. Il fabrique une idole de son guru, il la vénère et réussit à maîtriser toutes les techniques et les subtilités du tir à l'arc, sans jamais avoir aucun contact avec son maître. Si nous aimons vraiment notre guru, toute la connaissance coulera en nous. Si nous sommes humbles, dévoués et purs, nous recevrons la grâce du guru. Un petit enfant s'abandonne à sa mère ; il comprend qu'il ne peut rien faire sans son aide. Le guru brise l'idée fausse que nous pouvons accomplir certaines choses par nos seuls talents. Il /elle nous aide à comprendre que nous ne pouvons rien accomplir par notre seule volonté.

On peut enseigner et apprendre tout ce concerne le monde extérieur. Mais seul un guru peut accorder la connaissance de l'Éternel. Le guru fait cela en silence ; le disciple comprend ses enseignements en les contemplant et en méditant longuement.

On interrogea un jour un maître spirituel au sujet de sa famille, et il répondit :

> *satyam mata pita jnanam dharmo bhrata daya sakha*
> *shantih patni kshama putrah shadete mama bandhavah*

La vérité (*satya*) est ma mère, le savoir ultime (*jnana*) est mon père, le respect de la loi divine (*dharma*) est mon frère, la miséricorde (*daya*) est mon amie, la tranquillité (la paix) (*shanti*) est mon épouse et le pardon (*kshama*) mon fils. Tels sont les six membres de ma famille qui me sont proches et que je chéris.

Ce sont aussi les qualités que doit cultiver un chercheur spirituel. La connaissance divine ne s'éveille que dans le cœur des justes. Le disciple doit être suffisamment humble pour que la rivière de la connaissance qui s'écoule du guru parvienne jusqu'à lui. Plus que les prosternations physiques, ce qui importe, c'est l'état du mental du disciple. C'est la réelle offrande aux pieds du guru.

Le disciple peut puiser à la sagesse du guru en posant des questions avec humilité. Le guru comprend l'état du mental du disciple à partir de la question. Il/elle peut ensuite éliminer les négativités du disciple et le guider sur le bon chemin. C'est pour cette raison que les Écritures de l'Hindouisme sont généralement sous la forme de dialogues entre le Maître et le disciple. Peu à peu, le disciple accède au niveau du guru.

Il y a des années, un jeune ingénieur a demandé à Amma : « Dieu existe-t-Il ? ».

Amma a répondu : « Cela revient à demander en utilisant sa propre langue si la langue existe. Fils, que cherches-tu ? ».

Le jeune homme a répondu : « Si Dieu existe, je suis tellement en colère contre Lui que je veux Le tuer ! ».

« Pourquoi ? », a demandé Amma.

« En ce monde, des millions de gens souffrent de maladie et de la misère tandis que d'autres sont riches et en bonne santé. Tout être de la création est la nourriture d'un autre dans la chaîne alimentaire. Que le monde est cruel ! Je suis si en colère contre Dieu, dont la création est si cruelle, que je veux Le tuer ! »

Amma a répondu : « Amma t'aime beaucoup. Tu n'es pas en colère contre Dieu pour des raisons égoïstes mais par compassion pour les autres. Dieu ne punit personne. C'est nous qui nous punissons nous-mêmes. Ce sont nos mauvaises pensées et nos mauvaises actions qui nous reviennent sous la forme de mauvais karma. Toute action provoque une réaction équivalente ».

La question suivante du jeune homme a été : « Est-ce que vous êtes Dieu ? ».

Amma a répondu : « Je ne suis qu'une fille folle ! Si je suis ici, c'est que personne ne m'a mise en prison. Amma ne dit pas qu'il faut croire en Dieu ou en Amma. Il suffit que tu aies foi en toi-même ».

Comme un arbre est latent dans une graine, la conscience divine est présente en tout objet de l'univers, animé ou inanimé. Grâce à la connaissance, aux prières, aux actions et aux pensées justes, nous pouvons élever notre conscience jusqu'au plan de la conscience divine. Par la *sadhana* (les pratiques spirituelles) et avec la grâce du guru, nous pouvons éveiller nos qualités divines. Dieu s'incarne pour nous aider à le faire.

Quand le jeune homme qui avait posé les questions s'est rendu compte qu'Amma était la personnification de vertus divines infinies, il est entré à l'ashram. Plus tard, ce jeune homme est devenu Swami Purnamritananda Puri.

Le seva, ce n'est pas simplement le travail physique. Servir réellement le maître signifie vivre selon ses enseignements et s'efforcer sincèrement de changer.

Après avoir atteint l'éveil, le Bouddha eut de nombreux disciples, parmi lesquels beaucoup de gens de sa famille. L'un d'entre eux était Ananda, son cousin. Ananda dit au Bouddha : « Seigneur, j'ai une prière ; je veux être avec toi et te servir sans cesse. Je prendrai soin de tous tes besoins ».

Le Bouddha accepta mais lui dit : « Tu ne devrais pas poser de condition à ton guru. Agir ainsi constitue un obstacle à ta croissance spirituelle ». Après cette conversation, Ananda ne quitta plus jamais le Bouddha. Par la grâce du Seigneur, de nombreux disciples réalisèrent le Soi. Ananda en fut le témoin, puisqu'il était toujours avec le Bouddha.

Un disciple âgé de dix-sept ans, qui ne vivait que depuis un an avec le Bouddha, atteignit un jour le *bhava samadhi*, un état d'extase dévotionnelle. En voyant cela, Ananda s'effondra. Il tomba aux pieds du Bouddha en pleurant. « Oh, Seigneur, ce garçon n'est arrivé que depuis an et il a atteint cet état divin. Beaucoup d'autres aussi ont atteint cet état par Ta grâce. Je ne T'ai pas quitté un instant depuis quarante-six ans. Pourquoi n'ai-je pas même reçu un avant-goût de cet état divin ? ».

Le Bouddha sourit et dit : « Cher Ananda, tu n'as fait que prendre soin de mon corps physique. Tu n'as assimilé aucun de mes enseignements. Tu me percevais comme ce corps. Tu pensais que par une sorte d'échange, on pouvait obtenir un état de conscience supérieur. Je suis parvenu à cet état par mes propres efforts et par ma quête intérieure. Toi aussi, tu peux atteindre cet état par des moyens similaires ».

Il ajouta : « Deviens ta propre lumière. Tu comprendras la vérité si tu t'abandonnes à la lumière intérieure. C'est la lumière de la connaissance. C'est la véritable nature de tous les êtres. C'est la Lumière de toutes les lumières ».

Amma a béni chacun d'entre nous en nous accordant des expériences divines à un moment ou à un autre. J'ai rencontré Amma à Kodungallur en 1988 pendant le festival du temple Brahmasthanam. Ensuite, je suis venu régulièrement à Amritapuri. En 1992, j'ai obtenu un poste de professeur à Amrita ITC (le Centre de Formation Industrielle Amrita) à Puthiyakavu. En 1995, par la grâce d'Amma, je suis entré à l'ashram. Amma m'a demandé de faire du seva à l'imprimerie. Je réparais et entretenais toutes les machines avec Br. Babu (maintenant Swami Dharmamritananda). Il s'occupait de la partie mécanique tandis que je m'occupais de la partie électrique et électronique.

Un matin, après l'archana, Br. Sreekumar (maintenant Swami Gurupadasritananda) m'a demandé d'aller immédiatement à l'imprimerie car la machine à couper était en panne. Il ne restait plus que deux jours avant la date où nous devions poster les magazines du *Matruvani* et c'était notre seule machine à couper. Quand je l'ai allumée, j'ai entendu des sons étranges qui provenaient de la carte mère. Comme cette machine avait été fabriquée et programmée au Japon, je ne savais pas vraiment comment la réparer. Si nous appelions un ingénieur professionnel, il y aurait un délai d'au moins une semaine. Et de plus, cela coûterait une somme astronomique.

J'ai passé toute la journée à chercher où était le problème, mais en vain. Le soir, tous ceux qui m'aidaient sont partis aux bhajans. Avec un sentiment d'impuissance totale, j'ai prié Amma : « Que dois-je faire, Amma ? Je n'ai pas réussi à résoudre le problème ».

Soudain, Amma est entrée à l'imprimerie ! Elle m'a demandé : « Fils, est-ce que tu es tout seul ici ? Qu'est-il arrivé à la machine ? ». J'ai tout expliqué. Elle a jeté un regard dans la machine et a dit : « Elle est pleine de poussière. » Amma a essuyé quelque chose sur la carte mère. Puis, en me tapotant doucement la poitrine, elle a dit : « Ne t'inquiète pas, fils. Essaye à nouveau. Tout ira bien ». Puis elle est partie.

Les paroles d'Amma et le contact de sa main m'ont redonné de l'énergie et de l'enthousiasme. Je suis resté assis un moment en silence. Pourquoi Amma n'avait-elle touché qu'un seul tableau alors qu'il y en avait dix-huit sur la machine ? J'ai décidé de me concentrer sur le tableau qu'Amma avait touché. Il était difficile à démonter mais j'y ai réussi tant bien que mal. Quand j'ai vérifié, j'ai vu, à ma surprise, qu'il manquait un contact sur la machine. J'ai rectifié le problème, et la machine s'est remise à fonctionner ! D'un regard, Amma avait identifié ce que je n'avais pas réussi à découvrir en huit heures de travail intense. Ce soir-là, j'ai vraiment compris à quel point les paroles d'Amma sont vraies : « Ce qui couronne nos efforts et permet de réussir, c'est la grâce divine ».

Le lendemain, je suis allé voir Amma pour lui dire que la machine fonctionnait. Elle a fait celle qui ne savait rien et m'a demandé : « Quel était le problème ? ».

J'ai répondu : « Ce qu'Amma a indiqué, c'était cela le problème ».

Amma a souri et a dit : « Je n'ai fait que regarder la machine, c'est tout ».

Si nous faisons notre travail avec sincérité, en dédiant tout ce que nous faisons à Amma, elle nous aidera toujours ; c'est la leçon que j'ai tirée de cet incident. Puisse-t-elle toujours agir à travers nous. Puisse sa grâce nous protéger tous.

15

Shraddha

Br. Kirtanamrita Chaitanya

Parmi les enseignements d'Amma, le plus marquant est peut-être *shraddha* (la conscience vigilante). Amma dit : « Soyons pleinement conscient de chaque parole que nous prononçons, de chaque action que nous accomplissons et de chacune de nos pensées. La plupart des gens passent leur vie à ruminer le passé et à s'inquiéter de l'avenir. Leur mental est dispersé. En conséquence, incapables de concentrer leur attention sur ce qu'ils font, ils finissent par échouer au lieu de réussir ce qu'ils entreprennent ».

Amma raconte souvent comment, dans son enfance, sa mère Damayanti Amma lui enseignait la discipline : « Quand je vannais le riz, Damayanti-Amma n'acceptait pas qu'un seul grain tombe du panier. Elle disait toujours que nous devions honorer les efforts du fermier ».

Une des directives données par Amma est que les gros pots de la cuisine devraient être si bien nettoyés qu'on puisse voir son reflet dedans, comme dans un miroir. Telles sont la vigilance et la minutie dont nous devrions faire preuve dans chacune de nos actions.

Shraddha désigne aussi la foi, surtout la foi dans le guru et ses paroles. Le Seigneur Krishna dit :

shraddhavan labhate jnanam tatparah samyatendriyah
jnanam labdhva param shantim acirenadhigacchati

Celui qui possède une foi totale, la dévotion et le contrôle des sens, parvient à la Connaissance. L'ayant obtenue, il atteint bientôt la paix éternelle. (*Bhagavad Gita*, 4.39)

Ce verset souligne trois qualités nécessaires pour progresser dans la vie spirituelle : *shraddha* (la foi), *tatparah* (la dévotion) et *indriya samyamana* (le contrôle des sens). Dans son œuvre *Vivekachudamani* (*Le pur joyau du discernement*), Sri Shankaracharya définit *shraddha* ainsi :

> *shastrasya guruvakyasya satyabuddhyavadharanam*
> *sa shraddha kathita sadbhiryaya vastupalabhyate*

> *Shraddha* est la conviction que les enseignements des Écritures et du guru sont vrais. C'est par ce moyen qu'on peut connaître la Réalité. (25)

Pour apprendre quoi que ce soit, il faut un professeur. Cela vaut également pour la vie spirituelle. Celui qui connaît la vérité ultime est un *jnani*. Celui qui guide un chercheur vers cette vérité est un guru. *Gu* représente les ténèbres et *ru* représente la lumière. Le guru balaye les ténèbres de l'ignorance et nous guide vers la lumière de la sagesse.

Un disciple vient un jour voir un guru et lui demande comment trouver Dieu. Le guru lui dit : « Je vais te montrer comment. Je vais dessiner le portrait de quelqu'un. Si tu peux trouver la personne représentée dans le dessin, tu pourras voir Dieu en elle ».

Le guru dessine un portrait et le donne au disciple, qui cherche cette personne en de nombreux endroits. N'ayant pas réussi à la trouver, il retourne voir le guru et lui avoue son échec. Le guru fait un autre dessin qu'il donne au disciple ; celui-ci part de nouveau en quête de la personne. Cette fois encore, il échoue. Cela se répète de nombreuses fois. Finalement, le disciple en a assez et dit : « Ô guru, je n'ai trouvé aucune des personnes que vous avez dessiné. Vous m'avez joué un tour ! Je désire vraiment voir Dieu. Je vous en prie, dites-moi comment ».

Alors le guru lui dit : « Très bien, je vais te le dire. Assieds-toi là ».

Le guru dessine un portrait du disciple. En le voyant, le disciple s'exclame : « Mais c'est moi ! ».

Le guru répond : « Oui. Dieu, que tu recherches, demeure en toi. Il te suffit d'en prendre conscience, de le réaliser ».

Quand nous sommes malades, nous consultons un médecin et prenons les médicaments qu'il prescrit. C'est en ayant foi en son docteur et en lui obéissant, en prenant les remèdes prescrits, que l'on guérit. Ainsi, pour guérir de *bhava roga*, la maladie qui nous lie à ce monde, il faut avoir recours à un guru et lui obéir. La foi dans le guru nous amène à la lumière de la sagesse.

Selon le Seigneur Krishna, il existe trois sortes de *shraddha* :

trividha bhavati shraddha dehinam sa svabhavaja
sattviki rajasi caiva tamasi ceti tam shrnu

Tout être humain naît avec la foi, qui est de trois sortes : *sattvique* (pure), *rajasique* (passionnée) et *tamasique* (faible, terne). (*Bhagavad Gita*, 17.2)

C'est la foi sattvique qui mène à Dieu. Le développement de cette foi correspond à une évolution. Amma le mentionne dans le chant « *Oru nimisham enkilum : krimiyay puzhuvay izhayunna jantukkal palatay paravakal mrgavumayi...* » : « ayant évolué à travers différentes formes comme les vers, les reptiles, les oiseaux et les autres animaux... ».

Une vie humaine, la crème de la crème de l'évolution, n'a pas de prix. Alors que tous les autres êtres vivants vivent selon leurs tendances primaires, seuls les êtres humains possèdent la faculté de discerner. Nous seuls sommes capables de discerner entre la vertu (qui donne *punya*) et le vice (*papa*). La transition de l'humain au Divin exige que nous traversions l'océan du *samsara* (tout ce qui nous lie à ce monde terrestre). Livrés à nous-mêmes, nous sombrerions. Mais il existe un bateau qui peut nous faire traverser. Il suffit de monter dans ce bateau et d'y rester tranquillement assis. La batelière, c'est notre guru, et elle nous fera traverser.

Un jour au cours d'un vol, juste avant que l'avion n'atterrisse, le temps devint soudain turbulent. Le pilote annonça : « Veuillez attacher vos ceintures ! ».

Les passagers avaient peur. L'un d'entre eux remarqua un garçon assis à côté de lui. Il regardait par la fenêtre et paraissait détendu, pas le moins du monde effrayé. Un moment après, le pilote réussit tant bien que mal à atterrir. Ce passager demanda au garçon : « Tu n'as pas eu peur ? ».

Le garçon sourit et dit : « Non, le capitaine est mon père. Je savais qu'il nous ferait atterrir en toute sécurité, sans me causer le moindre mal ».

Nous devrions être comme ce garçon et avoir la foi que notre guru prendra soin de nous, quel que soit le problème. Si nous avons cette attitude, nous n'aurons jamais peur, nous ne faiblirons jamais, quelles que soient les circonstances.

Pendant un concert, le chanteur vérifie sa *shruti* (tonalité) avec une *tambura* (instrument à cordes indien). Ainsi, ce qui apporte l'harmonie dans la vie d'un chercheur, c'est de se mettre au diapason des enseignements du guru et de leur obéir.

La musique m'a rapproché d'Amma. J'ai eu la grande chance de jouer des *tablas* (percussions indiennes) pour elle en de nombreuses occasions.

Un jour, alors que j'étais encore étudiant et n'étais pas encore entré à l'ashram, j'ai accompagné mon professeur de tabla au studio d'enregistrement de Maître Devarajan, un compositeur renommé. À l'époque, la technologie en était au stade où tout était enregistré en même temps, la musique orchestrale et le chant.

Si quelqu'un faisait une erreur, il fallait réenregistrer tout le chant. Il était donc vital que tout le monde soit attentif. Maître Devarajan était très exigeant et inspirait autant la crainte que le respect aux musiciens. Le résultat, c'est que la plupart des chants étaient enregistrés du premier coup. Je me rappelle encore les musiciens assis dans le studio, faisant preuve d'une *shraddha* et d'une humilité extrêmes. Beaucoup d'entre eux sont ensuite devenus célèbres. Il ne fait aucun doute que leur attention et leur réceptivité les ont aidés à progresser.

J'ai reçu un entraînement similaire quand j'ai commencé à jouer des *tablas* pendant les séances d'enregistrement avec Amma. Ce sont des expériences vraiment profondes. Avant l'arrivée d'Amma, les chanteurs et les musiciens sont censés répéter le ou les chants. Puis Amma décide quel(s) chant(s) elle veut enregistrer. Il faut une concentration totale.

Pendant l'enregistrement, il arrive qu'elle veuille répéter une phrase de nombreuses fois. Personne ne peut prédire combien de fois Amma souhaite la répéter ni quand elle passera à la suivante. Souvent, c'est au dernier moment qu'elle indique le passage à la phrase suivante, et le musicien doit être prêt à faire la transition immédiatement.

Amma dit : « Je ne suis pas une chanteuse ». Mais son sens et sa connaissance de la musique sont fantastiques. Je n'ai jamais entendu aucun autre chanteur chanter en autant de langues, autant de mélodies différentes. Sa mémoire aussi est parfaite. Des années après qu'Amma ait enregistré un chant, elle est capable de le chanter parfaitement. Souvent, les autres musiciens ont oublié la mélodie, mais pas Amma. Cela démontre la *shraddha* parfaite d'Amma.

J'ai eu un jour l'occasion de rencontrer de nombreux chanteurs célèbres. Mes amis m'ont présenté comme un brahmachari qui jouait des *tablas* pour Amma. Les chanteurs étaient très curieux d'en savoir un peu plus sur les bhajans d'Amma et sur la manière dont ils étaient enregistrés.

Quand je leur ai raconté mon expérience, ils ont été très surpris car bien qu'il s'agisse de professionnels, ils répètent soigneusement avant d'enregistrer un chant. Selon eux, seule une personne dotée d'un talent et d'une vigilance extraordinaires peut apprendre et enregistrer un chant en une seule fois. Ils ont déclaré : « Amma est la déesse même de la conscience vigilante (*shraddha*) ». Quand j'ai entendu leur commentaire, j'ai ressenti une grande fierté. Je considère le fait de pouvoir jouer des *tablas* pour Amma comme une des plus grandes bénédictions de ma vie.

Mis à part le fait de jouer des *tablas*, Amma m'a aussi donné la responsabilité de gérer la cantine des étudiants du campus de Mysore de l'université Amrita. Là encore, j'ai reçu un entraînement à la vigilance. Une de mes collègues est une brahmacharini qui travaille très dur. Quand je la vois travailler, je me sens souvent coupable de ne pas travailler aussi dur. Je lui ai dit un jour : « Ma sœur, nous avons de nombreux employés. Tu n'as pas besoin de travailler aussi dur ! ». Mais elle n'a tenu aucun compte de mes paroles.

J'ai fini par en parler à Amma. Elle a répondu : « C'est une âme qui a un profond esprit de sacrifice ! ». Quand j'ai entendu cela, j'ai ressenti de la jalousie et j'ai dit à Amma : « Mais moi aussi, je travaille très dur ! ». Amma a souri et a dit : « Très bien ! Cela va t'aider à perdre du ventre ! ». Elle a ajouté : « Un brahmachari ne devrait jamais être paresseux ou négligent. Il doit être constamment attentif et vigilant ». Depuis lors, j'ai travaillé avec plus de zèle à la cuisine.

Au bout d'un certain temps, j'ai eu le sentiment que j'avais appris tout ce qu'il fallait et que je pouvais gérer les choses tout seul. Il se trouve qu'à cette période, Amma est venue donner des programmes à Kannur. Pendant que je jouais des *tablas* pour Swamiji (Swami Amritaswarupananda), j'ai reçu un message sur mon téléphone. Il y avait quelques problèmes concernant la nourriture au campus de Mysore. Quelques minutes plus tard, Amma, qui était en train de donner le darshan, m'a appelé pour me parler. Elle venait d'apprendre que les Inspecteurs de l'Hygiène allaient se rendre au campus de Mysore. Elle m'a demandé de partir immédiatement pour Mysore. J'ai dit à Amma : « Amma, j'ai peur. je ne veux pas y aller ».

Amma m'a apaisé. « Mon fils, n'aie pas peur. Sois courageux et vas-y. Vas-y juste une journée. Tu peux venir au programme suivant à Palakkad. Cette brahmacharini est toute seule ». Quand j'ai entendu ces paroles, j'ai été contrarié, en pensant qu'Amma ne se souciait que de la brahmacharini.

Je suis arrivé à Mysore tôt le lendemain matin. Trois inspecteurs du département de l'Hygiène sont venus. L'un d'entre eux a dit : « C'est l'institution d'Amma. Nous savons qu'il n'y aura pas de problème ». Mais un de ses collègues a insisté pour tout vérifier. Ils ont examiné les moindres recoins de la cuisine, sans rien trouver d'incorrect.

Ils ont fini par dire : « Nous nous excusons de vous avoir dérangés », avant de repartir. C'est alors seulement que j'ai compris ce qu'Amma voulait dire quand elle a affirmé que je pourrais venir au programme suivant.

J'ai rencontré Amma quand j'étais en classe de Troisième. Je devais participer au concours de *tabla* de la Fête des Écoles, pour y représenter le district de Calicut. Mon père était un dévot d'Amma et il m'a emmené au programme de Calicut pour recevoir sa bénédiction. Quand je suis allé au darshan, Amma m'a donné un *rava laddu* (une boule de semoule sucrée) en prasad. Quand j'ai vu qu'Amma donnait des bonbons aux autres personnes, j'ai considéré mon prasad comme une bénédiction spéciale. Cette année-là, j'ai gagné le second prix au concours de *tablas*.

Avant même d'entrer à l'université, je suis devenu joueur de tabla professionnel. J'ai été invité à jouer pour divers concerts et peu à peu, mon comportement a changé. J'ai pris de mauvaises habitudes. Comme ils voulaient que je m'en libère, mes parents m'ont envoyé à Mysore aider mon frère aîné dans ses affaires. Nous nous sommes inscrits tous les deux en vue d'obtenir un diplôme universitaire. À l'université, j'ai rencontré de nombreux musiciens et j'ai donné des concerts avec eux. Très vite, j'ai repris mes mauvaises habitudes.

C'est à ce moment-là que j'ai été invité à jouer des *tablas* pour un programme au Sri Ramakrishna Math. Là, j'ai appris ce qu'étaient les *mahatmas* (êtres éveillés spirituellement), les gurus et les sannyasins. J'avais certes rencontré Amma, mais je ne savais pas grand-chose d'elle ni de son ashram. Peu à peu, je suis devenu un familier des moines du Ramakrishna Math. Grâce à leur influence, mes mauvaises habitudes ont disparu une à une.

Un jour, je traversais la ville quand j'ai vu un poster qui annonçait la venue d'Amma à Mysore. Je me suis rappelé mon darshan précédent et j'ai décidé d'aller la voir. Quand je suis allé au darshan, j'ai été fasciné et j'ai su qu'elle était mon guru. J'ai ensuite régulièrement fréquenté l'ashram de Mysore. Et je me suis rendu fréquemment à Amritapuri.

C'est pendant cette période que j'ai été pris d'une fièvre continuelle. J'ai eu beau consulter de nombreux médecins, mon état ne s'est pas amélioré, au contraire, il a empiré. J'en ai parlé à Amma qui m'a demandé d'aller aussitôt à l'hôpital AIMS. Là, les médecins ont découvert que le problème venait de mes poumons et découlait de mes addictions nocives passées. Les médecins m'ont conseillé d'opérer immédiatement.

Malheureusement, je n'avais pas assez d'argent pour payer l'opération. L'ashram d'Amma à Mysore a promis de m'aider à obtenir une réduction de la part d'AIMS. Entretemps, je suis retourné à Amritapuri pour le darshan d'Amma. J'ai remarqué à ce moment-là qu'elle parlait à deux brahmacharinis mais je n'ai pas entendu ce qu'elle leur disait. Après mon départ d'Amritapuri, je suis rentré chez moi pour essayer d'emprunter à des amis et à de la famille pour payer l'opération car mes parents n'avaient pas assez d'argent. Mes parents m'ont consolé en m'assurant qu'Amma ne manquerait pas de m'aider.

Un de mes amis a promis de payer toutes mes dépenses. Mais connaissant ma nature, il préférait ne pas me donner d'argent et payer l'hôpital directement. J'ai été admis à AIMS et l'opération a réussi. Le jour de ma sortie de l'hôpital, mon ami était avec moi et on lui a demandé de contacter le département *Patient Services* (Service Social). Bri. Rahana, la responsable du service, lui a demandé pourquoi nous ne les avions pas informés de mon opération. Elle lui a dit qu'Amma lui avait personnellement donné la consigne de ne pas demander une roupie pour l'opération. Surpris, mon ami s'est précipité pour m'informer des instructions d'Amma.

Quand j'ai appris cela, je n'ai pas pu maîtriser mon émotion. Je me suis mis à sangloter. Les infirmières ont entendu mes pleurs et sont arrivées en courant pour me demander ce qui n'allait pas. Elle m'ont dit que les malades étaient généralement heureux à leur sortie de l'hôpital. Je leur ai expliqué que j'avais été si touché par la compassion d'Amma que je n'avais pas pu m'empêcher de pleurer. J'ai également compris qu'Amma avait honoré la foi que mes parents avaient en elle et leur dévotion.

Quand je suis retourné à AIMS pour une visite de contrôle, les médecins m'ont demandé quelle était ma profession. J'ai répondu que je jouais des *tablas*. Ils m'ont conseillé de réduire ma pratique des *tablas* car cela risquait de nuire à mes poumons. Quand j'ai rapporté cela à Amma, elle m'a demandé de rester à l'ashram de Mysore et d'y continuer ma pratique des *tablas*.

Récemment, pendant un enregistrement d'*Omkara Divya Porule*, j'ai joué sans arrêt pendant plus de trois heures. Cela n'a été possible que par la grâce d'Amma. J'ai compris peu à peu, grâce à des expériences répétées, l'importance du guru. Puisse la grâce d'Amma nous aider à progresser sur la voie spirituelle.

16

L'équanimité

Bri. Ameyamrita Chaitanya

Qu'est-ce que le yoga ? C'est ce qui unit.

Quelle est la différence entre des exercices physiques ordinaires et le *hatha yoga* ? D'un point de vue extérieur, le *hatha yoga* est considéré comme un ensemble de postures. Mais la différence majeure entre le yoga et les autres formes d'exercice, c'est que le but du yoga est d'élever le mental à un état de conscience totale, en harmonisant les mouvements physiques et les mouvements de la respiration. Donc, au niveau le plus grossier, le yoga est l'union du mental, du corps et du *prana* (le souffle vital).

Il existe d'autres définitions du yoga. La *Bhagavad Gita* nous en propose plusieurs. L'une d'entre elles se trouve dans le verset suivant :

> *yogasthah kuru karmani sangam tyaktva dhananjaya*
> *siddhyasiddhyoh samo bhutva samatvam yoga ucyate*
>
> Ô Arjuna, établi dans le yoga, agis sans attachement, accueillant le succès et l'échec avec équanimité. Il est dit que l'équanimité est le yoga. (2.48)

Ici, le yoga est défini comme l'équanimité.

Qu'est-ce donc que le *karma yoga* ? Toute action est *karma*. Quand le karma unit celui qui agit à Dieu, le *karma* devient du *karma yoga*. C'est ce qu'explique le Seigneur Krishna dans la *Bhagavad Gita*.

Pour citer les propres paroles d'Amma : « Il fut une époque où les gens parsemaient mon chemin d'épines. Maintenant, ils me jettent des fleurs. Dans toutes les situations, je demeure Cela. J'ai toujours été unie à l'Un ».

« Ne faire qu'un avec l'Un… » seuls les *mahatmas* (les âmes spirituellement éveillées) comme Amma demeurent constamment dans cet état suprême de yoga.

Le Seigneur Sri Krishna explique à Arjuna comment il faut agir et quelle attitude avoir envers l'action et envers ses fruits. Il insiste sur le détachement (*sangam tyaktva*) et sur une attitude d'équanimité par rapport au succès et à l'échec (*siddhyasiddhyoh samo bhutva*).

Amma explique le même principe de manière simple mais très pragmatique :
- Le travail est adoration.
- Dites oui à la vie.
- Vivez dans le présent.
- Allez de l'avant en ayant confiance en votre Soi.
- Le bonheur est une décision.
- Tout est la volonté de Dieu.
- L'effort et la grâce sont tous les deux importants.
- Celui qui devient un zéro devient un héros.

Nous avons d'innombrables occasions de pratiquer *samatva* (l'équanimité), surtout en présence d'un maître comme Amma. Le *seva* donné par Amma joue un rôle vital pour nous amener à l'équanimité et à l'abandon de soi. Finalement, ils se produisent par sa grâce.

Quand je suis entrée à l'ashram, je rêvais de vivre auprès d'Amma. Mais au bout d'un mois seulement, on m'a demandé d'enseigner à l'école Amrita Vidyalayam. J'ai obéi, bien qu'à contrecœur. Mais j'avais foi qu'Amma serait toujours avec moi.

Trois années passèrent ainsi. Un jour, on me demanda de prendre la direction de l'école Amrita Vidyalayam de Trivandrum. Je n'ai pas eu d'autre choix que d'obéir aux paroles d'Amma et d'accepter la situation.

J'apprends encore à obéir et à accepter. Pour acquérir une acceptation et un abandon de soi réels, il faut renoncer à ses choix personnels (j'aime/je n'aime pas). Ce n'est pas facile. Mais Amma nous met dans des situations où nous apprenons à y renoncer et à nous concentrer sur le fait d'obéir et de faire ce qui lui plaît.

Amma dit : « L'ego est la cause des désirs et des attentes ». L'ego nous fait penser : « Je suis celui qui agit ». Il nous fait aussi espérer que le fruit de nos efforts sera à notre convenance. S'il ne l'est pas, nous estimons qu'il s'agit d'un échec et nous sommes contrariés. On ne peut agir avec un détachement total et sans se soucier du résultat qu'en l'absence d'ego. Seuls les *mahatmas* comme Amma sont totalement dénués d'ego. C'est pourquoi chacune de ses actions est belle et parfaite, et l'issue en est toujours favorable.

En de nombreuses occasions, Amma a prouvé qu'elle accepte toutes les situations et va de l'avant sans aucune crainte. Par exemple, après le tsunami qui a eu lieu en 2004 : dès que les besoins immédiats des survivants ont été satisfaits, Amma s'est concentrée sur le moyen de donner une maison à ceux qui avaient perdu la leur dans la catastrophe.

Au moment où la construction des maisons allait commencer, la plupart des résidents de l'ashram et de nombreux bénévoles étaient impatients d'y participer. Notre enthousiasme et notre énergie étaient sans limites. Mais Amma nous a mis en garde : « Je veux que vous me promettiez tous que quels que soient les commentaires que vous entendrez en travaillant à la construction, vous ne réagirez pas. Acceptez ces commentaires silencieusement.

Certains chanteront vos louanges et seront pleins d'amour ; quelques-uns vous critiqueront. Quoi qu'il arrive, acceptez-le en silence, faites votre devoir et revenez ».

Les paroles d'Amma montrent à quel point elle est complètement détachée du fruit de ses actions. Elle fait simplement ce qu'elle considère comme son *dharma* (devoir), elle s'y consacre à 100%, sans avoir la moindre attente.

Pour nous aider à atteindre cet état de détachement et d'équilibre intérieur, Amma nous demande d'accomplir toutes nos actions comme une adoration et d'en accepter le résultat avec *prasada buddhi*, c'est-à-dire en le considérant comme donné par le Divin.

Cela me rappelle un incident qui s'est déroulé pendant un des derniers tours du Nord de l'Inde. Pendant le premier arrêt-déjeuner, un dévot occidental a posé la question : « Amma, quelle devrait être notre attitude pendant ce tour ? Quelle est l'attitude qui te plairait ? ».

La réponse d'Amma a été précise et très belle : « Accepte toute situation comme un prasad d'Amma. Quand nous allons au temple et recevons le prasad, nous n'analysons pas la quantité, la qualité ou le goût. Nous l'acceptons simplement avec respect. Nous devrions avoir la même attitude avec les situations difficiles que nous risquons de vivre pendant ce tour ».

L'importance de ce beau message n'est pas limitée à la période d'un tour. C'est un message qui concerne la vie entière. Pour développer *prasada buddhi*, il s'agit de faire de notre travail une adoration. C'est uniquement en travaillant dans cet esprit que l'on peut développer le sentiment d'être un simple instrument entre les mains de Dieu. Cela crée en nous un sentiment de détachement envers le travail effectué et permet d'en accepter le résultat comme un cadeau de Dieu. C'est cette équanimité que le Seigneur Krishna glorifie comme étant le yoga.

Cela me rappelle un incident qui s'est produit dans le Gujarat, après le tremblement de terre de 2001. Amma s'est rendue dans le Bhuj où l'ashram avait reconstruit trois villages sévèrement touchés par la catastrophe. Elle a demandé aux villageois s'ils étaient tristes. Ils ont répondu : « Tout ce que nous avions nous avait été donné par Dieu. Maintenant, Il a tout repris. Il n'y a pas de quoi s'affliger ».

Quand Amma a entendu cette réponse, son visage s'est éclairé. C'est un exemple frappant de *prasada buddhi*.

Permettez-moi de vous raconter une expérience personnelle. Il y a quelques années, j'avais de sérieux problèmes à l'école. J'étais dans un stress énorme et je me suis précipitée pour voir Amma afin de soulager mon cœur. Mais comme cela arrive bien souvent, je n'ai pas pu dire un seul mot pendant le darshan. Amma m'a gardée un long moment dans ses bras, pendant qu'elle parlait à quelqu'un à côté d'elle. Intérieurement, je lui ai raconté tous mes problèmes. Finalement, Amma a ouvert les bras. En me regardant, elle m'a dit avec beaucoup d'amour : « Tu as besoin de muscles, pas seulement dans les mains. Tu dois aussi développer les muscles de ton cœur. Sache que tu n'es pas un faible agneau, mais un lionceau. Affronte toute situation avec une attitude positive ».

Avant le darshan, j'étais totalement bouleversée et je m'étais tournée vers Amma avec un sentiment d'impuissance. Ses paroles ont insufflé à mon cœur en détresse tant de force et d'énergie que je suis retournée à l'école avec confiance. Le lendemain même, les difficultés ont commencé à se résoudre sans que je fasse beaucoup d'efforts. Je n'avais rien dit directement à Amma ; connaissant mes pensées, elle m'a consolée et sa grâce a fait en sorte que tout s'éclaircisse.

Quand nous agissons, le plus important est notre façon d'agir et notre attitude intérieure. Cela compte plus que le résultat de l'action. Amma accomplit toute action avec amour. Amma a dit :

« On ne peut être parfaitement concentré que si l'on aime ce que l'on fait ». Swami Ramakrishnananda a un jour demandé à Amma comment il lui était possible d'être toujours heureuse. Amma a répondu que tout ce qu'elle faisait, elle le faisait avec joie et de tout son être. Et comme elle n'est pas attachée au résultat de ses actions, elle est toujours heureuse.

Ce n'est peut-être pas possible pour des êtres humains ordinaires tels que nous. C'est pourquoi Amma nous enseigne à célébrer nos échecs. Elle raconte souvent un événement qui a eu lieu pendant les Jeux Olympiques, il y a plusieurs années. C'était la dernière épreuve : un marathon. Au milieu de la course, l'athlète qui représentait l'Éthiopie est tombé et s'est sérieusement blessé la jambe. Les autres athlètes ont continué à courir. Quand ils sont arrivés dans le stade, tout le monde les a applaudis. Bien longtemps après que le vainqueur eût franchi la ligne d'arrivée, tout le monde fut surpris de voir cet athlète éthiopien entrer dans le stade en boitant. La jambe bandée, il a couru lentement jusqu'à la ligne d'arrivée. Pendant qu'il courait, la foule debout lui a fait une ovation, comme s'il avait été le gagnant.

Les journalistes l'ont interviewé et lui ont demandé : « N'était-il pas insensé de vous infliger cette souffrance inutile, sachant que vous ne pouviez pas gagner ? ».

L'athlète a répondu : « Mon pays m'a envoyé ici non seulement pour que je participe à la course mais aussi pour que je la termine ».

Nous aussi connaîtrons peut-être des échecs, mais ne nous décourageons pas. Concentrons-nous sur notre but.

Pendant le darshan, Amma nous dit souvent : « Mes enfants, soyez heureux ». Elle nous demande parfois : « Tu es heureux/heureuse ? ». Elle dit souvent que le bonheur est une décision. Que nous riions ou que nous pleurions, le temps passe. Alors pourquoi ne pas choisir de rire et d'être heureux au lieu de pleurer ? Donc, quand Amma demande si on est heureux, elle nous dit de choisir le bonheur et de l'entretenir constamment. Pour être toujours heureux, il faut être capable d'accepter le succès et l'échec, la douleur et le plaisir, avec équanimité.

Un journaliste interviewait un homme d'affaires qui avait réussi. Il lui a demandé : « Quel est le secret de votre réussite ? ».

L'homme d'affaires a répondu en deux mots : « Les bonnes décisions ».

« Comment prenez-vous les bonnes décisions ? »

« Grâce à l'expérience. »

« Comment avez-vous acquis cette expérience ? »

« En prenant de mauvaises décisions. »

Tout dépend donc de la manière dont nous acceptons les situations, les comprenons et nous y abandonnons. Amma l'exprime par une très belle image : quand nous voyons un bouton de fleur, nous ne percevons pas qu'il s'agit de la dernière étape avant celle de la fleur. À l'intérieur du bouton règne l'obscurité, mais à partir de cette obscurité, il s'épanouit lentement vers la lumière.

Faisons donc l'effort juste en gardant confiance en notre Soi. Si nous agissons ainsi, nous finirons par réaliser notre véritable Soi. Si notre mental est rempli de la lumière de l'amour d'Amma, toutes les expériences, bonnes ou mauvaises, nous apporteront la joie. Nous pourrons célébrer non seulement nos succès, mais aussi nos échecs.

Par la grâce d'Amma, puissions-nous accomplir nos devoirs avec discernement et équanimité.

17

Le voyage de toute une vie

Swamini Samadamrita Prana

J'étais une enfant comme toutes les autres enfants de Mumbai : studieuse, ambitieuse et aimant s'amuser. En 1989, on emmena les enfants de mon quartier voir une sainte Mère (Mataji) du Kérala qui prenait les gens dans ses bras et distribuait des bonbons. J'ai regardé Amma chanter des bhajans mais je suis partie avant la fin du programme. Ma mère a acheté la biographie d'Amma, des livres contenant ses enseignements et elle a raconté les expériences de dévots à ses deux enfants : mon frère et moi.

Je me suis vite intéressée à Amma et je suis donc allée à tous les programmes. J'étais également attirée par les personnalités sereines des disciples d'Amma. Je ne désirais plus devenir médecin, je voulais devenir comme ces disciples. J'ai commencé à faire des pratiques spirituelles, à lire les livres d'Amma et à mettre ses enseignements en pratique. Mes camarades d'école ont remarqué le changement qui s'était produit en moi. Une amie d'autrefois m'a récemment rappelé que je récitais mon mantra pendant les 45 minutes que durait notre marche pour aller à l'école, et que je parlais uniquement d'Amma. Elle m'a dit qu'à l'époque, elle admirait ma concentration. Voilà à quel point Amma peut transformer une vie ordinaire.

Quand j'ai demandé à Amma si je pouvais entrer à l'ashram, elle m'a répondu qu'il fallait d'abord que je termine ma scolarité. Elle m'a dit que pour servir le monde, il fallait être correctement équipé. « Je peux trouver des milliers de gens pour balayer.

La société juge une personne à la mesure de ses qualifications académiques. Elle n'accorde aucune reconnaissance à quelqu'un qui n'a pas d'éducation, alors qu'elle respecte les gens diplômés, les docteurs, les ingénieurs ».

Deux ans plus tard, après la Terminale, Amma m'a permis d'entrer à l'ashram. C'était en 1991. Mais elle m'a dit de m'inscrire dans une université proche de l'ashram. J'ai accepté. Je ne désirais qu'une chose : être avec Amma. Aller à l'université n'était qu'une excuse pour être avec Amma, faire une *sadhana* et du seva.

Il y avait différentes sortes de seva : charrier du sable, de la bouse de vache, vider la fosse septique, nettoyer les toilettes, transporter du bois, des briques, seva à la cuisine, vaisselle, balayage… nous allions à l'université, faisions nos devoirs et ensuite notre seva et notre sadhana. Nous participions aux activités de l'ashram jusque tard dans la nuit et partions le lendemain à l'université sans avoir beaucoup dormi.

Amma a un jour découvert de nombreux objets inutilisés derrière le *kalari*.[5] Elle s'est mise à nettoyer l'endroit. Nous l'avons aidée. Je me suis soudain trouvée face à face avec Amma, qui a déclaré : « Demain, il faudra que vous soyez des mères ». Puis elle a entamé un discours sur *shraddha* (la foi et la vigilance) et sur son importance dans la vie spirituelle.

Quand j'ai entendu Amma dire que nous serions demain des mères, j'ai eu un choc. Amma voulait-elle dire que j'allais me marier et avoir des enfants ? La peur s'est emparée de moi ! Lisant dans mes pensées, Amma a dit : « Quand j'ai dit « mère », je ne voulais pas dire que tu allais te marier, avoir des enfants et devenir mère. Vous allez devenir des mères du monde ».

Amma m'a donné la permission de m'asseoir derrière elle pendant le darshan et d'étudier. De cette manière, je pouvais

---

[5]   Petit temple ancestral où Amma donnait les darshans de Dévi *Bhava* et de Krishna *Bhava*.

étudier et en même temps être avec Amma. En fait, les études ne m'intéressaient pas du tout. Les cours à l'université étaient en malayalam, une langue que je ne comprenais pas ; je ne suis pas une Malayalie, ma langue maternelle est le tamoul. Je m'asseyais au dernier rang, mettais la photo d'Amma sur le bureau, récitais mon mantra et je méditais les yeux ouverts, en regardant la photo d'Amma. Un jour, le professeur s'est trouvé à côté de moi. Je ne m'étais même pas rendu compte de sa présence. En voyant ce que je faisais, il m'a crié dessus.

J'ai raté trois examens lors de ma première année d'université. C'était la première fois de ma vie que j'échouais à un examen. Je suis allée voir Amma ; elle portait un sac de sable sur le dos. Elle m'a demandé : « Comment se sont passé tes examens ? ». Je lui ai avoué que j'avais raté trois épreuves. Amma a lâché le sac de sable et m'a regardée avec colère. Elle a dit : « Le monde dira que j'ai ruiné ton avenir, il me rendra responsable. Es-tu venue ici pour m'apporter le déshonneur et la honte ? J'ai perdu foi en toi ». Elle a arrêté son seva et est rentrée dans sa chambre ! J'étais effondrée. À Mumbai, je faisais ma *sadhana*, j'assistais à toutes les rencontres de dévots, aux programmes d'Amma et par sa grâce, je passais quand même mes examens. Je n'étais à l'époque qu'une dévote, mais maintenant, je vivais avec Amma. J'aurais dû réussir. J'aurais dû recevoir davantage de sa grâce.

Je l'ignorais alors, mais la réprimande d'Amma était une forme de grâce divine. Elle s'est mise à me chasser dès qu'elle me voyait, dès qu'elle m'apercevait. J'ai cru qu'Amma ne supportait pas ma vue. Mais après m'avoir chassée, Amma disait aux autres : « Elle est très intelligente. Elle avait toujours de bonnes notes. Maintenant au lieu d'étudier, elle me suit partout. Voilà pourquoi je suis sévère avec elle ».

Alors je me suis concentrée sur mes études. J'ai mené une vie équilibrée, incluant le seva, la *sadhana*, *svadhyaya* (l'étude des Écritures) et les études universitaires. J'ai aussi pu passer du temps avec Amma. J'ai été reçue à mes examens avec des mentions correctes.

Amma m'a dit un jour : « Tu te demandes sans doute pour quoi Amma est si dure, si sévère, pourquoi elle te gronde tout le temps. Quand tu auras grandi et que tu regarderas en arrière, tu comprendras pourquoi Amma l'a fait et à quel point elle t'aime ».

Oui, c'est vrai. A l'époque, j'étais constamment malheureuse, je pensais qu'Amma ne m'aimait pas, que je n'avais pas de chance, etc. Ma seule et unique préoccupation était de trouver le moyen de gagner l'amour d'Amma.

Une fois que j'ai eu ma Licence de Commerce, Amma m'a dit de continuer mes études. Plus tard, elle a demandé à beaucoup de brahmacharinis de passer une Licence en Sciences de l'Education (*B.Ed. Bachelor of Education*). Avant les examens, Amma nous a toutes appelées dans sa chambre et a donné à chacune une mangue qui provenait du manguier adjacent à sa chambre. Nous avons toutes réussi nos examens. Nous appelons cela le *Manga B.Ed* ce qui signifie « La Licence de la Mangue ». Amma nous a donné le *jnana pazham*, le fruit de la connaissance. Son prasad nous aide maintenant à remplir sa mission, qui consiste à répandre dans la société une éducation fondée sur les valeurs universelles. La plupart d'entre nous dirigent maintenant des écoles Amrita Vidyalayam.

En 1999, je me suis fait mal au dos. Je suis restée clouée au lit pendant presque un an. Je ne pouvais même pas me lever, encore moins être avec Amma. J'ai dû arrêter de chanter avec Amma et les swamis, de faire les tours avec Amma et de faire du seva. J'étais incapable de m'asseoir pour réciter ne fût-ce que dix mantras de l'*Ashtottharam* (108 attributs d'Amma), sans même parler du *Lalita Sahasranama* (les Mille Noms de la Mère divine) pendant l'archana du matin. Je m'allongeais dans le hall pour réciter. Je me sentais coupable et je me suis interrogée : ma dévotion et mon désir de faire une *sadhana* avaient-ils diminué ? Je souffrais physiquement et mentalement, j'étais à la torture. Quand Amma est rentrée de son tour du monde, je lui ai dit, en larmes : « Amma, j'ai mal au dos... ».

Avant que j'aie pu terminer ma phrase, Amma a dit tout haut : « Ton disque est déplacé, » et elle m'a envoyée consulter un médecin à l'hôpital Nair de Kollam. Elle m'a dit que je devais subir une traction. Comme j'hésitais, Amma m'a réprimandée : « Fais ce que je te dis ! Tu ne veux pas être contrainte de te faire opérer de la colonne vertébrale, n'est-ce pas ? ». Un IRM a révélé qu'il s'agissait d'une protrusion du second degré. Si je ne faisais pas attention, je risquais d'avoir bientôt un disque déplacé. La seule solution serait alors une opération, ce qui était très risqué. Comment Amma avait-elle pu savoir tout cela sans le moindre examen, sans le rapport de l'IRM ? La réponse se trouve dans la *Bhagavad Gita* :

sarvabhutasthamatmanam sarvabhutani catmani
ikshate yogayuktatma sarvatra samadarshanah

Celui qui possède l'œil de l'esprit voit toutes choses comme égales ; il voit le Soi en tous les êtres et tous les êtres dans le Soi. (6.29)

En 2001, Amma m'a envoyée consoler les victimes du tremblement de terre du Gujarat. Dans les endroits où je me suis rendue, j'ai vu que les gens qui avaient tout perdu gardaient une attitude positive et s'accrochaient à Dieu avec foi. Telle était la force de leur abandon d'eux-mêmes. Ils ne se plaignaient pas. J'ai compris qu'Amma ne m'avait pas envoyée là-bas pour les aider, mais pour que j'apprenne une grande leçon de la vie. J'ai prié et j'ai enseigné cette prière aux gens du Gujarat : « *Shakti do jagadambe, bhakti do jagadambe, prem do jagadambe, vishwas dekar rakshakaro amriteshwari ma* ; Ô Mère de l'univers, donne-moi la force, la dévotion, l'amour et la foi, et ainsi, sauve-moi, Ô Amriteshwari ! ».

En 2003, j'ai été envoyée à l'Ile Maurice. Quand Amma m'a dit d'y aller, j'ai exprimé de la peur et de l'insécurité. Amma a dit : « Vas-y, c'est tout. Les choses se mettront en place. Amma est avec toi ».

L'Ile Maurice est d'une grande beauté, elle est connue pour être un paradis sur terre. Les gens y sont chaleureux. L'ashram y est très beau. Et pourtant, j'avais le mal du pays : Amma me manquait et Amritapuri aussi. Le soir, je marchais en récitant mon mantra ou en écoutant des bhajans. Sur l'autel, il y avait une belle photo d'Amma, souriante. En regardant la photo, je lui demandais : « Et tu dis que tu es une mère ? As-tu de l'amour et de la compassion ? Tu ne te soucies même pas de demander si je suis morte ou vivante, si je suis heureuse ou triste ! ».

Un jour, alors que je regardais la photo et parlais à Amma, j'ai eu le sentiment que la photo me répondait. « Je sais que tout va bien. Je suis avec toi, je te protège. »

J'habitais toute seule. Le temple était au rez-de-chaussée. Ma chambre se trouvait au premier étage. Toute personne qui entrait dans le temple pouvait monter l'escalier. Je me sentais vulnérable, et pas du tout en sécurité. Amma m'a appelée et je lui ai dit à quel point je me sentais peu en sécurité. Elle m'a dit : « Ferme la porte en fer qui se trouve devant les escaliers qui montent au premier ».

J'ai répondu : « Mais il n'y a pas de porte ! ».

Amma a répliqué : « Regarde attentivement : il y a une porte blanche en fer. Ferme-la. Personne ne pourra monter au premier ».

Après cette conversation avec Amma, j'ai cherché la porte. À ma grande surprise, il y avait bien une porte en fer, peinte en blanc pour la camoufler dans le mur.

Une dévote m'a un jour emmenée chez un de ses amis. Son ami a dit : « Brahmachariniji, je veux vous poser une question. Vous êtes seule dans cet ashram. Et si quelqu'un entrait dans le temple pendant que vous faites la puja et vous attaquait ? ».

J'ai été choquée ! Personne ne m'avait jamais posé une telle question. En priant Amma, j'ai répondu : « J'ai foi qu'une chose pareille ne m'arrivera pas ».

Mais l'homme a insisté : « Je sais que vous avez foi en votre guru et en Dieu. Néanmoins, une telle chose pourrait arriver. Après tout, vous êtes seule ici et les gens le savent ».

Irritée, j'ai répété : « J'ai foi qu'une chose pareille ne m'arrivera pas ».

Mais l'homme continuait à répéter sa question et je lui faisais toujours la même réponse, chaque fois avec plus d'emphase. La dévote qui m'avait emmenée en visite l'a réprimandé. Nous avons quitté la maison et elle s'est excusée profusément pour le comportement de cet homme.

Un après-midi, pendant que je faisais la puja de midi, quatre hommes à l'allure de voyous sont entrés dans le temple. Ils ne regardaient pas les déités ; c'est moi qu'ils regardaient. Je n'avais jamais vu ces hommes auparavant. Soudain, je me suis rappelé la question que l'on m'avait posée pendant cette visite. Mon mental a oscillé entre la foi et la peur. J'ai prié Amma avec ferveur.

Tout-à-coup, venue de nulle part, une femme est apparue. Il y a eu une altercation animée entre elle et ces hommes. La femme, furieuse, s'est mise à leur crier dessus. Je me suis concentrée de toutes mes forces sur la puja. Au bout d'un moment, il y a eu un silence total. J'ai continué et terminé la puja. Quand je suis sortie du temple, j'ai vu cette femme qui nettoyait tout autour. Dans un mauvais anglais, elle m'a dit : « Ces hommes, mauvais ! Intention pas bonne ! J'ai crié ! Je me suis mise en colère ! Je les ai chassés ! Ne t'inquiète pas ! Tu es protégée ».

Je lui ai demandé d'où elle venait car je ne l'avais jamais vue auparavant. Elle a répondu qu'elle habitait loin et venait rarement. Elle est partie peu après. Je ne l'ai jamais revue. Inutile de demander qui était cette femme mystérieuse !

Un homme m'a un jour demandé de faire la puja à Shani (Saturne) pour lui. Il a demandé : « Quel pourcentage de Shani enlevez-vous ? Quels sont les prix pour enlever les différents pourcentages de Shani ? ».

J'ignorais la réponse. Mais par la grâce infinie d'Amma, la connaissance m'est venue et je lui ai répondu. Je ne me rappelle pas ce que j'ai dit car la réponse ne venait pas de moi, mais d'Amma. Il a quitté le temple satisfait. J'ai reçu une bonne somme ; c'était le premier argent que je gagnais pour Amma. Je voulais partager ma joie avec elle. À ma grande surprise, elle m'a appelée et a demandé : « Comment vas-tu, ma fille ? ».

Tout heureuse, je lui ai parlé de l'argent gagné. Amma a ri. Puis j'ai posé la question du pourcentage de Shani qui serait enlevé. Amma a ri et a répondu que ce pourcentage dépendait de son pourcentage de foi et d'abandon de lui-même.

Pendant que j'étais à l'Ile Maurice, mes taux de sucre et de cholestérol ont beaucoup augmenté. C'est alors que j'ai reçu un email d'une de mes sœurs de l'ashram, qui écrivait de la part d'Amma : « Chère fille, comment vas-tu ? Il y a longtemps que je n'ai pas de tes nouvelles. Amma est inquiète pour toi. Comment va ta santé ? Tu vas bien ? Si tu as un problème, s'il te plaît, parles-en à Amma. C'est seulement ainsi qu'Amma peut te sauver ».

J'ai répondu : « Physiquement, je suis malade. J'ai du diabète et du cholestérol. Mentalement, je suis déprimée. Émotionnel-lement, je suis cassée. Je n'en peux plus ! Ne sois pas surprise si je quitte la voie spirituelle. Je ne tiendrai peut-être pas le coup ».

Amma m'a demandé de rentrer. Quand je suis arrivée à Amritapuri, Amma a remarqué : « Elle est revenue si vite ! ».

Quand j'ai répondu que j'étais revenue uniquement parce qu'Amma m'avait dit de le faire, elle a nié. J'ai répondu : « Je ne pense pas avoir mal agi. Un poisson hors de l'eau cherche désespérément à y retourner. Un enfant qui boit le lait maternel, si on l'arrache au sein de sa mère, s'accroche à elle ».

Pendant un tour du Sud de l'Inde, je n'avais pas eu une seule fois la chance de m'asseoir auprès d'Amma. J'étais extrêmement triste et en colère contre tous, y compris contre moi-même et même contre Amma. J'ai décidé d'arrêter le tour. Quand j'ai pris cette décision, nous nous étions arrêtés pour le thé près d'un grand champ de cannes à sucre, bien plus hautes que moi. J'ai disparu dans le champ. Quelques brahmacharinis ont appris mon plan. Elles ont informé Bri. Bhavamritaji, alors responsable des brahmacharinis. Elle est partie à ma recherche. Elle m'a trouvée et m'a persuadée de monter dans le bus, en promettant de me donner une place juste sous le nez d'Amma au prochain arrêt. Le camping-car d'Amma partait. Amma se tenait dans l'encadrement de la porte. Quand le véhicule est passé devant moi, elle m'a regardée avec beaucoup de pitié et d'amour. Elle a dit à la swamini qui l'accompagnait : « Elle est triste de ne pas avoir pu m'approcher ! ».

Je déprimais. Je maudissais ma naissance et ma vie. Je voulais être comme ceux qui sont toujours auprès de la forme physique d'Amma et qui ont des contacts avec elle. Dès que nous sommes arrivés à Amritapuri, j'ai écrit une lettre où je confiais tous mes chagrins à Amma, puis je suis allée jusqu'à sa chambre. La porte était ouverte. Je suis restée là, tenant la lettre chiffonnée dans mon poing serré, cachée sous le bout de mon sari. Amma et moi étions face à face, les yeux dans les yeux. Amma a tendu la main. Comment savait-elle que j'étais venue avec une lettre ?

Amma m'a dit : « Tu ne peux pas te plaindre et dire que tu n'as pas la grâce. Ne regarde pas le Soleil en désirant être le Soleil.

Sois heureuse d'être une luciole. Tu chantes avec moi. Combien de gens, à l'ashram, ont cette chance ? Comment peux-tu dire que tu n'as pas la grâce ? Il y a des êtres en ce monde qui n'ont personne pour les aimer, alors que beaucoup de gens t'aiment. Quand Amma regarde qui que ce soit, ou bien parle, rit et plaisante avec quelqu'un, pense qu'Amma te regarde, qu'elle rit et plaisante avec toi. Aie foi que tu es l'enfant chérie d'Amma ».

J'ai pensé : « Oui, ben c'est plus facile à dire qu'à faire ! Comment puis-je être heureuse en voyant les autres prendre du bon temps avec Amma ? ».

Ensuite, quand je voyais Amma parler à quelqu'un, comme d'habitude, mon mental se demandait qui était cette personne si chanceuse. Puis je me rappelais le conseil d'Amma et je me disais : « Amma me parle, elle rit avec moi, plaisante avec moi. Je suis son enfant favorite ».

Au départ, j'ai réagi à cet exercice par l'ironie. Mais très vite, je me suis rendu compte que ma jalousie diminuait de jour en jour. Les vers de la jalousie ont cessé de me ronger. J'ai fini par apprécier cet exercice. Je suis devenue paisible. Les choses ont beaucoup changé pour moi. J'ai commencé à apprécier la vie et à compter mes bénédictions. Amma ouvrait la fleur de mon cœur. Si elle ne m'avait pas initiée à la pratique de cette forme de visualisation, ma vie spirituelle aurait même pu s'arrêter là.

Depuis 2006, je suis dans le Gujarat. Amma a fait de moi la directrice de l'école Amrita Vidyalayam d'Ahmedabad, et Bri. Atmamrita Chaitanya en est la gestionnaire. Nous intervenons aussi dans les programmes au Centre Amma du Gujarat.

J'ai un jour demandé à Amma : « Quelle faute ai-je commise pour que mon destin soit d'être physiquement séparée de toi ? Ai-je commis de si graves péchés ? ».

Amma a répondu : « Ma fille, je n'appellerais pas cela un péché. Si la proximité physique ne remplit pas sa fonction, quel bienfait apporte-t-elle ? Une louche placée dans un pot de crème au chocolat ne devient pas sucrée. De même, le seul fait d'être proche de moi physiquement ne te sera pas bénéfique. Ne sois pas triste en nourrissant de telles pensées ».

La vérité c'est que, où que nous soyons, nous devrions nous efforcer de faire de ce lieu la résidence (*puri*) d'Amma (*amrita*) : Amrita Puri.

Un jour où j'étais revenue du Gujarat pour un séjour à Amritapuri, Amma m'a demandé quelle dose de médicament pour la thyroïde je prenais. J'ai répondu que je prenais cinq milligrammes par jour. Amma m'a dit de prendre cinquante milligrammes et de ne jamais cesser de prendre ce médicament : « Tu dois le prendre jusqu'à la fin de tes jours ». Bien des années auparavant, alors que j'étais encore étudiante, Amma m'avait soudain dit sans aucune raison apparente : « Amma a le sentiment que tu as un problème de thyroïde. Va passer un examen de la thyroïde à la faculté de médecine de Trivandrum, s'il te plaît ».

L'examen montra que je faisais de l'hyperthyroïdie. Comment Amma l'avait-elle su, alors ? Et pourquoi me demandait-elle maintenant d'augmenter la dose ? J'ai appelé un médecin qui m'a dit que la dose qu'Amma venait de me prescrire était pour l'hypothyroïdie, alors que je faisais de l'hyperthyroïdie.

Il m'a suggéré d'aller passer un examen. À ma surprise, l'examen a montré que mon hyperthyroïdie était devenue de l'hypothyroïdie, sans qu'il y ait aucun symptôme ; le médecin a ajouté que ce n'était pas courant. Au fil des années, les paroles d'Amma m'ont clairement montré que non seulement, elle connaît nos paroles et nos émotions, mais qu'elle connaît chaque molécule de notre corps. Sa vision est holistique et complète.

Pendant un des tours du Nord de l'Inde, Amma est allée nager dans la rivière Narmada. Les eaux étaient peu profondes. Tout le groupe a suivi Amma, ignorant qu'il y avait un fossé profond dans le lit de la rivière. Soudain, tout le monde a sombré. Ma première pensée a été : « Amma, tu m'as abandonnée ! Je suis loin derrière. Tu ne sauveras que ceux qui sont près de toi ! ».

On dit que quelqu'un qui se noie refait surface deux fois, avant de s'enfoncer dans l'eau une troisième fois. Moi aussi, j'ai refait surface deux fois. Juste avant de replonger, j'ai pensé : « La mort est certaine. Que faire ? Répéter Amma… Amma… pense à Amma au moment de mourir ».

C'est ce que j'ai fait et soudain, je me suis retrouvée sur la berge. J'étais sauvée ! Tout le monde avait été sauvé. Bien des années plus tard, pendant une autre baignade, Amma a demandé à la ronde : « Tous ceux qui ont failli se noyer dans la Narmada, levez la main ! ». J'ai levé la mienne. Amma a demandé : « Que s'est-il passé dans votre mental à ce moment-là ? ». Je fais partie de ceux qui ont répondu. Amma a paru contente de ma réponse.

Le fait d'avoir vécu avec Amma pendant toutes ces années m'a permis de comprendre que l'obéissance, la foi et l'abandon de soi à Amma sont la meilleure protection, quelles que soient les difficultés et les épreuves que nous présente la vie. Les avatars comme Amma sont omniscients, omnipotents et omniprésents. C'est pourquoi les enfants d'Amma peuvent ressentir sa présence à l'intérieur et à l'extérieur. C'est aussi pourquoi nous constatons qu'elle connaît notre cœur et ressent nos souffrances. Dans sa compassion extrême, Amma s'efforce d'alléger nos peines, causées par l'ignorance. Elle répand sur nous son amour inconditionnel et nous donne à la fois la connaissance et la force nécessaires pour surmonter nos souffrances.

Nous n'avons rien à offrir à Amma en échange. Puissions-nous tous devenir de bons instruments entre ses mains divines.

18

Prendre refuge à Ses pieds

Br. Atmaniratamrita Chaitanya

Un pêcheur allait régulièrement pêcher dans un étang. Dès qu'il arrivait, les poissons paniquaient. Un poisson vétéran, qui connaissait les moindres recoins de l'étang, se cachait et regardait avec tristesse sa famille et ses amis se faire prendre. Il y avait cependant parmi eux un petit poisson toujours heureux, qui n'avait jamais peur. Il dansait et nageait, sans jamais se faire attraper. Voyant le petit poisson jouer avec insouciance, le vétéran lui a demandé : « Comment réussis-tu à être si heureux et à échapper chaque fois au filet ? ».

Le petit poisson a répondu : « C'est très simple, grand-père. Le pêcheur annonce son intention de nous attraper en entrant dans l'eau. Dès qu'il y entre, l'eau devient trouble et boueuse. Tous les poissons paniquent et se précipitent dans toutes les directions. Quant à moi, toute affaire cessante, je nage aussi vite que je peux jusqu'aux pieds du pêcheur avant qu'il ne lance son filet. Je reste là, loin du filet, jusqu'à ce qu'il quitte l'étang ».

Ainsi, si nous prenons refuge aux pieds du Seigneur, nous pouvons éviter les pièges de la vie dans le monde. Que signifie prendre refuge ? Cela veut dire cultiver une attitude de dévotion et d'abandon à Dieu. Le Seigneur Krishna dit :

api cet su-duracaro bhajate mam ananya-bhak
sadhur eva sa mantavyah samyag vyavasito hi sah

Même si le pire des pécheurs me vénère avec une dévotion totale, il faut le considérer comme un juste, car il a pris la résolution correcte. (*Bhagavad Gita*, 9.30)

Ce verset glorifie la *bhakti* (la dévotion). Contrairement au *jnana yoga* (la voie de la connaissance) qui exige de nombreuses disciplines préparatoires, il n'y a pas d'exigences pré-requises pour devenir un *bhakta* (un dévot).

Le Seigneur dit qu'il existe quatre sortes de dévots : *artha*, celui qui prie Dieu de le sauver de la souffrance ; *artharthi*, celui qui adore Dieu pour obtenir la prospérité matérielle et les plaisirs ; *jijnasa*, celui qui désire connaître Dieu ; et le *jnani*, celui qui connaît Dieu. (*Bhagavad Gita*, 7.16)

Un des éléments-clé du *bhakti yoga*, la voie de la dévotion, c'est *kripa*. Selon le contexte, cela signifie la grâce, la miséricorde ou la bénédiction. D'après le chapitre six de la *Bhagavad Gita*, nous avons besoin de quatre sortes de *kripa* : *atma kripa* (notre propre grâce) *isvara kripa* (la grâce de Dieu), *sastra kripa* (la grâce des Écritures), et *guru kripa* (la grâce du guru). *Atma kripa* nous aide à surmonter la culpabilité et renforce la confiance en soi. La culpabilité survient quand on a le sentiment d'avoir mal agi et que l'on se juge être un pécheur. Elle peut constituer un grand obstacle dans la vie spirituelle et empêcher que nous nous pardonnions nos erreurs. La confiance, l'antidote à la culpabilité, c'est la conviction que : « Même si j'ai fait des erreurs, je peux me corriger et grandir spirituellement ». Le Seigneur Krishna déclare que même le pire des pécheurs peut devenir un dévot. *Duracara* désigne un comportement malfaisant, immoral, corrompu ou contraire aux lois. *Suduracara* signifie extrêmement corrompu et suggère que la personne a commis les pires péchés. Selon le Seigneur miséricordieux, même une telle personne n'a nul besoin de s'inquiéter si elle développe *ananya-bhakti* (la dévotion absolue) :

une fois qu'elle aura reçu l'onction de la grâce, elle recevra la grâce de Dieu. C'est ce que garantit le Seigneur :

kshipram bhavati dharmatma shashvacchantim nigacchati
kaunteya pratijanihi na me bhaktah pranashyati

Il devient très vite une âme noble et, c'est certain, il atteint la paix éternelle. Ô Arjuna, déclare hardiment que mon dévot ne s'égare jamais. (*Bhagavad Gita*, 9.31)

Un tel dévot, ayant pris la résolution juste, accorde ensuite plus d'importance au *dharma* (ce qui est juste, en accord avec la loi divine) qu'à *artha* (la prospérité matérielle) ou à *kama* (le désir), qui jusque-là primaient pour lui. Lorsque notre maturité spirituelle augmente, les choses matérielles ont moins d'importance. Certes, ce dévot utilise encore les objets matériels, mais il ne leur est pas vraiment attaché. Une âme ayant acquis de la maturité se consacre à la recherche du dharma et de *moksha* (la libération selon la spiritualité).

Le Seigneur Krishna dit que le dévot devient très vite un *jijnasu* (quelqu'un qui aspire à connaître Dieu) parce qu'il a compris que Dieu est la seule source de paix, de sécurité et de bonheur. Quand cette aspiration est satisfaite, la sagesse s'éveille et le dévot devient un *jnani* (celui qui connaît la vérité). Un tel être n'est jamais perturbé par les vicissitudes de la vie ; il est toujours en paix et plein de dévotion envers le Seigneur ; un tel dévot ne s'égare jamais.

Permettez-moi de vous raconter comment quelqu'un que l'on aurait certes pu considérer comme un pécheur a été transformé par le contact d'Amma. J'ai rencontré Surya en 1992, pendant le festival du temple Brahmasthanam de Chennai. Il habitait près de l'ashram et semblait venir d'une famille cultivée. Mais il avait toujours l'air triste. Un jour, il m'a révélé la cause de son chagrin : son père, qui avait un bon emploi et gagnait bien sa vie, était alcoolique. Il rentrait chez lui ivre tous les soirs et battait sa femme. La mère de Surya ne pouvait pas résister à son mari.

J'ai exhorté Surya à emmener son père voir Amma. Il a essayé de le persuader mais sans succès. Il a persisté une année encore, et l'a imploré de la rencontrer au moins une fois. Finalement le père y a consenti, à condition que Surya lui achète une bouteille de vin. Le fils a accepté.

Surya, sa mère, son frère et son père sont entrés dans la queue du darshan. J'étais juste derrière le père, pour m'assurer qu'il n'allait pas changer d'avis et s'esquiver. Pendant que la queue avançait vers Amma, le père prenait de temps en temps une gorgée de la bouteille, qu'il avait fourrée dans une poche de son pantalon. Finalement, toute la famille est arrivée devant Amma. Incapable de maîtriser ses larmes, la mère de Surya s'est effondrée en pleurant dans le giron d'Amma. Son corps était couvert de bleus à cause des coups qu'elle avait reçus. Les yeux d'Amma se sont gonflés de larmes. Avec son propre sari, elle a essuyé les larmes sur les joues de cette femme. Le frère de Surya, qui était le suivant pour le darshan, s'est effacé rapidement et a poussé son père vers Amma. Celui-ci était sidéré de se retrouver devant Amma.

Amma a regardé profondément dans les yeux du père. Avec une grande douceur et un amour infini, elle a dit : « *Mone* (fils)… ».

Le père de Surya a fondu en larmes et s'est effondré sur les genoux d'Amma. Au bout d'un moment, elle l'a relevé, a essuyé ses larmes et lui a caressé la poitrine. Puis, montrant les membres de sa famille, qui pleuraient, elle lui a dit : « Fils, la prochaine fois que tu bois, rappelle-toi que tu bois leurs larmes ». Puis elle l'a consolé en disant : « Ne t'inquiète pas, Amma est avec toi ».

Le darshan s'est terminé et j'ai raccompagné toute la famille jusqu'à leur résidence. Nous avions marché un moment quand le père de Surya a mis la main dans sa poche pour prendre la bouteille de vin. Il l'a sortie, l'a gardée en main un moment, puis l'a remise dans sa poche sans l'ouvrir. Cela s'est reproduit plusieurs fois. Arrivé devant chez lui, il a sorti la bouteille de sa poche et l'a jetée dans le caniveau. Il s'est exclamé : « Où m'avez-vous emmené ? La voix de cette femme résonne encore à mes oreilles : « *Mone... mone... mone...* » Je ne peux plus boire ! ».

Le lendemain, Surya m'a raconté ce qui était arrivé ensuite. Il y a eu un silence total. Son père est resté assis toute la nuit, les yeux fermés. Le lendemain matin, à la surprise de tous, il a pris sa douche de bonne heure et s'est préparé à accompagner sa femme et ses enfants au programme d'Amma.

Le père de Surya a complètement abandonné l'alcool et avec le temps, il a changé de façon visible. Il lui avait suffi de voir Amma une seule fois pour pouvoir tourner la page. Une seule étreinte, une seule injonction, furent assez puissantes pour le transformer. Un nombre incroyable de gens ont ainsi été métamorphosés par une seule rencontre avec Amma.

Un des brahmacharis de l'ashram avait été très touché en entendant parler des qualités d'un vrai dévot. Il avait aussi entendu un des plus anciens disciples d'Amma donner une conférence sur le *bhakti yoga*, et il a consacré du temps à réfléchir sur les trente-six qualités d'un dévot, telles qu'elles sont mentionnées au chapitre douze de la *Bhagavad Gita*. Un jour, quand il est allé au darshan, il a récité les versets concernés et a dit : « Amma, je ne possède pas une seule de ces qualités. Est-ce que tu m'aimes quand même ? ».

Amma a souri et a dit : « Plus que ceux qui possèdent ces qualités, j'aime les enfants qui s'efforcent de les développer ! ». N'est-ce pas la preuve que sa grâce se répand sur ceux qui font des efforts ?

La grâce divine est toujours présente. Il suffit d'ouvrir son cœur pour la recevoir. Amma n'abandonnera jamais celui qui fait des efforts sincères pour progresser spirituellement. Puissent son amour et sa compassion nous insuffler de la dévotion et puisse notre dévotion la rendre plus proche de nous.

19

La Méditation Ma-Om

Br. Kamaleshwaramrita Chaitanya

La méditation Ma-Om est une technique de méditation unique, née du sankalpa (la résolution divine) d'Amma. C'est un cadeau qu'elle a fait à ses enfants. Ma représente l'amour divin et Om représente la lumière divine. C'est pourquoi on appelle aussi la méditation Ma-Om « la méditation de l'amour et de la lumière ».

Au cours de cette méditation, nous entonnons silencieusement *Ma* à l'inspiration. Cela signifie que nous absorbons l'amour divin et que nous le laissons pénétrer toutes les cellules du corps, à mesure que le *prana* (l'énergie vitale) se répand dans tout le corps. De même, quand nous expirons, nous entonnons silencieusement *Om* et sentons la lumière divine illuminer le corps entier. Ceci est *prana upasana* (l'adoration de l'énergie vitale) ; c'est l'adoration de Dieu car le *prana* n'est autre que Brahman, la Réalité suprême.

Chaque fois qu'Amma parle en public, elle commence son discours en disant : « Amma se prosterne devant vous tous, qui êtes des incarnations de l'Amour suprême (*prema-svarup*) et de la Conscience divine (*atma-svarup*) ». Elle nous rappelle ainsi que nous ne sommes pas seulement le corps et le mental, mais des incarnations de l'amour (*Ma*) et du Soi omniprésent (*Om*).

Om représente *nirguna Brahman* (la Conscience suprême non-manifestée). *Ma* représente *saguna Brahman* (la forme manifestée de la Conscience, c'est-à-dire le monde, et tous les êtres et les objets).

Sri Ramakrishna Paramahamsa, le célèbre saint et mystique du Bengale qui vécut au 19ème siècle, avait l'habitude de dire : « Ma mère Kali est Brahman. Quand Elle existe seule dans son état non-manifesté, on l'appelle Brahman, et quand Elle se manifeste sous la forme du monde et de tous les êtres, on l'appelle Kali. Le monde que nous voyons est sa *lila* (son jeu divin) ».

Dans le bhajan *Kali maheshvariye...* Amma chante : « *Valum talayumilla prapancattin veru ni ennu kelppu* : on dit que Tu es la racine de l'univers, qui n'a ni queue ni tête ». Ces paroles indiquent que le monde des noms et des formes n'est qu'une manifestation de l'Infini (donc sans commencement ni fin).

Il est difficile d'adorer *nirguna Brahman*, et de se concentrer sur le sans-forme, tandis qu'il est comparativement plus facile de vénérer *saguna Brahman*, parce que l'intellect humain peut appréhender les formes plus facilement que le sans-forme.

Ma symbolise *prakriti* (la matière) tandis que *Om* symbolise *purusha* (la conscience). *Prakriti* est l'aspect féminin de l'existence, et elle est souvent personnifiée sous la forme de Shakti, la volonté et l'énergie cosmiques. Sa contrepartie est le principe de l'immobilité, personnifié par Shiva, le principe masculin. La statue de Kali debout sur la poitrine de Shiva illustre le fait que tout mouvement se fonde sur un substrat d'immobilité.

Amma représente à la fois Shiva et Shakti car toutes ses activités s'enracinent dans une immobilité parfaite. Nous la vénérons donc avec le mantra : *Om shiva-shakti-aikya rupinyai namah,* Salutations à la Mère divine qui est Shiva et Shakti unis dans une seule forme (*Lalita Sahasranama*, 999). *Ma* et *Om* sont comparables aux yeux d'Amma, tout comme de façon poétique, on considère le Soleil et la Lune comme les yeux de Dieu. En elle, nous voyons la fusion parfaite de l'amour divin et de la lumière divine. Elle incarne l'amour inconditionnel que l'on associe à Dieu, et la lumière incommensurable de sa connaissance dissipe les ténèbres de l'ignorance. Son amour est pareil à la fraîcheur de la Lune qui apaise les cœurs, tandis que sa lumière est pareille au Soleil qui chasse la nuit de l'ignorance.

Dans le bhajan *Jnanakkadal*, le poète dit qu'un petit poisson est incapable de mesurer la profondeur de l'océan :

> *jnanakkadal tannai meen alakkalama? Alakkindrapotu*
> *sirikkindray taye.*
>
> Un poisson peut-il mesurer la profondeur de l'océan de connaissance ? Quand il tente de le faire, tu ris, Ô Mère !

Ainsi, il est impossible de mesurer l'immensité et la profondeur de la connaissance océanique d'Amma. En fait, elle est même plus qu'océanique. Elle est vaste comme l'univers, que nous ne pouvons pas mesurer. Les scientifiques disent que l'univers est toujours en expansion. Un brahmachari a dit : « *Ma* représente le *bhava* (manifestation divine) maternel d'Amma, et *Om* son *bhava* de guru ». En tant que mère, Amma nous lie à elle par son amour. En tant que guru, elle nous discipline et éclaire pour nous le chemin qui mène à la connaissance.

Om

Voyons quels enseignements les Écritures nous donnent au sujet de Om. Le tout premier verset de la Mandukya Upanishad en donne la définition suivante :

> *idam sarvam iti etat aksharam upavyakshanam bhutam*
> *bhavat bhavishyat iti sarvam omkarah eva*
> *anyat ca yat trikalatitam tat api omkarah eva*
>
> *Om*, ce mot, est tout cela (*l'univers*). (*Ce qui suit*) est une claire explication du *Om*. *Le passé, le présent, le futur* (tout ce qui était, est et sera) est en vérité *Om*. Tout le reste,

tout ce qui pourrait exister au-delà de la triple conception du temps, c'est aussi *Om*.

Cela indique qu'*Om* symbolise Brahman, qui transcende le temps. *Ma* symbolise la manifestation, qui se déroule dans les trois périodes du temps.

Ma et *Om* sont les deux faces d'une même pièce. *Om* fait allusion au Créateur et *Ma* à la création. Amma dit souvent que la création et le Créateur ne sont pas deux entités séparées mais ne font qu'un. Le Créateur est devenu la création. Elle chante : « *Srishtiyum niye, srashtavum niye*, Tu es la création, Tu es aussi le Créateur ». Amma affirme que ses enfants ne sont pas différents d'elle.

Un journaliste a un jour demandé à Amma : « Beaucoup de gens vous suivent. Est-ce qu'ils vous vénèrent ? ».

Amma a répondu : « Je n'en sais rien, mais je les vénère ».

Pour Amma, ses enfants sont Dieu.

Dans la *Bhagavad Gita* (7.8), le Seigneur Krishna déclare que dans le corpus des Védas, Il est le *pranava mantra* (*Om*). Il dit aussi :

> *om ity ekaksharam brahma vyaharan mam anusmaran*
> *yah prayati tyajan deham sa yati paramam gatim*

> Celui qui quitte le corps en pensant à Moi (le Suprême) et en prononçant la monosyllabe *Om* atteint le but suprême. (8.13)

Love (Ma)
L'amour donne la force, la puissance et la sagesse. Dans le *Tirumandiram*, saint Tirumular dit :

> *anbum sivamum irandu enbar arivilaar*
> *anbe sivamavatu yarum arikilaar*

anbe sivamavatu yarum arintapin
anbe sivamay amarntu iruntare

Les ignorants déclarent stupidement que Shiva et l'amour sont deux choses différentes. Personne ne sait que Shiva est en réalité l'amour. Quand on prend conscience que l'amour et Shiva ne font qu'un, on devient l'incarnation de l'amour. (270)

Ici, l'amour représente *Ma* et Shiva représente *Om*. Quand nous comprenons que l'amour n'est pas séparé du Seigneur, nous devenons l'incarnation de l'amour. *Ma* est *Om* et *Om* est *Ma*. C'est pourquoi pendant la méditation, Amma dit que nous pouvons alterner *Ma* et *Om*, respectivement à l'inspiration et à l'expiration, avec *Om* et *Ma*.

Ma signifie « mère » dans presque toutes les cultures du monde. Le mot mère est synonyme d'amour et l'amour maternel est la forme d'amour la plus élevée dans la vie ordinaire.

Le premier mantra du *Lalita Sahasranama* est : *Om shri matre namah*, Salutations à la Mère qui est propice. Ce mantra contient à la fois *Ma* et *Om* et indique l'importance fondamentale des deux dans la vie spirituelle. Amma dit que les caractéristiques du sentiment maternel sont le pardon et la patience, qui émanent toutes deux de l'amour. Elle est l'incarnation de la Mère divine. Son amour est incommensurable et sa patience plus grande encore que celle de notre Mère la Terre. Amma n'attend rien de nous. Elle continue sa mission qui consiste à aimer, à servir et à élever le niveau de conscience des autres de manière inconditionnelle. L'amour d'Amma nous aide à assimiler ses qualités divines et nourrit notre croissance spirituelle.

Un jour en voyant un dévot âgé qui partait laver son assiette après avoir fini de manger, elle m'a dit de la laver. « S'il était ton père, est-ce que tu ne laverais pas son assiette ? Prends les assiettes des personnes âgées et lave-les ! ».

Amma enseigne aussi aux résidents de l'ashram à saluer les dévots par le mantra « *Om namah shivaya,* Salutations à Celui qui est propice », et à leur demander s'ils ont un hébergement, s'ils ont mangé. En donnant de telles directives, Amma nous enseigne à aimer et à servir le monde sans rien attendre. Pour Amma, le monde entier est sa famille. Elle s'efforce aussi de nous élever à ce niveau de compréhension. Il s'agit de la lumière de la sagesse et poétiquement, on dit qu'elle émane du troisième œil.

Certains exemples révèlent l'ampleur de l'amour inconditionnel d'Amma. Il y a des années, pendant le festival du temple Brahmasthanam de Chennai, un lépreux qui était guéri mais qui portait encore les cicatrices visibles de la maladie est venu voir Amma. Sa famille et ses amis l'avaient rejeté et ne voulaient plus rien avoir à faire avec lui, même après sa guérison. Il menait la vie d'un vagabond et survivait de ce que la Providence lui offrait.

Quand il a entendu parler d'Amma et de son programme à Chennai, il a voulu recevoir son darshan. À l'ashram de Chennai, Amma l'a regardé avec amour et un sourire énigmatique. Son regard suggérait qu'elle savait tout de lui. Amma n'a rien dit, mais elle a continué à le regarder comme si elle attendait qu'il parle. En hésitant un peu, l'homme a confié ses problèmes à Amma, qui l'encourageait à parler en faisant des signes de tête. Elle a ensuite appelé le swami responsable de l'ashram de Chennai et lui a demandé combien des maisons construites récemment dans le cadre d'Amrita Kuteeram (les maisons que l'ashram construit pour les pauvres sans-abri) à Chennai étaient vacantes. Puis elle lui a ordonné de donner une de ces maisons à cet homme. Celui-ci est resté sans voix. Amma lui a donné une étreinte chaleureuse et lui a murmuré à l'oreille des paroles d'amour et de consolation. Il s'est effondré. Jamais il n'avait reçu autant d'amour de quiconque, pas même de sa propre mère. Combien de vies ont été ainsi transformées par l'amour d'Amma !

D'une certaine manière, nous souffrons tous d'une lèpre intérieure. Nous portons des blessures causées par des paroles de colère, des rejets, des expériences amères et par nos propres négativités telles que la luxure, la colère, la jalousie et l'orgueil. Pour Amma, il a dû être infiniment plus facile de guérir Dattan[6], le lépreux, qu'il ne l'est de guérir nos blessures intérieures. Mais elle le fait avec sa compassion divine.

Amma manifeste parfois « un amour rigoureux », l'amour qui prend le masque de la sévérité. Amma dit souvent qu'à notre époque, seule *Kamsa-bhakti* peut nous rapprocher de Dieu. Kamsa, l'oncle du Seigneur Krishna, vécut dans la terreur depuis le jour de la naissance de Krishna à cause de la prophétie qui disait que son neveu le tuerait. Amma est venue tuer l'ego-Kamsa en chacun de nous et c'est l'ego qui, instinctivement, a peur d'Amma. Amma brandit l'épée de la connaissance afin de détruire notre ignorance. Mais inutile d'avoir peur, car Amma administre l'anesthésie de l'amour divin. Si nous cessons de résister, elle peut anéantir notre ego et allumer en nous la lampe de la connaissance.

Nous sommes tous conditionnés par l'attraction et la répulsion. Ce conditionnement est la raison pour laquelle il nous est difficile d'aimer les autres de manière inconditionnelle, comme le fait Amma. Elle nous aide à transcender le « j'aime/je n'aime pas » et pour cela, il est parfois nécessaire qu'elle porte le masque de Kali. Mais n'oublions jamais que derrière le masque effrayant, il y a un cœur qui déborde d'un amour infini.

Tout ce que fait Amma est pour notre progrès spirituel. Le but du guru est d'aider le disciple à réaliser le Soi. Quel que soit notre niveau de compréhension spirituelle, Amma vient nous

---

[6]   Référence à un lépreux qui venait voir Amma à Amritapuri ; Amma léchait et suçait le pus de ses plaies et l'a ainsi guéri.

toucher à ce niveau. Il arrive que pendant le darshan, Amma dise aux dévots : « Ta chemise (ou ton sari) est vraiment jolie ! ». Alors le dévot se réjouit. Il ne se souviendra peut-être pas du satsang d'Amma, mais il se rappellera cette remarque. Ainsi, Amma l'aide à établir un lien avec elle.

Avec un scientifique, Amma discutera peut-être de son domaine de recherche. À celui qui travaille dans la cyber-sécurité, elle parlera peut-être des différentes mesures de sécurité qu'il faut prendre et à quel niveau. Si quelqu'un travaille dans le domaine des réseaux sans fil, elle lui indiquera peut-être où poser des capteurs sans fil. Avec un médecin ayurvédique, Amma partagera peut-être sa connaissance de différentes plantes médicinales. S'il s'agit d'une simple villageoise, elle lui demandera peut-être affectueusement si son mari boit, comment ils font vivre leur famille et elle lui offrira même un sari.

Après avoir établi un lien d'amour avec nous, Amma nous élève peu à peu au niveau de la connaissance suprême. Avant de nous modeler par la discipline de la connaissance, elle fait fondre notre cœur à la chaleur de son amour.

L'amour d'Amma peut nous faire progresser, nous élevant de *kamya bhakti* (la dévotion avec des motifs intéressés) jusqu'à *tattva bhakti* (la dévotion fondée sur la compréhension des principes de la spiritualité) puis *nishkama bhakti* (la dévotion désintéressée). Un homme du Tamil Nadu est un jour venu voir Amma pour lui vendre son hôpital. Elle a refusé mais par sa grâce, il a ensuite réussi à le vendre. Il est devenu un dévot fervent et a joué un rôle clé dans l'organisation des programmes publics d'Amma à Erode, Salem et Vellore. Il avait soixante-dix ans passés, mais il a travaillé dur : il s'est rendu dans plus de deux cents villages à Thiruvannamalai pour répandre le message d'Amma et inviter les villageois à assister au programme.

Il a dit un jour à Amma : « Je ne peux pas méditer. Mais j'aime te servir en apportant ton message aux villageois du Tamil Nadu ». Amma a répondu : « Fils, ce *seva* est en soi une méditation ». Faire du seva avec l'attitude juste est une méditation. Ce travail désintéressé conduit à *citta shuddhi* (la pureté du mental), qui ouvre la voie à *jnana prapti* (l'obtention de la connaissance).

L'amour d'Amma transforme. Un truand, par exemple, a complètement changé de comportement après avoir rencontré Amma. Les gens qui le connaissaient ont été émerveillés par ce changement. Quand ils ont appris que c'était la rencontre avec Amma qui l'avait transformé, ils ont voulu la connaître. Il les a amenés à Amritapuri pour les fêtes de l'anniversaire d'Amma. Sa famille, ses amis et sa parentèle sont maintenant tous des dévots d'Amma. Il donne la photo d'Amma à tous ceux qu'il rencontre.

Là où règne l'amour véritable, le silence règne. L'amour demeure dans le cœur. Cet amour-là est inexprimable. Un véritable amant ne pense pas : il médite. Quand il n'y a plus qu'une seule pensée, celle du Bien-aimé, il n'y a plus de mental. Les deux ne font plus qu'un. Dans l'amour vrai, la méditation se produit spontanément. On devient alors silencieux, on repose dans son propre Soi. Il n'y a pas de paroles. C'est pourquoi Dakshinamurti, considéré comme le premier guru, communiquait en silence.

La déesse Parvati demanda un jour au Seigneur Shiva de lui enseigner comment être toujours unie à lui. Il lui dit de méditer et demanda : « Que vois-tu ? ». Elle répondit qu'elle voyait sa forme. Il lui dit de la transcender. Elle vit une brillante lumière. Après l'avoir transcendée, elle entendit le son *Om*. Ayant transcendé le son, elle demeura silencieuse. Elle s'était fondue dans le Seigneur et avait perdu son individualité. Elle avait atteint l'état ultime de l'amour : l'union éternelle et inséparable avec Dieu.

Un homme pria un jour Dieu : « Je T'en prie, ouvre mon cœur et remplis-le de Ta grâce ! ». Il pria, pria sans se décourager. Dieu lui apparut et dit : « Fils, Je suis heureux que tu veuilles ouvrir ton cœur, mais Je ne peux pas l'ouvrir car il est fermé de l'intérieur. C'est à toi de l'ouvrir. J'attends de pouvoir entrer et le remplir d'amour et de lumière ».

Puissions-nous tous ouvrir notre cœur à l'amour divin d'Amma. Puissions-nous avoir une attitude d'acceptation et d'équanimité dans toutes les situations. Puissions-nous devenir de parfaits instruments entre les mains d'Amma. Puissent l'amour et la lumière d'Amma nous conduire à la connaissance suprême.

20

S'éveiller

Br. Sundareshamrita Chaitanya

Nombre d'entre nous connaissent les bhajans *Jago Ma Kali Jago Jago* et *Unarunaru Amritanandamayi Unaru Jaganmate.* Le titre du premier bhajan signifie : « Réveille-Toi, Mère Kali, réveille-Toi ! » et celui du second, « Éveille-Toi, Mère Amritanandamayi, éveille-toi ! ».

La première fois que j'ai entendu ces chants, je me suis demandé pourquoi il fallait réveiller Mère Kali ou Amma. Ces bhajans nous rappellent en réalité qu'il faut éveiller en nous la Mère divine. Ce sont des appels à éveiller notre divinité intérieure. Nous considérons peut-être que nous sommes complètement réveillés, vigilants et pleinement conscients de tout ce qui se passe. Cependant, du point de vue de celui qui a réalisé le Soi et des Écritures, nous avons dormi toute notre vie d'un profond sommeil. Les seules âmes éveillées sont les *mahatmas* comme Amma, celles qui ont réalisé leur véritable Soi. Pour elles, le monde que nous percevons si intensément comme réel n'est qu'un rêve. Ils voient les mêmes choses et font les mêmes expériences que nous mais ils sont fermement ancrés dans leur Soi réel. C'est ce contraste entre la perception des êtres ordinaires et celle des êtres réalisés que le Seigneur Krishna exprime dans la *Bhagavad Gita* par cette métaphore :

> *ya nisha sarvabhutanam tasyam jagarti sanyami*
> *yasyam jagrati bhutani sa nisha pashyato muneh*

Ce qui est la nuit pour les êtres ordinaires est le jour pour celui qui a réalisé le Soi. Et ce qui est le jour pour tous les êtres dans le monde est la nuit pour le sage qui voit. (2.69)

Ce verset célèbre indique le contraste entre l'état de conscience sans dualité (*advaita*) d'un *jnani* (celui qui connaît la vérité) et l'état de conscience d'un *ajnani* (un être ignorant), qui ne voit que la dualité (*dvaita*). La nuit, à la première ligne, désigne l'ignorance de notre Soi réel. De même que nous ne voyons pas les objets dans la nuit, nous ne percevons pas clairement notre nature réelle. La plupart d'entre nous se perçoivent et perçoivent les autres objets et les autres êtres en ce monde comme des entités séparées les unes des autres et séparées du monde. Nous percevons tout en deux catégories : « moi » et « pas moi ». Cette perception de la dualité est aussi réelle pour nous que la lumière du jour.

Un cristal transparent posé sur un tissu rouge paraît rouge à cause de la proximité du tissu. De même, nous avons cru par erreur être le corps, le mental et l'intellect. Cette perception erronée est devenue un conditionnement très solide. Ainsi, nous nous identifions à des émotions négatives telles que la peur, la colère et l'avidité, et nous avons le sentiment que le bonheur obtenu grâce aux plaisirs des sens est réel. Nous nous attachons à des gens, à des objets et à des idéologies, attachements qui se transforment en attraction et en aversion. Nous tentons d'obtenir ce que nous aimons et d'éviter ce que nous n'aimons pas, et nous nous retrouvons ainsi pris au piège dans un cycle sans fin d'expériences heureuses et malheureuses.

Mais un *jnani* perçoit son propre Soi dans toute la création. Amma dit souvent : « Le Créateur et la création ne sont pas séparés » et elle ajoute que c'est le Créateur qui est devenu la création. Dieu est présent dans toute la création sous la forme de pure Conscience, de pur Amour.

Un orfèvre fabrique différents bijoux, des bracelets, des colliers, et des bagues par exemple, mais il sait parfaitement que tous sont en or et que donc, en essence, ils ne sont pas différents. Ainsi, les *jnanis* voient comme nous le monde de la pluralité mais en même temps, ils perçoivent clairement l'unité sous-jacente à la diversité dans la création. Le bonheur des *jnanis* ne dépend donc pas de personnes, d'expériences ni d'objets extérieurs. En toutes circonstances, ils gardent leur équanimité et le contrôle parfait de leurs sens. Amma dit : « Le bonheur que nous obtenons des plaisirs de ce monde n'est qu'un reflet infime de la béatitude infinie qui vient de notre propre Soi ».

Le Seigneur Krishna emploie le mot *samyami* pour désigner un *jnani* ; ce mot indique une personne qui possède la maîtrise complète du mental et des sens, c'est-à-dire à la fois *shama* et *dama*. *Shama* est la tranquillité intérieure qui provient de l'éradication des *vasanas* (tendances latentes). Un être doté de *shama* ne cède pas aux désirs et garde l'équanimité en toutes circonstances. *Dama* désigne la maîtrise des *indriyas* (sens). Le mental d'un *samyami* est toujours associé à l'intellect qui discerne et il ne lui permet pas d'être emporté par les *indriyas*, de s'égarer vers les objets des sens.

Les *Yoga Sutras* de Patanjali décrivent l'*ashtanga yoga*, les huit étapes nécessaires pour atteindre l'union avec le Divin. Les trois dernières étapes sont *dharana*, *dhyana* et *samadhi*. *Dharana* : le méditant s'efforce de concentrer son mental sur un objet ou sur le Soi intérieur. *Dhyana* : le méditant a acquis une concentration totale sur l'objet de la méditation. *Samadhi* : le méditant et l'objet de la méditation ne font plus qu'un. L'ensemble de ces trois étapes est appelé *samyama* et un yogi qui les pratique et y excelle est aussi appelé *samyami*.

Selon Shankaracharya, un *samyami* est dépourvu de *kartrtva bodha*, le sentiment que c'est lui qui agit, sentiment qui relève de l'ego. Il n'est donc pas lié par le résultat de ces actes. Il agit en tant qu'instrument entre les mains de Dieu et il est capable d'accepter le résultat quel qu'il soit comme la volonté de Dieu.

C'est en juin 1996 que j'ai rencontré Amma, à Dallas, aux États-Unis, pendant que je faisais mes études supérieures. Lors de mon premier darshan, tout en me prenant dans ses bras et en souriant, Amma m'a demandé en tamoul : « *Amma vantaala ?* (Est-ce qu'Amma est entrée dans ta vie ?) ».

J'ai souri en hochant la tête, mais je n'avais aucune idée de ce qu'elle voulait dire. Ce soir-là, le darshan d'Amma et les bhajans ont fait sur moi une impression profonde. J'ai été touché par sa simplicité sans prétention et son humilité. Je suis parti après les bhajans du soir, mais ma vie n'allait plus jamais être la même.

Je suis allé à la bibliothèque de l'université du Texas, à Austin où j'étais étudiant, et j'y ai trouvé un exemplaire de la biographie d'Amma. Profondément ému par le récit de sa vie, j'ai résolu de faire de mon mieux pour suivre son enseignement. J'assistais aux bhajans qui avaient lieu une fois par semaine dans la maison d'un dévot à Austin, j'ai appris à réciter le *Lalita Sahasranama* et j'ai lu la série des *Éveillez-vous, mes enfants*. Peu à peu, mes anciens amis, mes anciennes habitudes, tout cela s'est éloigné de moi et ma vie a pris une direction complètement différente.

L'année suivante, j'ai été accepté pour un stage d'été à Sunnyvale en Californie, près de l'ashram d'Amma à San Ramon. À l'époque, Amma passait plus de deux semaines à San Ramon et j'en ai profité pour aller la voir tous les soirs ainsi que les weekends. Pendant le tour des États-Unis, je me suis donné comme priorité d'assister aux programmes dans quelques-unes des villes où Amma se rendait.

Quand je suis retourné au Texas, c'est à moi qu'a échu la responsabilité d'organiser et de mener les bhajans hebdomadaires à Austin. Peu à peu, j'ai compris ce qu'Amma avait voulu dire en demandant : « *Amma vantaala ?* ». Elle prenait ma vie en main ! Mon doctorat, qui était censé être une occupation à plein temps, est graduellement devenu une activité secondaire.

Le désir d'entrer à l'ashram d'Amma est rapidement devenu intense. J'y ai fait quelques petites allusions et j'ai un jour demandé à Amma de me trouver une « petite place dans sa grande organisation ». Elle a ri et m'a dit que la vie à l'ashram n'était pas facile. Mais j'ai bien senti qu'Amma accepterait si j'insistais. Malheureusement, il me manquait le courage nécessaire ; j'ignorais si je résisterais aux rigueurs de la vie monastique. J'étais également inquiet de la réaction de mes parents. Selon les instructions d'Amma, j'ai terminé ma thèse. Mais même alors, je n'ai pas eu le courage de lui poser la question.

Une nuit, à San Ramon, j'étais debout à côté d'Amma pendant le darshan, quand elle m'a dit d'un ton sarcastique : « Si tu as peur, alors va vivre dehors, dans les ténèbres ! ».

C'est seulement bien plus tard que j'ai compris le sens de cette remarque. Un avatar comme Amma est comparable au Soleil qui dissipe les ténèbres de notre ignorance. Dans le *Lalita Sahasranama*, Dévi est décrite comme *ajnana dvanta dipika,* la lampe brillante qui dissipe les ténèbres de l'ignorance. Dévi est également décrite comme *bhakta harda tamo bheda bhanumad bhanu santatih,* les rayons du Soleil qui dissipent les ténèbres dans le cœur des dévots.

Vivre en présence d'un Maître comme Amma, qui inspire des millions de personnes, équivaut à marcher dans la pleine lumière du jour. Qu'il s'agisse de sujets matériels ou de la vie spirituelle, tout est plus clair. En revanche, vivre dans le monde de l'égoïsme et du matérialisme, cela revient à évoluer dans les ténèbres. Ce qu'Amma voulait dire, c'est que si le courage me manquait, je resterais dans l'obscurité. Deux ans après l'obtention de mon doctorat, Amma m'a finalement amené à Amritapuri. Cela me rappelle les paroles d'un bhajan :

amma ki chaya me mera safar
ye teri krpa hai meri ma

Le voyage de la vie se déroule à l'ombre protectrice et fraîche de Mère. Cela est dû uniquement à la grâce d'Amma.

duniya ki maya sagar mein
dub raha tha meri ma
balo se pakad ke mujhe
kaise bacaya jagadamba

Je me noyais dans l'océan illusoire de ce monde. Ô Mère, m'attrapant par les cheveux, comment as-tu réussi à me sauver ?

Arjuna demande au Seigneur Krishna quels sont les signes d'un *jnani*, comment il s'assied, comment il marche, parle, etc. Sa question concerne manifestement les différences extérieures, grossières (perceptibles par les sens), entre un *jnani* et un *ajnani*. Les réponses du Seigneur indiquent les différences intérieures, subtiles, qui ont trait à l'état du mental. La question d'Arjuna et la réponse de Krishna montrent bien qu'entre un *ajnani* et un *jnani*, la différence est la même qu'entre le jour et la nuit. L'essence de cette idée est magnifiquement illustrée dans le Tirumandiram de Saint Tirumular :

marattai maraittatu mamata yanai
marattil maraindatu mamata yanai
parattai maraittana parmudal bhutam
parattil maraindana parmudal bhutame

Le bois est caché par la forme de l'éléphant.
L'éléphant disparaît dans le bois.
Les cinq éléments grossiers cachent le Suprême.
Les cinq éléments grossiers disparaissent dans le
Suprême.

Un enfant visite un temple avec son père et voit une sculpture énorme qui représente un éléphant. Il a peur. Le père de l'enfant est menuisier ; il le rassure en lui expliquant que l'éléphant n'est pas réel, qu'il est en bois, si bien sculpté et peint qu'il paraît réel. Pour l'enfant, l'éléphant était réel tandis que pour le menuisier, le bois était réel.

Ainsi, aux yeux des gens ordinaires qui perçoivent le monde matériel constitué des cinq éléments, le Principe suprême est caché. Mais un *jnani* voit clairement le Principe suprême et le monde matériel est pour lui comme inexistant.

Amma transmet le même message à l'aide d'une brillante analogie : « Pendant l'*arati* dans les temples, on baisse ou on éteint toutes les autres lumières et il ne reste que la flamme de la lampe à huile ou du camphre, avec laquelle on décrit des cercles en adoration devant l'idole. Cela symbolise l'idée suivante : c'est seulement quand on se détourne des objets des sens extérieurs que l'on découvre la lumière intérieure ».

Prenez l'exemple d'un bateau. Par temps calme, il avance régulièrement mais en cas de tempête, il risque d'être violemment secoué. Un sous-marin, en revanche, est à peine affecté, même en cas d'orage ou de vent violent. Nous sommes comme le bateau, facilement perturbés par les turbulences qui touchent le corps ou le mental. Mais un *samyami* est pareil à un sous-marin : les circonstances extérieures ne l'affectent pas. Si nous plongeons profondément en nous-mêmes, nous obtiendrons la tranquillité intérieure.

Amma dit : « Quand les vagues du mental turbulent s'apaisent, le substrat immobile se révèle. Ce substrat est l'essence de la religion. Dieu est présent en chacun de nous, en tous les êtres et en toutes choses ». Mais à cause de l'attachement que nous portons à des personnes et à des objets, nous ne percevons pas l'essence sous-jacente. Si nous développons ne serait-ce qu'un peu de détachement, Amma nous récompensera généreusement.

Cela me rappelle une expérience que j'ai eue quand j'étais encore étudiant aux États-Unis. J'avais un colocataire mexicain qui exerçait la médecine chinoise et l'acupuncture. Lui aussi était un dévot d'Amma.

Avant son retour définitif au Mexique, j'ai décidé de lui faire un petit cadeau en gage de notre amitié. J'avais une très belle photo des pieds d'Amma. C'était une photo rare que j'avais achetée peu de temps auparavant. J'y étais très attaché et je la vénérais chaque jour. Amma enseigne qu'une manière de développer le détachement envers les objets matériels consiste à donner des objets auxquels nous sommes fortement attachés. J'ai décidé de donner cette photo à mon ami en cadeau d'adieu ; c'était une tentative pour développer le détachement. Il a accepté le cadeau avec joie.

Après son départ, la photo m'a vraiment beaucoup manqué. Je me suis demandé pourquoi je la lui avais donnée. « J'aurais pu lui donner autre chose à la place ! », ai-je pensé.

Peu après, juste avant l'arrivée d'Amma à Dallas, j'ai reçu un coup de fil d'un des organisateurs du programme qui me demandait si je voulais faire la *pada puja* quand Amma entrerait dans la salle de darshan.

C'était surprenant car à l'époque, seuls des dévots qui suivaient Amma depuis de nombreuses années avaient la chance d'accomplir ce rituel ; or je connaissais Amma depuis moins de deux ans. Faire la *pada puja* à Amma, c'était un rêve qui se réalisait et j'ai donc aussitôt accepté la proposition. J'ai renoncé à la photo des pieds que je chérissais et j'ai été béni : j'ai eu la chance de faire la *pada puja* à ses vrais pieds. J'ai interprété cela comme un message d'Amma : si j'abandonnais mes attachements aux objets matériels, alors en récompense, j'obtiendrais une joie plus grande. (Je ne dis pas qu'il ne faut pas être attaché aux photos d'Amma).

Dans aucun des trois états de conscience, que ce soit l'éveil, le sommeil profond ou l'état de rêve, les êtres ordinaires n'ont conscience de la réalité. Mais un *jnani*, qui est éveillé à la réalité, demeure le témoin de ces trois états de conscience. Il y a des années, je faisais partie d'un groupe de brahmacharis qui allait tous les week-ends à l'ashram de Madurai pour y donner un programme de satsangs et de bhajans.

Un dévot aveugle de naissance jouait des *tablas* pour nous. Je lui ai un jour demandé s'il rêvait la nuit et ce qu'il voyait dans ses rêves. Il a répondu que ses rêves n'étaient qu'en audio, sans vidéo. Ainsi, notre état de rêve est une extension de notre état de veille et l'ignorance de notre vraie nature est présente dans les trois états. Naturellement, nous ne comprenons pas les aspects subtils du mental et du cœur, même quand nous sommes pleinement éveillés.

Quand j'étais à la tête de la section d'Électronique à l'université Amrita, un des étudiants a raté tous ses examens de première année de la licence de Technologie. Conformément aux règles de l'université, il a dû redoubler sa première année. Mais malgré le redoublement, il a de nouveau échoué à tous les examens. Cela signifiait qu'il lui fallait recommencer une troisième fois la première année. Après en avoir discuté avec d'autres professeurs, j'ai convoqué les parents du garçon et je leur ai dit qu'il valait mieux pour lui renoncer à être ingénieur et choisir un autre cursus, puisqu'il ne faisait aucun progrès. Je leur ai expliqué que s'il continuait, non seulement il leur faudrait payer à nouveau les frais d'inscription, mais qu'il perdrait ainsi quelques années de sa carrière.

L'étudiant était malheureux mais il n'a rien dit. Je les ai emmenés voir Amma, lui et son père, et j'ai dit à Amma ce que nous avions décidé. Elle a souri au garçon avec compassion et lui a demandé : « Fils, est-ce que tu veux partir ? Est-ce que tu ne désires pas devenir ingénieur ? ».

Les larmes aux yeux, l'étudiant a répondu qu'il n'avait pas travaillé, il le savait, mais qu'il voulait une autre chance. Avec l'approbation d'Amma, il a continué ses études et ses résultats se sont améliorés. J'ai ensuite appris que pendant ses vacances, il avait participé aux activités de l'ashram et s'était attaché à Amma et à l'ashram. C'est pourquoi il ne voulait pas quitter cette sainte atmosphère. Amma a pu lire clairement dans son cœur, alors que nous n'en étions pas capables. Par la grâce d'Amma, il a obtenu son diplôme et a maintenant un bon emploi à Bangalore.

Ce qui paraît n'être que gribouillis inintelligibles aux non-initiés peut être un chef-d'œuvre aux yeux d'un connaisseur, une description inestimable des émotions et de la psyché humaines. Ainsi, nous ne trouvons peut-être pas beaucoup de sens à cet univers en apparence chaotique et irrationnel mais pour un *jnani*, la création entière est un terrain de jeu divin. Sri Ramakrishna Paramahamsa a dit : « Ce monde est un palais rempli de joie. »

Pour ceux qui ont réalisé le Soi, il n'existe ni peur, ni chagrin, ni aucune émotion négative, seulement la béatitude. Bien que nous vivions dans le même monde qu'Amma, nos expériences sont aux antipodes. Amma a dit : « L'univers entier est comme une bulle à l'intérieur de moi ». Comment pourrions-nous même tenter d'imaginer cet état d'être ? C'est au-delà de nos capacités. Nous la voyons peut-être se comporter comme l'une d'entre nous, elle rit et pleure comme nous. Mais n'oublions jamais qu'elle se trouve sur un plan de conscience totalement différent.

Amma est une *samyami* parfaite. Elle n'est absolument pas identifiée à son corps ; si elle l'était, elle n'aurait jamais pu donner le darshan autant d'heures par jour durant ces quarante-cinq dernières années. Elle mange très peu, dort à peine, et elle est capable de transcender la souffrance physique et l'inconfort. Aucun être ordinaire ne pourrait faire cela. Rien ne la perturbe jamais, que ce soit un tsunami, une pandémie ou les difficultés que rencontrent ses institutions. Amma conserve toujours l'équanimité et se concentre sur ce qu'elle peut faire pour améliorer la situation.

Pour voir le fond d'un lac recouvert de feuilles et de mousse, il faut enlever la saleté, puis attendre que les rides à la surface du lac s'apaisent. Notre mental est pareil à un lac pollué. Amma nous conseille de faire des actions désintéressées avec *shraddha* et compassion et de cultiver une attitude d'acceptation. C'est nécessaire pour purifier le mental. Les pratiques spirituelles telles que le *japa* (la répétition du mantra) et la méditation nous aident à maîtriser le mental et les sens.

Par la grâce d'Amma, en regardant à l'intérieur on peut ensuite connaître sa nature réelle. Selon Amma, c'est la grâce de Dieu qui assure le succès d'une entreprise, quelle qu'elle soit. Sri Ramana Maharshi affirme que pour réaliser le Soi, la grâce du guru est le facteur primordial et essentiel. Tous les autres facteurs sont secondaires.

Puisse Amma répandre sa grâce infinie sur nous tous afin que nous puissions réaliser notre vraie nature.

21

La Perfection en action

Swamini Chitprabhamrita Prana

Il y a des années, là où se trouve aujourd'hui le grand hall, il n'y avait qu'un terrain marécageux. Et tous les soirs après le dîner, excepté les jours de *Devi bhava*, on pouvait participer au seva et charrier du sable pour combler le marécage. Au bout du terrain, il y avait un tas de sable. C'est là que nous donnions des satsangs, juste avant de commencer le seva.

Quand mon tour est arrivé et qu'il m'a fallu préparer un discours, Swami Amritagitananda m'a donné le sujet : *bhakti yoga*, sur la base du texte *Upadesha saram*.[7]

Il y avait peu de temps que j'étais entrée à l'ashram et comme ce texte ne m'était pas familier, je n'y ai pas fait référence en préparant le discours. Je me suis appuyée uniquement sur ce qu'Amma nous avait enseigné à propos du *bhakti yoga*. Le jour où je devais parler, Swami Amritagitananda m'a appelée le matin et m'a dit d'inclure certains éléments spécifiques tirés de ses cours sur *Upadesha saram*. Cela m'a rendue nerveuse car je n'avais inclus aucun de ces éléments, et je n'avais plus le temps d'en ajouter un seul.

---

[7] *Bhakti yoga* désigne la voie de la bhakti (dévotion), une des voies qui permettent d'atteindre l'union avec Dieu. Il existe d'autres voies telles que le *karma yoga* (la voie de l'action) et *jnana yoga* (la voie de la connaissance). *Upadesha saram*, mot à mot l'Essence de l'enseignement spirituel, est une œuvre de Sri Ramana Maharshi, un sage qui vécut à Tiruvannamalai (1879 – 1950).

Ce soir-là après les bhajans, juste avant le début de mon satsang, j'ai vu Amma assise seule à côté du tas de sable. Je suis allée vers elle, je me suis prosternée et je lui ai confié mes peurs :

« Amma, je ne pense pas que ce que j'ai préparé correspond à ce qu'attend Swami Amritagitananda. J'ai peur ! Je t'en prie, sois avec moi ! ».

Amma a répondu : « Ma fille, donne ton satsang sans crainte. Amma sera avec toi ! ».

J'étais si angoissée que j'ai à peine entendu ce que me disait Amma. Désespérée, je lui ai pris la main et j'ai répété : « Amma, je t'en prie, sois avec moi ! ».

Seules quelques personnes étaient rassemblées pour écouter mon discours, mais je tremblais. Debout, j'ai récité le *dhyana shloka* (le verset de méditation) et à ce moment-là, il s'est mis à pleuvoir. La plupart des gens qui étaient venus se sont réfugiés dans les huttes voisines, et il n'y avait plus personne devant moi. Je ne pouvais pas partir, puisque c'était mon tour de parler. J'ai remarqué quelqu'un qui venait vers moi sous un grand parapluie blanc. Absorbée par le satsang, je n'ai pas regardé qui c'était. La personne qui tenait le parapluie s'est penchée vers moi et m'a murmuré à l'oreille : « *Mookke* (le surnom qu'Amma me donnait et qui fait allusion à mon nez proéminent), parle hardiment ! ». C'était Amma elle-même, debout juste à côté de moi, et qui tenait le parapluie pour me protéger de la pluie ! J'étais émerveillée et profondément touchée qu'Amma ait tenu sa promesse littéralement (Amma sera avec toi !).

J'ai rencontré Amma pour la première fois en 1985, quand j'étais en classe de Troisième. Mon père était allé voir Amma le premier. Elle lui a demandé : « Pourquoi n'as-tu pas amené tes enfants ? ».

Il a donc emmené toute la famille voir Amma. Ma famille révérait les *mahatmas* (êtres spirituellement éveillés) et leur rendait fréquemment visite. Au départ, j'hésitais à aller voir Amma car nous avions fait d'autres projets pour ce jour-là. D'après les *mahatmas* que j'avais rencontrés au fil des années, l'image que j'avais à l'esprit était celle d'un vieil homme aux cheveux emmêlés et à la longue barbe blanche. Quand mon père m'a dit : « Amma est une belle *yogini* âgée de trente-deux ans, aux yeux noirs profonds et pleins de lumière, avec un anneau de nez étincelant et un sourire enchanteur », j'ai accepté de la rencontrer.

Nous y sommes allés dans la soirée. Avant même de voir Amma, j'ai entendu sa voix. Elle chantait des bhajans. Quand j'ai entendu cette voix, j'ai eu le sentiment d'être transportée dans un monde totalement différent. Sa voix ne semblait pas de ce monde. En voyant Amma et les brahmacharis chanter, je me suis même demandé s'ils faisaient vraiment partie de ce monde. L'atmosphère était saturée de vibrations divines. J'étais dans un tel ravissement que je ne me suis pas rendu compte que les bhajans étaient terminés et qu'Amma donnait le darshan. Il y avait très peu de personnes. À l'époque, Amma donnait de la cendre sacrée directement dans la main et non pas dans des sachets. Elle m'en a donné un peu et m'en a mis sur le front, puis elle m'a embrassée. Avec un sourire malicieux, Amma a dit : « Oh ma fille, tu es venue ! Reviens ! ».

Après notre darshan, j'ai remarqué qu'Amma avait mis de la cendre sacrée sur mon front mais pas sur celui des membres de ma famille. J'ai eu le sentiment que j'appartenais à Amma. « C'est pour cela qu'elle m'a donné ce traitement spécial ! ». Voilà ce que j'ai pensé avec vanité.

Après cette rencontre, mes pensées étaient irrésistiblement attirées par Amma. J'aspirais intensément à la revoir. Ce fut ma première expérience du flot débordant de l'amour.

Je me suis inscrite dans une université proche de la maison d'un dévot, à Calicut. Chaque fois qu'Amma allait chez eux, je l'apprenais et j'y allais en cachette de ma famille. Je regardais Amma répéter les bhajans avec les brahmacharis.

Je pleurais souvent en implorant Amma de me laisser vivre à l'ashram. Mais à l'époque, les filles ne pouvaient y résider qu'avec leur famille. J'avais donc peu d'espoir de pouvoir jamais habiter à l'ashram. Au fil des années, Amma a permis aux filles d'y venir en tant que brahmacharinis. Elle m'a donc autorisée à entrer à l'ashram. Mais comme je n'en étais qu'à ma seconde année d'études universitaires, mon père est venu et m'a ramenée de force à la maison. J'en ai eu le cœur brisé. Plus tard, quand j'ai eu terminé mes études, avec beaucoup de difficultés et uniquement par la grâce d'Amma, j'ai pu réaliser mon rêve et vivre en permanence auprès d'Amma. Au fil des années, Amma m'a bénie en m'accordant d'innombrables expériences, belles et précieuses comme des perles, qui m'ont permis de progresser spirituellement. Permettez-moi de vous raconter une de ces anecdotes.

Après mon entrée à l'ashram, mon seva consistait à laver le linge pour des résidents occidentaux de l'ashram qui avaient besoin d'aide, car nous manquions d'eau. À l'époque, il n'y avait de l'eau à l'ashram que certains jours de la semaine. Les autres jours, les brahmacharinis qui faisaient ce seva allaient de l'autre côté de la lagune, dans la maison de la plus jeune sœur d'Amma, Sajini.

Au départ, une brahmacharini plus ancienne nous avait enseigné comment faire la lessive car avant d'entrer à l'ashram, nous n'avions jamais lavé, pas même nos propres vêtements.

Il y avait beaucoup de vêtements à laver, mais nous aimions quand même ce seva parce qu'Amma demandait fréquemment comment cela se passait pour nous. Et puis, la pensée qu'Amma avait touché ces vêtements pendant le darshan nous motivait. Un jour, la brahmacharini Bindu et moi lavions les vêtements ; parmi eux se trouvait un blue-jean tout neuf, avec quelques taches çà et là. On nous avait appris comment appliquer de la poudre blanchissante pour enlever les taches. Par ignorance, nous avons mis de la poudre sur toutes les taches. Vous imaginez ce qui est arrivé ! La lessive terminée, nous avons constaté qu'il y avait de grands cercles blancs à la place des taches ! Ce n'était certes pas le résultat que nous attendions.

Soudain, j'ai eu une idée lumineuse. J'ai dit à Bindu : « Dans la *Bhagavad Gita*, le Seigneur Krishna dit : « *Yogah karmasu kaushalam* (le yoga, c'est l'habileté dans l'action) (2.50) ». J'avais mal interprété à l'époque le mot *kaushalam*, et je croyais qu'il signifiait « en rusant » ; je pensais donc que le Seigneur voulait dire : « Employez tous les moyens ! ». J'ai dit : « Utilisons une ruse (*kaushalam*). Si nous mettons de la pâte blanchissante sur tout le jean, la couleur deviendra uniforme ». Et c'est ce que nous avons fait !

Le lendemain, le propriétaire du jean est venu se plaindre que son pantalon manquait. Nous lui avons dit que nous l'avions lavé et renvoyé, en lui demandant de revérifier. C'est ce qu'il a fait, et il est revenu nous dire qu'il n'y avait qu'un vieux jean et que non, son blue-jean tout neuf n'y était pas. Avec impudence, nous lui avons demandé de vérifier si son nom n'était pas écrit à l'intérieur du vieux jean. Le pauvre homme a vérifié et en découvrant son nom sur le pantalon, il a eu un choc. Il a compris que son jean tout neuf avait été réduit à cet état pitoyable. Fâché, il est allé se plaindre à une brahmacharini plus ancienne. Elle nous a questionnées et nous lui avons avoué ce que nous avions fait. Elle nous a sévèrement réprimandées.

Puis, et ce fut un choc pour nous, elle est allée le raconter à Amma. Amma nous a convoquées et nous a grondées. Puis elle a présenté des excuses de notre part à cet homme. Elle lui a dit : « Ces enfants n'ont pas l'habitude de faire ce genre de travail. Chez elles, elles ne faisaient jamais la lessive. Elles ont agi par ignorance ».

Quand il a entendu les paroles d'Amma, l'homme s'est calmé et il est parti humblement, sans dire un mot.

Puis Amma s'est tournée vers nous et nous a dit : « Mes enfants, efforcez-vous d'accomplir vos devoirs parfaitement. En lavant chaque vêtement, imaginez que vous enlevez les impuretés de votre mental. Chaque fois que vous ôtez une tache, imaginez que vous enlevez les impuretés accumulées pendant des vies. Chaque soir, visualisez que vous offrez votre mental ainsi nettoyé à Dieu. Si vous agissez ainsi, ce seva vous aidera à purifier votre mental. C'est seulement ainsi que cela deviendra du karma yoga ».

Cet incident a complètement transformé notre attitude vis-à-vis du seva. Auparavant, le travail était pour nous un jeu. À partir de ce jour-là, nous l'avons fait avec une attention extrême. Nous examinions soigneusement les vêtements en cherchant la plus petite tache, et nous la lavions en considérant la saleté comme un reflet de nos propres impuretés mentales. Et c'est ainsi que nous nous sommes efforcées d'atteindre la perfection dans nos actions. Ainsi, à sa manière simple, Amma nous a enseigné comment transformer le *karma* (action) en *karma yoga*.

Le Seigneur Krishna dit :

buddhiyukto jahatiha ubhe sukrita dushkrite
tasmad yogaya yujyasva yogah karmasu kaushalam

Doté de la sagesse de l'équanimité, on renonce aussi bien aux bonnes qu'aux mauvaises actions. Consacre-toi donc au yoga. Le yoga est l'habileté dans l'action. (*Bhagavad Gita*, 2.50)

Une fois grillée, une graine ne germe plus, même si les circonstances sont favorables. Ainsi, l'ego de celui qui consacre toutes ses actions à Dieu ne relève pas la tête. Le Seigneur Krishna nous conseille de ne jamais oublier, même quand nous sommes activement engagés dans l'action, que nous n'en sommes pas les auteurs et que nous n'en récoltons pas les fruits : nous sommes de simples instruments entre les mains du Divin.

Il s'agit d'être complètement absorbé dans ce que l'on fait, tout en restant détaché. La nature de l'action est de nous lier (à ses fruits). L'habileté réelle, c'est d'agir en sorte que nos actions ne nous lient pas. Pour employer une image : quand on coupe le fruit du jacquier, il en sort un liquide blanc qui colle aux mains. Pour éviter ce problème, il faut s'enduire les mains d'huile.

Le seul but d'un karma yogi est de purifier son mental ; il ne se préoccupe ni des mérites *(punya)* ni des démérites *(papa)* créés par ses actions. La loi de la nature veut que nous récoltions ce que nous semons, que cela nous plaise ou non. De bonnes actions produisent de bons résultats, de mauvaises actions en donnent de mauvais. Agir avec discernement et sans attendre les fruits de ses actions, en transcendant ainsi *punya* et *papa* , c'est la dextérité dans l'action (*karma kushalata).*

Un homme appelé Komu mourut un jour et son âme monta vers le ciel. Sa femme et ses enfants lui manquaient, il se sentait seul et triste. Soudain, il entendit derrière lui une douce voix qui l'appelait : « S'il te plaît, arrête-toi ! ».

Il se retourna et vit une belle forme. « Qui es-tu ? », demanda-t-il.

La forme répondit : « Je suis le résultat de tes bonnes actions. Je t'accompagne ».

Tout heureux, l'homme continua son voyage, accompagné de ses mérites. Soudain, il entendit une voix effrayante qui grondait : « Arrête-toi là ! ».

Quand il se retourna, il vit apparaître un personnage terrifiant. Tremblant de peur, il demanda : « Qui es-tu ? ».

Le personnage répondit : « Je suis le résultat de tes mauvaises actions. Moi aussi, je t'accompagne ».

L'homme dit : « Je ne veux pas de toi. Je suis en l'agréable compagnie de mes mérites ».

Le personnage rétorqua : « Tu n'as pas le choix. Je suis ta propre création et je te suivrai comme une ombre. Tu aurais dû y penser d'abord, avant de commettre les mauvaises actions ».

C'est pourquoi le Seigneur nous conseille de chercher à transcender aussi bien les mérites que les démérites. Les deux nous lient. Si les mauvaises actions sont comparables à une chaîne en fer, les bonnes actions sont une chaîne en or. C'est la seule différence.

Amma nous dit toujours de vivre dans le présent. Quand nous sommes pleinement absorbés dans le moment présent, nous sommes à la fois conscients et vigilants. Les actions ainsi accomplies sont parfaites, agréables et belles. En vérité, la vie n'est qu'une succession de moments présents.

Le mot « présent » possède trois sens différents. Cela peut signifier un cadeau. Ou bien « ce moment précis ». C'est aussi lié à la présence. Chaque moment présent est un présent de Dieu. Quand on est totalement présent dans l'instant, on peut le rendre à Dieu sous la forme d'un cadeau, d'une offrande qui vient de soi. En d'autres termes, les actions accomplies avec un abandon total du corps, du mental et de l'intellect deviennent dignes d'être offertes à Dieu.

Regardez Amma. Chacune de ses actions est pleine de grâce et de beauté. Elle s'abandonne complètement à tout ce qu'elle fait. Chacune des milliers de personnes qui viennent recevoir son darshan ne bénéficie que de quelques précieux instants avec elle, mais ces moments deviennent des souvenirs inestimables. Ces précieux moments leur insufflent la force mentale et l'énergie nécessaires pour affronter les défis de la vie. La raison en est qu'Amma est établie dans le Soi, où il n'y a que la béatitude, et qu'elle agit à partir de cet état. Une étincelle de béatitude touche le Soi de la personne qui reçoit le darshan et lui inspire le désir de revenir au darshan. Mais pour obtenir le plein bénéfice de la grâce, il faut que le mental soit ouvert.

Lorsqu'on nous confie une tâche, il y a des chances pour que nous nous concentrions sur les parties les plus difficiles. Alors nous sommes dépassés. Le défi nous paraît si énorme que notre mental perd confiance. Il se peut même que nous abandonnions.

Une histoire me revient en mémoire. Un homme va trouver le Bouddha et lui dit que son mental est très perturbé. Le Bouddha lui dit d'apporter du sel, de le dissoudre dans un verre d'eau et de boire l'eau. L'eau est si salée que l'homme ne peut pas en boire plus d'une goutte. Le Bouddha lui dit ensuite d'apporter la même quantité de sel, de la jeter dans un lac et de boire un peu d'eau du lac. L'homme peut la boire facilement car il n'y a pas trace de sel dans cette eau. Le Bouddha dit : « Dans les deux cas, tu as ajouté la même quantité de sel. La seule différence, c'est la quantité d'eau dans laquelle tu as mis le sel. Ainsi, tout le monde a des problèmes dans la vie. On les perçoit comme grands ou petits selon la dimension du mental qui les gère ».

Dès l'enfance, la vie d'Amma a toujours été parsemée de problèmes et de difficultés. Mais aucun problème ne crée la plus petite vague dans son mental vaste, universel. Si un éléphant entre dans un étang aux eaux claires, l'eau deviendra boueuse. Mais s'il marche dans un océan, cela ne fera aucune différence pour l'océan. Le mental d'Amma est aussi profond et universel que l'océan. En vérité, les problèmes s'émiettent face au mental cosmique d'Amma.

Nous sommes perturbés par les difficultés parce que notre mental est fermé et étroit. La racine de cette étroitesse du mental, c'est l'ego. Amma emploie différents outils pour éradiquer l'ego des disciples. Elle fait croître en eux le sens des valeurs universelles et leur insuffle le désir d'agir de façon bénéfique pour autrui.

C'est le plus grand miracle accompli par Amma. Par sa grâce, de nombreuses vies ont été transformées. Chaque respiration d'Amma est pour le bonheur de ses enfants. La fatigue physique qu'Amma endure pour nous est inconcevable.

Je me rappelle une histoire. Une petite fille, assise sur les genoux de son père, lui demande un jour : « Papa, le visage de maman est très beau. Mais pourquoi ses mains sont-elles noires et déformées ? ». Le père répond : « Quand tu étais bébé, le berceau dans lequel tu dormais a pris feu. Quand ta mère a vu qu'il n'y avait pas d'autre moyen de te sauver, elle t'a sortie du berceau avec ses mains nues. Les brûlures qu'elle a subies lui ont déformé les mains de façon irréparable ». Alors les mains de sa maman semblèrent à la petite fille les plus belles du monde.

Un dévot a demandé un jour à Amma pourquoi elle avait la joue gauche enflée. Amma a répondu : « Ce n'est pas ma joue gauche qui est enflée, mais ma joue droite s'est aplatie à cause de la pression constante qui s'y exerce pendant le darshan ». On peut voir une marque ronde et sombre sur sa joue droite. Amma bien sûr ne s'est jamais plainte. En fait, quand un dévot l'a interrogée à ce sujet, Amma a dit négligemment : « C'est la marque de l'amour de mes enfants ! ».

Il existe en Chine une espèce de bambou qu'on appelle le bambou chinois. Le fermier sème la graine, met de l'engrais et attend patiemment. La première année, rien ne pousse. Le fermier continue néanmoins à mettre de l'engrais et à arroser. Cela dure trois ou quatre ans. Enfin, la cinquième année, la graine germe. La plante pousse rapidement et atteint, en l'espace de six semaines, une hauteur de trois à quatre mètres.

Combien de temps la plante a-t-elle mis pour pousser ? Cinq ans ou six semaines ? La réponse est cinq ans. Pendant ces cinq années, la plante développe des racines profondes, ce qui lui donne la force de supporter la hauteur que l'arbre atteindra ensuite.

Mais extérieurement, on ne peut pas voir cette croissance. Et si le fermier, déçu par l'absence de résultat visible, cesse de prendre soin de la graine ? Il n'y aura pas de bambou. Ce sont la foi, la patience et l'enthousiasme qui finissent par couronner ses efforts de succès.

De même, bien que nous ne voyions peut-être pas de signe palpable d'une croissance spirituelle, Amma prend soin de nous avec patience et amour. Elle sait que ses enfants vont grandir, et que si ce n'est pas aujourd'hui, ce sera demain. Parce que l'eau et l'engrais viennent d'Amma, il n'y a aucun doute que ses efforts porteront leurs fruits.

Amma a allumé une flamme d'amour en chacun de nos cœurs. Protégeons soigneusement cette flamme. La lumière de cette flamme éternelle éclairera notre chemin et nous aidera à surmonter les obstacles et les embûches. Puisse Amma nous bénir tous, afin que nous préservions éternellement sa lumière et son amour dans notre cœur.

22

« Aucun de mes dévots n'est jamais perdu ! »

Bri. Chinmayamrita Chaitanya

Le Seigneur Krishna déclare : « S'il Me vénère avec une dévotion et une concentration totales, même le pire des pécheurs doit être considéré comme un juste car il a pris la résolution correcte » (*Bhagavad Gita*, 9.30). Telle est la puissance de la dévotion : le pécheur devient un saint.

Les exemples classiques sont Angulimala et Valmiki. Avant leur transformation, ils étaient tous les deux des bandits et des assassins. Ils ont développé une dévotion absolue envers Dieu et sont ensuite devenus des parangons de vertu.

Krishna demande ensuite à Arjuna « de déclarer hardiment qu'aucun de Mes dévots n'est jamais perdu » (9.31).

Pourquoi le Seigneur ne l'a-t-Il pas affirmé Lui-même ? Pourquoi a-t-Il demandé à Arjuna de le faire ? Si Arjuna, un dévot, le déclare, Dieu tiendra sans nul doute sa promesse car Il ne permet pas que la parole d'un de ses dévots s'avère fausse. Lors de la guerre du Mahabharata, le Seigneur avait fait le vœu de ne pas prendre les armes. Mais Bhishma, un authentique dévot de Krishna, a fait le serment de tuer Arjuna ou de contraindre le Seigneur à utiliser une arme. Alors Krishna a aussitôt lancé la roue du chariot, la maniant comme une arme, afin de protéger Arjuna et de permettre à Bhishma d'honorer son serment, même si cela impliquait qu'Il transgresse son propre vœu.

De même, pour Amma, ses enfants sont tout. Elle va jusqu'à dire que son Dieu, ce sont ses enfants. Il y a bien des années, une brahmacharini et moi-même sommes allées à Mangalapuram pour le programme d'Amma. Le programme terminé, Amma s'apprêtait à partir et nous l'avons guettée près de la porte de sa chambre. Comme elle partait juste après le programme, nous n'avions pas eu le temps de prendre une douche. Nous étions sales après le seva, les pieds et les vêtements maculés de boue. Quand Amma nous a vues, elle a dit : « Mes enfants, Amma veut vous parler. Montez dans l'autre véhicule ».

Sans comprendre ce qu'elle voulait dire, nous avons acquiescé d'un signe de tête. En montant dans la voiture, elle s'est tournée vers nous, nous a regardées et a répété : « Montez toutes les deux dans l'autre véhicule ». Puis elle est partie rendre visite à des dévots. Nous l'avons suivie. Là, Amma a répété la même chose en sortant de la maison. Mais nous étions si obtuses que nous ne comprenions toujours pas ce qu'Amma voulait dire par « l'autre véhicule ». Une autre brahmacharini, qui avait entendu les paroles d'Amma, nous a demandé de monter dans le camping-car d'Amma. Nous avons aussitôt bondi à l'intérieur du camping-car, d'une propreté impeccable ; nous l'avons sali en y faisant des traces de boue !

Puis est arrivé le moment où Amma est montée dans le camping-car. Alors une des brahmacharinis, émerveillée, a demandé : « Amma ! Est-ce que cela est réel, ou bien est-ce un rêve ? ».

Amma lui a pincé la joue et a dit : « Qu'en penses-tu ? ».

J'ai dit à Amma que nous avions sali son camping-car. Elle a répondu : « J'aime la poussière des pieds de mes enfants ». J'étais stupéfaite. J'ai compris que pour Dieu, les dévots sont tout. Le regard qu'Amma pose sur ses enfants est toujours plein de gratitude et d'amour.

Selon le Seigneur Krishna, il existe quatre sortes de dévots : *arta, artharthi, jijnasu* et *jnani*. L'*arta* souffre, en proie au chagrin, et il implore Dieu de le soulager. L'*artharthi* prie pour la satisfaction de ses désirs. Le *jijnasu* recherche la connaissance ; il adore le Seigneur pour obtenir la sagesse. Le *jnani* est un sage, un être spirituellement éveillé. Parmi ces quatre sortes de dévots, Krishna déclare que le *jnani* est celui qui Lui est le plus cher.

Quoi que les dévots aspirent à obtenir, Dieu s'efforce de satisfaire leurs désirs et peu à peu, Il les élève à un niveau supérieur. On peut le voir clairement chez Amma, qui est pareille à une rivière d'amour au flot ininterrompu. Certains l'utilisent. D'autres l'aiment. Certains l'insultent. D'autres la vénèrent. Certains ne l'approchent même pas. Comme une rivière, Amma emporte tout et tous dans son flot. Saint ou pécheur, riche ou pauvre, intelligent ou ignorant, l'accueil d'Amma est le même. Dieu protège toujours ses dévots. Krishna va même plus loin : Il dit que même un pécheur sera sauvé s'il est résolu à changer et à suivre la voie du *dharma* (ce qui est juste), c'est-à-dire que le Seigneur le protègera. Le médecin accorde plus d'attention aux malades qui ont besoin de soins intensifs. De même, Amma est plus attentive à ceux qui ont besoin de son attention.

Cela me rappelle un incident qui a eu lieu pendant l'un des tours du nord de l'Inde, il y a des années. Un dévot persuada un de ses amis, alcoolique et gros fumeur, de venir voir Amma au programme de Mumbai.

Chaque fois qu'il avait bu, il se disputait avec les membres de sa famille et détruisait l'harmonie du foyer. Le temps que cet homme arrive devant Amma, il était trempé de sueurs froides et ses mains tremblaient parce qu'il n'avait pu ni boire ni fumer pendant quelques heures. Il avait peur qu'Amma ne le reçoive pas avec amour, comme elle le faisait pour les autres. Quand il est arrivé devant Amma, elle lui a gentiment caressé la poitrine, lui a caressé les joues et l'a regardé avec amour. Bouleversé, il s'est mis à pleurer en étreignant Amma avec force. Ils n'ont échangé aucune parole. Après un long darshan, Amma lui a demandé de s'asseoir près d'elle. Là, l'homme est devenu calme et apaisé, sans plus ressentir aucun symptôme de manque par rapport à l'alcool ou au tabac. Au bout d'un moment, il s'est levé et il est rentré chez lui.

Il est revenu le lendemain avec sa famille. Cette fois, quand il est allé au darshan, Amma lui a dit : « Amma sait qu'il est très difficile pour toi d'abandonner le tabac et l'alcool. Mais ne t'inquiète pas, tout ira bien ».

Cela l'a surpris car il n'avait pas parlé à Amma de ses addictions. Une fois encore, il a éclaté en sanglots. Il a dit : « Ô Amma, quand je suis près de toi, je parviens à maîtriser mon mental. Mais quand tu seras partie, il me sera très difficile de renoncer à mes mauvaises habitudes ».

Amma lui a répondu : « Fils, ne t'inquiète pas. Demain il y aura *Devi bhava*. Amma te donnera un mantra. Cela t'aidera à maîtriser le besoin de boire ou de fumer ».

Après avoir reçu le mantra d'Amma, il a réussi peu à peu à surmonter l'envie de boire et de fumer.

Il existe d'innombrables histoires similaires. Dans ce cas, Amma lui a donné un mantra. Dans d'autres cas, Amma donne des pilules appelées *kasturi* qui font merveille, mais seulement grâce au *sankalpa* (résolution divine) d'Amma.

Un prédicateur habitait en face d'une prostituée. Il comptait chaque jour le nombre des clients qui entraient chez elle et pensait constamment aux péchés qu'elle commettait. La prostituée, elle, pensait sans cesse à Dieu, regrettait ses actions et implorait le pardon de Dieu. Quand elle est morte, elle est arrivée à Vaikuntha, la demeure du Seigneur Vishnu, tandis que le prédicateur à sa mort est allé en enfer, parce que son mental pensait constamment aux péchés de la prostituée.

Peu importe ce que font les autres, ce qui est important, c'est de voir si nous sommes reliés à Dieu ou pas. Sommes-nous ouverts à Amma, quelle que soit notre activité ? Si tel est le cas, Amma prendra soin de tout.

Amma a raconté comment, à l'adolescence, des enfants qui venaient la voir quand ils étaient petits ont cessé de venir car pendant cette période, leurs amis et les activités de groupe étaient plus importants. Mais ils ont fini par revenir vers Amma, parce qu'elle avait semé en eux les graines de la spiritualité, de la dévotion et de l'amour lorsqu'ils étaient encore très jeunes. Telle est la puissance de la grâce et de la compassion d'Amma.

Amma dit qu'elle sème les graines de la spiritualité en toute personne qui vient la voir, ne serait-ce qu'une seule fois. Au moment adéquat, la graine germera. Qui d'autre qu'Amma peut faire une telle chose ?

L'incident suivant s'est produit à l'école Amrita Vidyalayam, à Delhi. Le mari d'une enseignante de l'école a eu un AVC. Il a été admis en soins intensifs dans un hôpital où il est devenu paralysé et a presque totalement perdu l'usage de la parole. Les médecins ont dit à sa femme qu'ils ne pourraient peut-être pas le sauver et que même s'ils y réussissaient, il risquait de demeurer dans un état végétatif pour le reste de sa vie. Cette femme était bouleversée. Elle est venue me voir en pleurant : « Madame, je vous en prie, allez voir mon mari ! J'ai foi qu'Amma fera quelque chose à travers vous ».

En priant Amma de tout mon cœur, je suis allée voir son mari. Comme les visites autorisées sont courtes en soins intensifs, j'ai récité dix-huit fois « *Om amriteshwaryai namah* » et je suis partie. J'ai donné à sa femme un livre *d'archana* et je lui ai demandé de réciter les cent huit noms d'Amma (*Ashtottaram*) aussi souvent qu'elle le pourrait, et de répéter *Om amriteshwaryai namah* autant de fois que possible. Elle a prié Amma intensément. Au grand étonnement des médecins, son mari a commencé à faire des progrès. En quelques mois, il s'est rétabli à 70-80%.

Quand Krishna affirme que même le pire des pécheurs sera considéré comme un juste s'il décide de suivre le dharma, Il pose une condition : *ananya bhakti*, la dévotion exclusive et constante pour Dieu. Cela signifie en réalité que le dévot devrait percevoir Dieu en tous les êtres. Mais Amma n'impose pas d'exigences aussi sévères à ses dévots. Si nous avons la moindre dévotion, elle est prête à nous aider. C'est ce que prouve l'histoire suivante.

Conformément aux instructions d'Amma, dans toutes les écoles Amrita Vidyalayam, le jour de Guru Purnima, on accomplit *Sanskriti Puja*.[8] Pendant cette puja, les enfants vénèrent leurs parents en tant que Shiva et Shakti. Amma dit que les parents, et spécialement la mère, sont les premiers gurus de l'enfant.

Les enfants accomplissent la *pada puja* (le rituel qui consiste à leur laver les pieds), leur mettent une guirlande, offrent *dhupam*, *dipam*, *karpuram* et *naivedyam* (l'encens, la lumière, la flamme du camphre et le pudding sucré), et consacrent un *archana* (récitation des noms du Seigneur) à leurs parents. Un jour, un des pères venus pour la puja s'est rappelé à quel point il avait maltraité sa mère, l'avait longtemps négligée, et l'avait toujours considérée comme un fardeau. Pendant que son enfant faisait la puja, il a été saisi de remords et s'est mis à pleurer, en pensant au mal que sa mère s'était donné pour l'élever.

La puja terminée, il est aussitôt allé chez sa mère ; il lui a demandé de s'asseoir sur une chaise, s'est assis à ses pieds, puis il a fait la même puja pour elle.

Quand sa mère lui a demandé : « Mon fils, qu'est-il arrivé ? », il lui a raconté en pleurant comment son enfant, ce jour-là, l'avait

---

[8] Le jour de la pleine lune (*purnima*) du mois hindou *Ashadha* (juin – juillet), jour où les disciples honorent le guru ; c'est aussi l'anniversaire du sage Vyasa, compilateur des Védas, et auteur des *Puranas*, des *Brahmasutras*, du *Mahabharata* et du *Shrimad Bhagavatam*.

vénéré à l'école, dans le cadre de la tradition de Guru Purnima, à quel point il en avait été touché et comment il s'était souvenu qu'il l'avait vraiment mal traitée. Il l'a implorée : « Maman, je t'en prie, pardonne-moi ».

Cet homme a ensuite envoyé une lettre à l'école, dans laquelle il racontait ce qui s'était passé. Ce n'était pas un dévot d'Amma, l'école était son seul lien avec elle ; pourtant, quand il a pris la bonne décision, Amma a répandu sur lui sa bénédiction. Elle l'a aidé à se repentir et à réparer ses erreurs.

Amma a pris la forme d'une mère. Une mère normale éprouve un amour inconditionnel pour son enfant. L'amour d'Amma est celui de Jagajjanani, la Mère de l'univers. Sa compassion infinie se répand sur tous ses enfants.

Il est impossible de décrire la gloire d'Amma. Pour paraphraser la strophe tirée du *Shiva Mahimna Stotra* (hymne à la gloire du Seigneur Shiva), même en utilisant une montagne d'encre, en prenant l'océan comme encrier, une branche d'un arbre céleste comme stylo et la terre comme parchemin, et même si la déesse Saraswati écrivait pendant l'éternité, même alors, Ô Amma, on ne pourrait pas suffisamment célébrer ta gloire.

Puisse Amma nous bénir tous en nous accordant une dévotion totale et absolue.

23

Échapper à Maya

Br. Ramanandamrita Chaitanya

Il y a plus de dix ans, j'étais à côté d'Amma pendant le darshan quand un dévot est venu avec une longue lettre pour qu'on la traduise à Amma. La lettre commençait ainsi : « Mon cousin a un cancer du pancréas… ». Pour être sûr que je traduisais correctement en malayalam, j'ai consulté un dictionnaire de malayalam sur mon téléphone. Quand j'ai eu terminé, Amma m'a regardé comme si j'étais fou et a dit : « Je ne comprends pas le hindi ! ». Puis elle a demandé à l'une des assistantes du darshan de traduire. Celle-ci a lu la lettre et a dit à Amma que le cousin de cet homme avait le cancer du pancréas ; elle a employé les mots anglais, alors que j'avais utilisé le malayalam. Puis Amma s'est tournée vers moi et a dit : « Je ne peux comprendre que si tu traduis de cette façon ».

Cet incident m'a enseigné une leçon importante. En tant que traducteur, ma tâche est d'aider Amma à comprendre la question ou le problème de la personne qui vient au darshan. Mais j'avais essayé d'impressionner Amma avec mon vocabulaire malayalam et j'avais perdu de vue le but. C'est en grande partie ce qui nous arrive dans la vie. Pris par nos préoccupations personnelles, nous ne voyons plus qu'elles et nous passons à côté du sens réel de la vie.

Les Écritures affirment :

brahma satyam jagat mithya iti evam rupah vinishcayah

Seul le Divin est réel. La création est irréelle. C'est une ferme conviction. (*Vivekachudamani*, 20)

Mithya (illusoire) désigne ici ce qui voile la Vérité ou ce qui nous en éloigne. Le *sanatana dharma* considère que tout fait partie du Divin. La création est une manifestation du Créateur. La vérité, c'est qu'à l'exception des *jnanis* comme Amma, (ceux qui connaissent la Vérité) nous sommes tous pris dans les filets de l'illusion. Le Seigneur Krishna nous le dit et nous explique comment on peut abandonner l'irréel pour aller vers le Réel.

daivi hyesha gunamayi mama maya duratyaya
mameva ye prapadyante mayametam taranti te

Maya, ma divine puissance d'envoûtement, inclut les trois *gunas* (attributs) ; elle est difficile à surmonter. Mais celui qui prend refuge en Moi peut sans nul doute la transcender. (*Bhagavad Gita*, 7.14)

Maya est considérée comme la Mère divine. Le *Lalita Sahasranama* (Les Mille noms de la Mère divine) glorifie Dévi en tant que Maya (mantra 716). Cette puissance cosmique d'illusion est également connue comme Maya-shakti.

Différents textes expliquent la création et la nature de la création. La *Brihadaranyaka Upanishad* mentionne qu'il n'existait rien. « Rien » désigne ici l'état non-manifesté de Brahman, le Suprême. Sa puissance de manifestation est Maya ou Shakti, qui possède trois *gunas* (attributs) : *sattva*, *rajas* et *tamas*. On peut respectivement les définir à peu près ainsi : la bonté, l'harmonie ; l'action, la passion et enfin la léthargie, la destruction.

Sous son aspect manifesté, Brahman est également appelé *mula-prakriti* (la matière fondamentale), et c'est à partir de cette matière que sont apparus les *panca-bhutas* (les cinq éléments fondamentaux) : l'espace, l'air, le feu, l'eau et la terre. Par le processus appelé *pancikarana*, ces éléments subtils sont devenus grossiers. Le jeu des trois *gunas* en chacun des cinq éléments fondamentaux a donné naissance aux vingt-quatre principes de la création : *mahat* (le grand principe), *buddhi* (l'intelligence), *ahamkara* (l'ego), *manas* (le mental), cinq *pancendriyas* (organes des sens), cinq *karmendriyas* (organes d'action), cinq *tanmatras* (éléments subtils), et cinq *mahabhutas* (éléments grossiers).

Selon la théorie du Big Bang, l'énergie était au départ complètement dormante. L'énergie accumulée a provoqué un *big bang*. De façon similaire, l'*Aitareya Upanishad* dit que l'Un est devenu plusieurs, conformément à la résolution du Suprême. C'est de ce processus que sont issus les éléments de la création.

Amma remarque que les incarnations successives du Seigneur Vishnu dépeignent l'évolution. La première incarnation fut *matsya* (le poisson), une créature aquatique. Puis est venue *kurma* (la tortue), une créature amphibie. Les incarnations suivantes furent des créatures terrestres : *varaha* (le sanglier), Narasimha (l'homme-lion), Vamana, un nain, puis le Seigneur Rama et le Seigneur Krishna.

Selon la loi de la conservation de l'énergie, celle-ci n'est ni créée ni détruite. Elle change simplement de forme, mais la somme totale de l'énergie dans la création demeure constante.

Notre conception du Divin est similaire. *Nirguna Brahman* est le Suprême sans attributs, sans forme et immuable. *Saguna Brahman* est le Suprême avec attributs, et il assume donc des formes. Et pourtant, tous les deux sont Brahman.

On peut toutefois s'interroger : « Je fais l'expérience de tous les objets de la création. Je peux les voir, les toucher et les sentir. Comment cela peut-il être illusoire (*mithya*) ? ».
Amma dit :

> « *Mithya* signifie simplement changeant. Cela ne veut pas dire que cela n'existe pas, mais simplement que ce n'est pas permanent. En moulant le riz, on obtient de la farine, avec laquelle on fait des aliments qui deviennent des excréments. Il s'agit seulement d'une transformation. L'objet existe toujours. Ainsi, il n'y a aucun changement en Brahman, l'Absolu, tandis qu'il y a des changements dans le monde. Brahman seul est la Vérité, le monde est illusoire. Il est très difficile de comprendre Maya, Brahman et de tels principes » (Éveillez-vous, mes enfants, Vol 1, 242).

Il est difficile de comprendre Maya à l'aide de l'intellect et du mental parce que le mental lui-même est un produit de Maya.

Il y a quelques années, lors d'une retraite en Amérique du Nord un dévot est venu me voir en disant qu'Amma lui avait donné la veille un nom spirituel et qu'il voulait en connaître la signification. Quand je lui ai demandé de quel nom il s'agissait, il a dit Anantate. J'ai pensé que c'était un nom bien inhabituel. Je ne voulais pas déranger Amma en lui posant la question. Un autre dévot, à côté de moi, a dit : « Est-ce que ce n'est pas un des noms de Dévi ? ». On trouve ce nom dans le bhajan *Anantamayi patarunnorakashame* : *ammayille enikkammayille parayu parayu anantate.* Quand j'ai regardé dans les livres de bhajans en anglais, j'ai vu que le mot écrit était *anandame*, et non pas *anantate*. Mais dans le livre en malayalam, il y avait bien *anantate*. Quoi qu'il en soit, je ne voyais pas comment *anantate* pouvait être un nom. J'ai décidé d'utiliser ma connaissance du sanskrit pour donner une explication au dévot. En sanskrit, *ananta* signifie sans fin, vaste. *Te* signifie ton. Donc logiquement, *anantate* veut dire ton (quelque chose) sans fin/vaste. Mais ton quoi ? Je lui ai demandé son nom de famille. Il a répondu : « Derrière ». Ton vaste derrière ? Je l'ai examiné de haut en bas. Son derrière était tout maigre !

Alors j'ai décidé de demander à Amma ; elle s'est souvenue que l'homme était venu au darshan la veille mais elle a nié lui avoir donné un nom spirituel. Le dévot a insisté : il avait reçu un nom pendant le darshan. J'ai dit à Amma que le nom qu'il croyait avoir reçu était *Anantate*. Alors Amma m'a fortement tiré l'oreille et a répondu qu'elle lui avait dit de venir un autre jour (*another day*). Amma lui avait demandé de revenir un autre jour ! Toute cette agitation pour rien ! Voilà ce qui arrive quand on est sous l'emprise de Maya. On a beau utiliser le mental et l'intellect, on ne comprend jamais rien, parce que Maya est ce qui n'existe pas.

Amma ne nous dit pas de rejeter le monde sous prétexte que c'est Maya. Ce qui est nécessaire, c'est de discerner correctement quand on est en interaction avec le monde, c'est-à-dire qu'il faut se concentrer sur l'éternel tout en vivant au milieu de l'éphémère.

Supposons que je doive aller à l'aéroport de Kochi. Le trajet passe par l'autoroute. Mais l'autoroute est-elle ma destination ? Non. Il y a également de nombreuses distractions en chemin. Mais je n'oublie pas pour autant ma destination : l'aéroport.

En ce monde, tout objet a des éléments qui changent. Mais tout objet possède aussi des propriétés qui le définissent, des caractéristiques constantes. Prenez l'exemple d'une voiture. On peut aimer ou non sa couleur, la marque, la taille ou le type de pneus. Si on est fixé sur ces détails, on risque d'être rapidement insatisfait. Mais si on se concentre sur la voiture elle-même et sur son usage, ce ne sera pas le cas.

Il y a quelques années, à l'ashram de San Ramon, la Lexus blanche dans laquelle Amma faisait le trajet entre la salle de darshan et la maison où elle loge a eu un petit accident. Il a fallu la remplacer. On a nettoyé une petite Honda bleue qui a rempli la même fonction. Quand Amma est entrée dans la maison, un dévot lui a demandé : « Le trajet était-il confortable ? ». Amma a trouvé la question étrange et s'est étonnée ; après tout, le trajet était très court. Le dévot a souligné que la voiture était plus petite. L'air surpris, Amma a regardé la Honda bleue et a demandé : « N'est-ce pas la même voiture que d'habitude ? ».

Pour Amma, qu'il s'agisse d'une Lexus ou d'une Honda, qu'elle soit luxueuse ou non, petite ou grande, blanche ou bleue, cela ne fait aucune différence. Parmi les variables, elle voit la constante et dans ce cas, c'est la voiture. Cela ne signifie pas que les voitures sont éternelles. Si on passe à un niveau supérieur, le transport par voie de terre est la constante, et les voitures, les bus et les trains sont les variables. Si l'on va encore plus haut, le transport est la constante, la terre, l'air et l'eau sont les variables. En allant toujours plus haut, on découvre qu'il n'existe qu'une seule constante dans cet univers changeant des noms et des formes : Brahman. Tout le reste est *mithya*.

Dans le *Tattva Bodha*, Sri Shankara dit que le reflet du Divin en chaque individu est le *jiva*, et que son reflet dans la création est *Ishwara* (Dieu). L'ego fait que le *jiva* se sent séparé du Divin, et à cause de l'ignorance, *Ishwara* paraît différent de l'Absolu. L'ego et l'ignorance créent Maya. Sri Shankara dit que pour réaliser la Vérité, il est nécessaire de posséder les qualités suivantes : *viveka* (le discernement), *vairagya* (le détachement), *shat-sampatti* (six vertus) et *mumukshutva* (le désir intense de la Libération). Les six vertus sont *shama* (le contrôle du mental), *dama* (le contrôle des sens), *uparati* (l'équanimité), *titiksha* (l'endurance), *shraddha* (une concentration totale) et *samadhana* (l'acceptation et le calme intérieur).

Selon Amma, les chercheurs spirituels ont besoin de *shraddha*, de *bhakti* (la dévotion et le dévouement) et de *vishvas* (la foi) pour surmonter les obstacles sur la voie spirituelle. La manière la plus facile de se libérer de l'ignorance, c'est de rechercher la grâce du guru, de la mériter. Pour cela, il faut avoir *sharanagati* (l'abandon de soi). Il nous semble peut-être que Maya est présente même autour des *mahatmas* (des êtres éveillés) comme Amma. Il faut alors se demander si ce sont eux qui nous mettent sous le charme de Maya ou bien si c'est notre mental qui est plongé dans l'illusion.

Dans la *Bhagavad Gita*, le Seigneur Krishna dit :

> *naham prakashah sarvasya yoga-maya-samavrtah*
> *mudho'yam nabhijananti loko mam-ajam-avyayam*

> Tout le monde ne Me perçoit pas car Je suis voilé par ma Yogamaya. Les ignorants ne savent pas que ni la naissance ni le changement n'existent pour moi. (7.25)

Tout ce qui arrive autour d'Amma ne plaît pas forcément à notre ego. Pendant une séance d'enregistrement des bhajans, je jouais de l'harmonium. J'ai peut-être fait une erreur qui a dérangé Amma, parce qu'elle m'a dit de partir et a demandé à quelqu'un d'autre de jouer. J'avais le choix : être triste et me plaindre à Amma que mon ego était blessé ; ou bien me concentrer sur Amma, au lieu de ruminer ce qui m'était arrivé. En de telles situations, je prie humblement Amma de m'accorder la capacité de toujours choisir la seconde option.

En 2007, Amma m'a soudain demandé de faire un doctorat aux États-Unis. Elle a déclaré qu'elle voulait des brahmacharis suffisamment qualifiés pour gérer l'université Amrita dans le futur. L'année suivante, une fois aux États-Unis, je savais que tout seul loin de l'ashram, sans personne pour me surveiller, je risquais de m'égarer. J'ai décidé d'adopter quelques principes qui m'aideraient à rester concentré sur la voie spirituelle.

Le premier principe, c'est ce que j'ai appelé « la *sadhana* du portable ». Il s'agissait de considérer mon portable comme un rappel de mon lien avec Amma : elle pouvait m'appeler à tout moment. Si elle m'appelait et demandait « Que fais-tu ? », serais-je capable de lui dire ce que je faisais sans hésiter, sans aucun sentiment de culpabilité ? Si oui, je pouvais continuer. Sinon, je devais reconsidérer mes actions.

Le second principe m'a été inspiré par Amma. Bien qu'elle soit allée régulièrement dans un grand nombre de pays depuis trente ans, Amma n'a jamais fait de tourisme. Un jour, au cours d'un voyage, j'ai voulu lui montrer un beau paysage mais Amma a refusé de regarder par la fenêtre en disant qu'elle pensait à ses enfants d'Amritapuri, qui ne pouvaient pas jouir de ce paysage. Comment aurait-elle pu en profiter sans eux ? J'ai décidé que moi non plus, je ne ferais pas de tourisme. Je dois avouer que j'ai tout de même visité quelques endroits d'une grande beauté naturelle. Mais pour justifier cela, je méditais ou je faisais un *archana*, donnant ainsi une tonalité spirituelle à ma visite. Au cas où Amma m'interrogerait, je pouvais lui dire que j'avais fait un peu de *sadhana* dans ce lieu.

En 2013, Amma m'a en outre demandé de m'occuper de l'ashram de Boston. Quand je suis arrivé, j'ai d'abord logé chez un couple de dévots. Ils voulaient m'emmener visiter quelque chose. J'ai eu beau leur dire que par principe, je ne faisais pas de tourisme, ils ont insisté pour me faire faire le tour de la ville en voiture. Leur désir était vraiment sincère, alors j'ai cédé. C'était le 15 avril 2013, le jour du marathon de Boston. Il y avait beaucoup d'encombrements. Ce couple a suggéré que nous allions au Musée des Sciences car c'est un lieu d'apprentissage du savoir et ils pensaient qu'Amma ne serait sûrement pas opposée à une telle visite. Je ne voulais pas y aller, mais il n'est pas dans ma nature de refuser abruptement et j'ai fini par les accompagner au musée. En proie à la culpabilité, je pensais : « Et si Amma m'appelait maintenant ? Comment pourrais-je lui dire qu'il s'agit d'une activité spirituelle ? ».

Mon mental est devenu créatif. En visitant la section des mathématiques, j'ai pensé que la spiritualité ressemblait aux mathématiques, puisqu'il s'agissait de découvrir ce que sont le *dharma* et l'*adharma*. Dans la section consacrée à la physique, j'ai appris la physique qui gouverne la loi du karma. L'exposition sur la biologie m'a enseigné qu'il était vain d'être attaché au corps ; sans l'âme, il n'a pas de vie. J'essayais ainsi de rationaliser ce que j'étais en train de faire.

Soudain, il y a eu un grand remue-ménage. Des officiers de police nous ont ordonné de partir. J'ai appris qu'à 14h55 environ, il y avait eu deux attentats à la bombe près de la ligne d'arrivée du marathon de Boston. C'était à moins de quinze cent mètres de l'endroit où je me trouvais. En partant, j'ai pris conscience de la chose suivante : j'avais résisté et évité de faire du tourisme pendant les cinq premières années de mon séjour aux États-Unis, et la première fois que je cédais, deux attentats à la bombe avaient lieu à moins de quinze cent mètres. Je me suis senti coupable. Sur le chemin du retour, mon téléphone a sonné. J'ai regardé : c'était un numéro indien ! Puis j'ai entendu la voix d'Amma : « Où es-tu maintenant ? ».

Je n'ai pas eu le courage de lui dire la vérité mais je n'ai pas menti non plus. J'ai répondu que j'étais en route vers l'ashram de Boston. Elle m'a demandé : « Tu as entendu parler des attentats à la bombe ? ». J'ai pensé que je n'avais pas eu besoin d'en entendre *parler* ! D'où j'étais, j'avais pu entendre les explosions. Cet appel téléphonique m'a rappelé qu'Amma nous observe constamment.

Au moment même où j'ai enfreint mon vœu, Amma est intervenue pour me le rappeler.

Puissions-nous tous devenir dignes de la grâce d'Amma. Puisse-t-elle nous tenir la main et nous guider vers le Divin.

24

Purement par sa grâce

Br. Omkaramrita Chaitanya

Quelle bénédiction pour nous tous d'être les contemporains d'un grand maître comme Amma. Vivre en sa présence, c'est connaître réellement la vie spirituelle. Aucun texte ne peut enseigner ce que l'on apprend en suivant les instructions données personnellement par le guru. Tout ce qu'elle nous dit de faire est pour notre progrès spirituel. En lui obéissant, on trouve la paix et la consolation.

Mon seva principal à l'ashram a toujours été à la cuisine et c'est à travers ce seva qu'Amma m'a guidé. Elle dit souvent que rien n'est insignifiant et elle le prouve par ses actions.

Nous avions un jour laissé un tas de bois coupé derrière la cuisine, à l'air libre. Par négligence, je n'ai pas mis le bois à l'abri avant l'arrivée de la pluie et il a été mouillé. Quelques jours plus tard, Amma a vu le bois mouillé et a elle-même transporté la pile de bois au sec. C'est typique d'Amma : enseigner par l'exemple.

Je veille soigneusement à la propreté de la cuisine mais je demande aux employés de la cuisine de s'en charger. Un jour, Amma est venue à la cuisine et elle est allée tout droit vers les étagères où sont entreposés les légumes. Quand elle a vu à quel point elles étaient sales, elle a pris quelques chiffons et s'est mise à les nettoyer. Puis, quand elle a eu terminé, méthodiquement, elle a remis les légumes en place. Ensuite, elle est allée à l'endroit où on lave les récipients. Les salariés ne nettoyaient pas correctement les grandes gamelles. Amma leur a montré comment brosser la saleté accumulée dans les angles et l'enlever complètement. Elle leur a aussi expliqué pourquoi il fallait nettoyer à fond.

Quand Amma fait quelque chose et explique pourquoi, la leçon porte ses fruits. Après cela, les ouvriers de la cuisine ont nettoyé les gamelles avec plus de soin et de vigilance. C'est pourquoi, Amma est un guide si inspirant. Au lieu de se contenter de donner des instructions, elle enseigne en nous montrant comment améliorer notre façon de faire, comment agir avec plus de soin et de vigilance. C'est pourquoi on dit que la vie même d'Amma est son message.

Avant d'être en service à la cuisine d'Amritapuri, j'étais à Ettimadai (Coimbatore), au campus de l'Université Amrita. Là, je suis passé par une période où je n'étais pas aussi vigilant que j'aurais dû l'être. J'ai relâché mes pratiques spirituelles et j'ai même envisagé de retourner vivre dans le monde. Incapable de vaincre les oscillations de mon mental, j'ai décidé de me confier à Amma.

Je suis allé à Amritapuri et je me suis ouvert à Amma qui a eu la bonté de m'écouter avec patience. Puis, avec une étreinte affectueuse, elle m'a dit : « Fils, tu m'as complètement ouvert ton cœur. Maintenant, que la grâce te guide afin que tu prennes la bonne décision ».

J'ai ressenti un immense soulagement ; ma confusion s'était complètement envolée. J'ai eu la certitude que je ne désirais pas mener une vie dans le monde mais que je voulais vraiment consacrer le reste de ma vie à servir Amma de tout mon cœur. Cette expérience m'a fait comprendre que, quelle que soit l'ampleur d'un problème, si nous nous confions à Amma, il cessera de nous perturber. Nous pensons peut-être que si Amma sait tout, il n'est pas nécessaire de lui dire nos problèmes. Certes, Amma est omnisciente. Mais notre conviction n'est pas totale. Quand nous nous ouvrons à Amma, à ce moment-là, nous ne faisons qu'un avec elle. Ce lien intérieur devient une conduite où passe le flot de sa grâce, qui nous protègera de tous les périls.

Après cet incident, avec la permission d'Amma, j'ai quitté Ettimadai pour Amritapuri, où elle m'a confié la responsabilité de gérer la cuisine de l'ashram.

Amma m'a enseigné tous les aspects de la gestion de la cuisine de l'ashram : faire le thé et le curry, cuire le riz, étudier le marché, marchander avec les vendeurs pour obtenir les meilleurs prix…

Autrefois, on préparait à la cuisine quelques récipients de thé au lait. Mais parfois, et surtout les lendemains de Dévi bhava, il n'en était consommé qu'un tiers. En conséquence, une grande partie du thé était gâchée. Amma m'a demandé de préparer du thé noir et de mettre le lait bouilli à part. Ensuite, selon la demande, on pouvait mélanger les deux. Et s'il restait du lait, on pouvait en faire du yaourt. Ainsi, rien n'était gaspillé.

En ce qui concerne le riz, Amma m'a demandé de choisir une variété qui, une fois cuite, donnerait une grande quantité et que l'on puisse également stocker longtemps. J'ai pris ses instructions à cœur, et j'ai acheté quatre variétés de riz, dont j'ai fait bouillir la même quantité dans quatre récipients différents. Je les ai tous pesés ensuite, et je les ai présentés à Amma. J'imaginais qu'elle choisirait le grain qui pesait le plus lourd. Je pensais aussi qu'elle apprécierait ma méticulosité.

Mais Amma a corrigé mon point de vue. Pour le riz cuit à l'étuvée, selon elle, ce qui importe n'est pas le poids mais la quantité. Les grains de meilleure qualité grossissent à la cuisson. Et ce n'est pas tout. Elle m'a demandé de faire cuire un kilo de chaque variété et d'étudier combien de personnes on pouvait nourrir avec ce kilo. Elle m'a aussi demandé de prendre en compte les différentes catégories de consommateurs : les étudiants, les ouvriers, les employés, les résidents de l'ashram, etc. Amma m'a dit aussi de préparer du gruau de riz (*kanji*) de la même manière et de comparer la consommation entre les différentes catégories de consommateurs.

Amma m'a en outre enseigné comment observer et prendre en compte les différents facteurs qui interviennent quand on cuisine des *currys*, des *dosas*, des *idlis*, de l'*uppuma* et d'autres plats. Je considère comme une immense bénédiction le fait d'avoir été guidé personnellement et aussi étroitement par Amma, qui a pris le temps de le faire malgré un emploi du temps toujours extrêmement chargé.

Un jour, Amma m'a appelé et m'a demandé du riz, des légumes et d'autres ingrédients. J'ai rassemblé le tout et je me suis précipité dans sa chambre. Quand je suis arrivé, Amma m'a dit qu'elle allait cuisiner. Elle a lavé le riz, rincé et coupé les légumes, et elle les a fait cuire dans deux récipients séparés, en ajoutant les autres ingrédients. Pendant tout ce temps, Amma me parlait. Puis elle s'est tue. À l'odeur, elle a su que la nourriture était cuite à point et prête à servir. J'ai goûté ce qu'Amma avait fait : c'était délicieux ! Tout était parfait : le temps de cuisson, la quantité de sel, les autres ingrédients, etc. Sans soulever les couvercles pour vérifier, sans goûter, Amma a su à l'odeur que tout était prêt. Elle m'a dit que dans les anciennes générations, les gens étaient si méticuleux et précis qu'ils savaient les choses d'instinct.

Amma ne m'a pas seulement enseigné comment cuisiner, mais aussi comment faire les achats. Pour chaque article, je devais comparer les prix de dix magasins différents. Ainsi, nous avions le meilleur rapport qualité-prix. Pour les légumes, Amma m'a demandé d'aller chez les maraîchers, chez les producteurs, plutôt que d'acheter au marché. Ainsi, nous avons des légumes plus frais et meilleur marché. Le sens pratique d'Amma, son sens des affaires et sa connaissance du marché sont vraiment étonnants. Sous sa direction, j'ai développé plus de vigilance (*shraddha*).

Amritavarsham50, la célébration des cinquante ans d'Amma, fut une fête de quatre jours à laquelle participèrent des dévots venus du monde entier. Il a fallu préparer à manger pour une moyenne d'un demi-million de personnes par jour. Cela nécessitait bien sûr suffisamment d'assiettes pour tous les repas. Après discussion, l'équipe chargée d'acheter des assiettes en papier a estimé qu'il fallait commander environ quatre millions d'assiettes en papier. Quand nous en avons parlé à Amma, elle a appelé l'équipe dans sa chambre pour une réunion. Elle a écouté attentivement quand nous lui avons expliqué comment nous en étions arrivés à ce chiffre. Puis elle a dit : « Ce serait un crime contre la nature d'acheter quatre millions d'assiettes en papier. Il faut couper énormément d'arbres pour fabriquer une telle quantité d'assiettes. Cela génèrerait aussi beaucoup d'ordures qui seraient un fardeau pour la nature. Achetons plutôt des assiettes en métal. On peut les laver et les réutiliser. Après l'anniversaire, nous pourrons envoyer ces assiettes dans nos campus universitaires, nos hôpitaux, nos écoles et dans les filiales de l'ashram car ils en ont besoin ».

Amma m'a dit de me renseigner sur le nombre d'assiettes dont chaque institution, chaque filiale de l'ashram avait besoin. Elle m'a aussi chargé de vérifier les prix de différentes sortes et tailles d'assiettes. Après de nombreuses recherches, je suis allé la voir avec un modèle d'assiette qui coûtait trente roupies, pour qu'elle approuve ce choix. Elle a dit : « Fils, c'est bien, mais l'assiette me semble un peu trop lourde. Cherche des assiettes moins chères et de meilleure qualité ».

Deux jours plus tard, le chef des ventes d'une entreprise fabriquant des assiettes m'a appelé pour me parler de leur produit. D'après sa description, ces assiettes semblaient convenir à nos besoins. J'ai obtenu un modèle et je l'ai montré à Amma, qui a aussitôt approuvé. Nous avons acheté cinquante mille assiettes pour un quart de la somme que nous aurions dépensée en assiettes en papier. Et pour compléter, nous avons fait venir cinquante mille autres assiettes de nos différentes institutions. C'est ainsi que nous avons pu servir tout le monde. Aujourd'hui encore, ces assiettes sont en usage à Amritapuri et dans les filiales de l'ashram.

Nous avions estimé nos besoins en lait à quatre-vingt-mille litres. J'ai contacté différentes sociétés pour voir si elles pouvaient fournir une telle quantité. Une société du Tamil Nadu a proposé de subvenir à nos besoins pour un prix raisonnable. Elle nous offrait gratuitement d'autres produits laitiers en plus. Content de leur offre, je suis allé en parler à Amma.

Amma a dit que le fournisseur de lait devait être certifié par le gouvernement, et qu'il ne fallait conclure le marché qu'après en avoir obtenu la confirmation. J'ai donc contacté la société en leur demandant la preuve de leur certification par le gouvernement. Ils ont envoyé une copie du certificat mais Amma voulait voir l'original. Comme la société n'a pas pu le fournir, le marché a été annulé.

La seule option qui nous restait, c'était de nous adresser à Milma, une société bien connue du Kérala, qui appartient au gouvernement. Ils n'ont pas pu nous offrir un prix aussi avantageux que la société du Tamil Nadu, mais leur offre était tout de même intéressante. Milma proposait d'envoyer un camion-citerne de lait au programme entre quatre et onze heures du matin, puis entre quinze et dix-neuf heures. Nous pourrions prendre la quantité de lait nécessaire à nos besoins, et nous ne payerions que pour cette quantité.

Nos estimations se sont avérées fausses. Il y avait beaucoup de boutiques tout autour du stade et beaucoup de gens y sont allés pour boire du thé. Nous avons aussi utilisé du lait en poudre en plus de ce que nous achetions à Milma. Finalement, nous n'avons pas acheté autant de lait que nous l'avions prévu au départ. En suivant les instructions d'Amma, non seulement nous avons économisé de l'argent, mais nous avons évité un énorme gaspillage.

Un an plus tard, quand le tsunami a frappé la côte du sud de l'Inde, le village d'Alappad où se trouve Amritapuri, a été lui aussi gravement touché. Environ cent cinquante personnes du village sont mortes. Amma a immédiatement commencé les activités de secours en organisant le dîner pour les rescapés. L'ashram a nourri les villageois trois fois par jour pendant des mois. Ce fut une immense satisfaction pour moi de contribuer à ce seva. Je devais en plus continuer mes activités quotidiennes : prévoir la nourriture pour les résidents de l'ashram, les étudiants de l'université, les invités des mariages célébrés à l'ashram, etc. Pour tout cela, j'ai reçu les instructions directes d'Amma.

Au bout de quelques années, j'ai acquis une expérience considérable lorsqu'il s'agissait de cuisiner en différentes occasions. J'ai pensé que j'en savais assez et c'était donc sans enthousiasme que j'allais demander les instructions d'Amma. C'était devenu pour moi une simple formalité. Amma sait quand et comment raboter notre ego.

En 2013, nous avons célébré *Amritavarsham60*, les soixante ans d'Amma au campus d'Amritapuri de l'Université Amrita. Cela a duré trois jours. Le premier jour, à dix heures du matin, tous les plats étaient prêts pour le déjeuner. Il ne restait plus qu'à assurer le transport jusqu'aux différents comptoirs de distribution. Confiant que cela se passerait sans accroc, je suis allé faire une pause dans ma chambre. Je me suis endormi. Au bout d'un moment, quelqu'un m'a appelé en urgence pour me dire qu'il ne restait presque plus de riz et que beaucoup de gens n'avaient pas encore mangé.

Je me suis précipité à la cuisine. Normalement, il y a de nombreux récipients remplis d'eau bouillante. Il suffit d'ajouter le riz et il cuit en dix à quinze minutes. Mais à ma grande consternation, il n'y avait plus aucun récipient de cuisson. Quelqu'un les avait enlevés à mon insu. D'ordinaire, je mets de côté du riz et des légumes précuits pour parer à ce genre d'éventualité. Je ne l'avais pas fait ce jour-là. Récupérer les récipients, les remplir d'eau, la faire bouillir puis cuire le riz, tout cela a pris plusieurs heures. Beaucoup de dévots ne pouvaient pas attendre aussi longtemps et sont partis sans manger.

J'étais complètement abattu. Je suis allé voir Amma et je me suis assis à côté d'elle. Elle parlait à d'autres personnes et ne m'a pas jeté un seul regard. Elle leur a dit qu'elle était très triste que de nombreux dévots soient partis sans manger. Puis, sans même me regarder, elle est rentrée dans sa chambre. Bouleversé, je suis allé dans ma chambre où j'ai beaucoup pleuré.

Deux jours plus tard, Amma m'a appelé au téléphone et m'a consolé. Elle m'a dit : « De nombreux dévots étaient tristes ce jour-là car ils n'avaient pas reçu le *prasad*. Il faut que tu comprennes la peine qu'ils ont ressentie. C'est pourquoi je ne t'ai pas parlé ce jour-là. Contrairement aux années précédentes, tu n'avais pas vérifié avec moi ce qu'il fallait faire à la cuisine. Voilà pourquoi tout cela est arrivé. Puisse la grâce divine te protéger ». Puis elle a raccroché.

Après cette expérience, j'ai compris que je ne pouvais rien faire par moi-même. Mais si Amma est avec moi, il n'y a rien que je ne puisse pas accomplir. Amma dit que nous devons devenir des conduites où puisse circuler la grâce divine. L'eau d'une citerne coule facilement dans un tuyau parce que le tuyau est creux à l'intérieur. De même, si notre mental est pur de désirs égoïstes, il peut aussi devenir un conduit pour la grâce divine. L'eau coule toujours vers le bas. Cela signifie qu'il faut être humble si l'on veut recevoir la grâce.

Vyadha, le boucher (mentionné dans le *Bhagavata Purana*), et les *gopis* (les laitières) de Vrindavan accomplissaient d'humbles tâches. Ils sont pourtant parvenus à l'état suprême car ils agissaient en pensant intensément au Seigneur Krishna. Le combat d'Arjuna est devenu une offrande à Dieu parce qu'il s'est battu en s'abandonnant intérieurement au Seigneur.

En parlant de l'ashram, Amma a dit un jour : « Le sol ici a été baigné par les larmes d'Amma. Il a été brûlé par des charbons ardents. Amma a construit cet ashram en faisant face à beaucoup d'opposition, d'hostilité et de critiques. Ses fondations sont l'amour et le sacrifice ».

Le travail qu'Amma nous confie est une opportunité de nous purifier, afin de mériter la grâce. Peu importe ce que nous faisons, ce qui compte, c'est la manière dont nous le faisons. Avec l'attitude juste, le travail devient adoration. Quand nous agissons avec une attitude d'abandon à Dieu, le karma (l'action) devient du *karma yoga*. Puissions-nous tous effectuer notre travail comme une offrande à notre Amma bien-aimée.

25

Sous sa protection

Bri. Nirmuktamrita Chaitanya

La *Bhagavad Gita* est l'essence de toutes les Écritures. Sa grandeur dépasse toute description. Le Seigneur Krishna Lui-même, au chapitre final, célèbre la grandeur de ce texte sacré :

> Celui qui, animé par une dévotion suprême, enseigne ce secret ultime à mes dévots, se fond en Moi, cela ne fait aucun doute.
> Nul être humain ne Me rend un service aussi agréable que lui et nul n'est plus cher à mon cœur sur cette terre.
> Et celui qui étudie ce dialogue sacré Me vénère par l'offrande de la sagesse, telle est ma conviction.
> Et même celui qui écoute ce dialogue avec foi et sans la moindre dérision sera libéré du péché et accèdera aux mondes heureux où demeurent les justes.
> (18. 68 – 71)

L'enseignement du Seigneur, bien qu'il ait été dispensé à Arjuna sur le champ de bataille de Kurukshetra, est destiné aux Arjunas de tous les temps, ceux qui ont besoin de réconfort, besoin d'être guidés. Mais pour bénéficier de ces conseils, le chercheur doit avoir la maturité nécessaire ; il doit être capable d'apprendre les différentes manières d'atteindre la connaissance ultime.

Au chapitre neuf, le Seigneur Krishna salue le message de la *Gita* comme la science ultime, le secret suprême et ce qui purifie *(rajavidya rajaguhyam pavitramidamuttamam)* (9.2). Entre toutes les connaissances, Sri Krishna est la connaissance du Soi (10. 32). C'est le secret suprême car le méchant, l'athée et l'indifférent, trouveront cet enseignement difficile à comprendre. Le Seigneur fait la promesse la plus encourageante qui soit :

kshipram bhavati dharmatma shashvacchantim nigacchati
kaunteya pratijanihi na me bhaktah pranashyati

Très vite, il devient vertueux et atteint la paix éternelle. Ô fils de Kunti, déclare hardiment que mon dévot ne périt jamais. (*Bhagavad Gita*, 9.31)

Qui mérite le nom de dévot ? Qu'est-ce que la dévotion ? La dévotion est l'amour de Dieu. C'est la dissolution du mental en Dieu. Cela se produit quand on oublie le soi inférieur. Sri Shankara dit : « *Svasvarupanusandhanam bhaktirityabhidhiyate* ; la dévotion, c'est la quête et l'étude de son propre Soi ». (*Vivekachudamani*, 31)

Le souvenir de Dieu est comme une graine qui a été semée. Elle produit de nombreux fruits. *Ananya bhakti*, la dévotion exclusive, est pareille à un flot d'huile qui coule vers le bas, sans interruption. Chez un dévot idéal, on peut voir que les pensées, les sentiments et les émotions sont purs. Amma dit : « Mes enfants, ayez le cœur d'un enfant innocent ».

Le Seigneur loue le dévot et la dévotion au chapitre neuf ainsi qu'aux chapitres précédents et aux chapitres suivants. Il dit qu'Il demeure dans le dévot et que le dévot demeure en Lui. Ceux qui méditent constamment sur Lui, sachant qu'Il ne fait qu'un avec tous les êtres, Le vénèrent en tous puisqu'Il n'en est pas séparé. À de tels dévots, Il accorde une protection totale et satisfait leurs besoins. De tels dévots finissent par se fondre en Lui, l'Être suprême. Le seul et unique moyen d'atteindre la libération est *samyak jnana* (la connaissance ultime), la prise de conscience que *vasudeva sarvamiti* : Dieu est présent en tout, dans le monde entier.

Le Seigneur parle des quatre sortes de dévots : celui qui souffre ; celui qui recherche la connaissance ; celui qui recherche les plaisirs, la richesse et la gloire ; et celui qui connaît la Vérité. Le dévot idéal, que nous avons mentionné plus haut, appartient à la dernière catégorie. Quand Arjuna écoute les enseignements, de nombreux doutes naissent dans son mental. Il nous arrivera peut-être aussi de nourrir ce genre de doutes. Par exemple : « Est-ce que tous sont égaux aux yeux de Dieu » ou bien « Dieu fait-Il des différences ? ». Le Seigneur dissipe ces doutes dans les versets 29 – 31 :

> Également présent en tous les êtres, je suis le même avec tous et donc, ne hais ni ne chéris personne. Mais ceux qui M'adorent avec dévotion demeurent en Moi et Je demeure en eux.
>
> Même le plus vil des pécheurs, s'il Me vénère et se voue entièrement à Moi, doit lui aussi être considéré comme un juste car sa résolution est correcte.
>
> Très vite, il devient vertueux et atteint la paix éternelle, Ô Arjuna (fils de Kunti), sache que Mon dévot ne périt jamais.

Amma dit : « Ceux qui ont assuré leur voiture et leur maison n'ont pas besoin d'avoir peur ». Ainsi, ceux qui se sont abandonnés à Dieu n'ont rien à craindre. Quand le Seigneur Krishna dit : « Mon dévot ne périt jamais », Il promet qu'Il prendra soin de nous et nous protègera.

Je me rappelle la première fois que j'ai vu Amma, en 1994. J'allais ensuite chaque semaine à Kaimanam Ashram pour participer aux bhajans. Je n'y connaissais personne. Un jour, les bhajans se sont terminés tard. J'ai attendu un bus près de la route. Comme ma vision est très limitée, je ne peux pas lire les panneaux qui indiquent la direction du bus ni même de loin distinguer les différentes sortes de véhicules. Alors je faisais signe à n'importe quel gros véhicule dès que je voyais les phares, pensant qu'il s'agissait d'un bus. C'est seulement quand il approchait que je voyais que c'était un camion, par exemple. Au bout d'un moment, j'ai arrêté de faire signe et j'ai pensé : « Laissons Amma m'envoyer un véhicule ».

Au bout d'un moment, un bus s'est arrêté. C'était un bus express, qui ne s'arrête jamais aux petits arrêts comme celui où je me trouvais. J'étais surprise. Je suis montée dans le bus et je me suis assise. J'avais un laissez-passer officiel pour les aveugles, qui me permettait de voyager gratuitement. Le contrôleur est venu et m'a demandé : « Sœur, où vas-tu ? ». Je lui ai montré mon laissez-passer et je lui ai dit où j'allais. Comme nous arrivions à mon arrêt, il m'a dit : « Sœur, il est vraiment tard. Ne rentre pas toute seule à pied. Laisse-moi t'appeler un rickshaw ». Et c'est ce qu'il a fait.

La semaine suivante, j'ai rencontré une famille qui plus tard est venue résider à l'ashram d'Amritapuri. Ils ont proposé de venir me chercher et de me ramener dans leur voiture. Et ensuite, j'ai voyagé avec eux.

Mais un jour, ils ont eu un empêchement et n'ont pas pu aller à Kaimanam ashram. Alors j'ai de nouveau attendu au bord de la route, espérant attraper un bus. Au bout d'un moment, un bus est venu et s'est arrêté alors que je n'avais pas fait signe. Je suis montée. J'ai entendu une voix derrière moi : « Sœur, est-ce que vous vous souvenez de moi ? ». Je me suis retournée. C'était le contrôleur qui avait hélé un rickshaw pour moi ! Il a eu la gentillesse de le faire à nouveau.

Après cet incident, j'ai rencontré à Kaimanam une famille de dévots qui habitait près de chez moi. Eux aussi possédaient une voiture et ils m'ont invitée à faire le voyage avec eux. Jamais plus je n'ai été obligée d'attendre un bus dans la nuit. Voilà comment Amma a pris soin de moi, qui avais pris refuge en elle. Maintenant encore, elle prend soin de moi, comme si j'étais son enfant chérie.

Amma est décrite comme *abrahma kita janani*, Mère de tous, depuis Brahma jusqu'au plus petit insecte. (*Lalita Sahasranama*, 285). Comme le soleil qui brille sur toute la création, Amma répand son amour également sur tous, quelles que soient nos faiblesses. La solution ultime est de suivre les enseignements d'Amma et de changer notre attitude. Si les mérites obtenus dans les vies précédentes nous guident vers un guru, le discernement s'éveillera en nous.

Un homme tombé dans une rivière infestée de crocodiles s'échappe en attrapant la branche en surplomb d'un arbre poussé sur la berge. Ainsi, une foi ferme enracinée dans la vigilance nous sauvera, et nous éviterons les dangers.

Le Seigneur dit que même les méchants ne périront pas s'ils Le vénèrent avec une foi qui ne vacille pas. Mais ne pensons pas que cela nous donne la liberté de commettre n'importe quelle mauvaise action ! Une telle attitude serait incorrecte.

Les actes immoraux et la dévotion envers Dieu sont incompatibles. Quand on commence à vraiment croire en Dieu et à L'adorer, on change de vie, abandonnant le mal. Quand la dévotion est telle qu'il n'y a place pour aucune autre pensée, on atteint la libération dans cette vie même.

Des milliers de personnes de mauvaise vie ont été transformées par le darshan d'Amma. Beaucoup ont réussi à abandonner l'alcool et la cigarette. Cela me rappelle une anecdote qu'une autre brahmacharini m'a racontée.

Une famille habitait à Kasargod. Le père était alcoolique. Ils sont un jour venus en voiture voir Amma. En route, l'homme s'est arrêté dans un bar et a bu énormément. Ils sont malgré tout arrivés sans accident à l'ashram. L'homme a dit à sa femme : « Va au darshan et reviens vite. Je vais me promener et visiter l'ashram. Si vous êtes en retard, je partirai sans vous ! ».

Quand sa femme est revenue du darshan, elle n'a pas trouvé son mari. Comme elle le cherchait, inquiète, quelqu'un lui a dit qu'on l'avait emmené au darshan. Quand elle l'a revu ensuite, il pleurait de façon incontrôlable. Il a raconté : « Quand je suis allé au darshan, Amma m'a demandé : « Fils est-ce que tu bois chaque jour et bats ta femme et tes enfants ? ». Ses paroles ont totalement transformé cet homme et ont apporté la paix à la famille.

La compassion d'Amma est incommensurable. Chacun de nous doit se rapprocher d'Amma et devenir un instrument entre ses mains. Il nous faut mériter sa grâce. C'est notre ego qui y fait obstacle. Amma nous rappelle sans cesse qu'elle ne peut remplir qu'un pot vide. Prions Amma de nous rendre humbles et dignes de sa grâce divine.

GLOSSAIRE

acharya : Celui qui compile les idées essentielles des Écritures et établit une tradition qu'il met en pratique.

Advaita : « Non deux » ; non-dualiste ; philosophie qui affirme que le *jiva* (l'âme individuelle) et *jagat* (l'univers) en essence ne font qu'un avec *Brahman*, la Réalité suprême.

ahamkara : Formé de *aham*, je, et de *kara*, celui qui fait. L'ego ou le sens d'être un individu séparé du reste de l'univers.

ajnani : Celui qui ne possède pas la Connaissance ultime ; ignorant.

Angulimala : « Guirlande de doigts », surnom d'un brigand qui coupait le petit doigt de ses victimes et en faisait une guirlande qu'il portait. Il fut totalement transformé par sa rencontre avec le Bouddha.

archana : Récitation des 108 ou des 1 000 noms d'une divinité particulière (par exemple du *Lalita Sahasranama*).

Arjuna : Un grand archer, l'un des héros du *Mahabharata*. C'est à Arjuna que Krishna s'adresse dans la *Bhagavad Gita*.

artha : But, richesse, substance ; un des quatre *purusharthas* (les buts de la vie humaine).

artharthi : Une des quatre sortes de dévots mentionnés dans la *Bhagavad Gita*, un *artharthi* est celui qui prie pour obtenir la richesse.

ashram : Monastère. Amma le définit comme un mot composé : *a*, cet, et *shramam*, effort (pour réaliser le Soi).

Ashtottaram : Litanie de 108 attributs d'une déité, d'une incarnation divine ou d'un saint ; forme abrégée de *ashtottara-shatam* (108) ou *ashtottara-shata-namavali* (108 noms).

atma : Le Soi (l'âme).

avatar : De la racine sanskrite *ava–tarati*, descendre. Incarnation divine.

Bhagavad Gita : « Le chant du Seigneur » ; composé de dix-huit chapitres écrits en versets, dans lesquels le Seigneur Krishna conseille Arjuna. L'enseignement est donné sur le champ de bataille de Kurukshetra, juste avant que les vertueux Pandavas combattent les Kauravas, ennemis du dharma. C'est un guide pratique pour surmonter toute crise pouvant survenir dans notre vie personnelle ou sociale et l'essence de la sagesse védique.

bhajan : Chant dévotionnel, hymne à la gloire de Dieu.

bhakti : Dévotion pour Dieu.

bhava : *Bhava* signifie devenir. Identification intérieure à une divinité. « Humeur divine »

bhava darshan : Voir darshan.

bhava samadhi : Extase due à la dévotion.

Bhavatarini : Celle qui libère l'âme du cycle des naissances et des morts ; une des formes de la déesse Kali.

Bhishma : Ancêtre des Pandavas et des Kauravas. Il a combattu du côté des Kauravas pendant la guerre du Mahabharata ; c'était pourtant un défenseur du dharma et sa sympathie allait aux vertueux Pandavas.

Brahma : Le dieu de la création dans la Trinité hindoue.

brahmachari : Un disciple célibataire qui fait des pratiques spirituelles sous la direction d'un guru. (*brahmacharini* est l'équivalent féminin)

Brahman : La vérité ultime au-delà de tous les attributs ; la réalité suprême sous-jacente à toute vie ; le fondement divin de l'existence.

Brahmasthanam : « Demeure de Brahman ». C'est le nom des temples qu'Amma a consacrés dans différentes parties de l'Inde et à l'île Maurice. Dans le sanctuaire du temple se trouve une idole, une pierre sur les quatre faces de laquelle sont sculptées quatre divinités (formes symboliques du Divin). Cette idole symbolise l'unité sous-jacente à la diversité.

Brahmane : Membre de la caste des prêtres.

buddhi : L'intellect, la faculté de raisonner.

chapati : Galette de blé indienne.

chechi : « Sœur aînée », en malayalam.

chitta : La réserve où sont stockées toutes les impressions mentales ; désigne parfois le cœur.

Dakshinamurti : Une forme du Seigneur Shiva, faisant face au sud, assis sous un arbre banyan et entouré de ses disciples. Considéré comme le guru suprême, il communiait avec ses disciples par le silence.

dama : Contrôle de soi, maîtrise de soi.

darshan : Entrevue avec une personne sainte ou vision du Divin.

Le Dévi *bhava* (Identification divine à Dévi) désigne l'état dans lequel Amma révèle son unité et son identité avec la Mère divine. Le Krishna *bhava* (Identification divine à Krishna) désigne l'état dans lequel Amma révèle son unité et son identité avec le Seigneur Krishna.

Dévi : Déesse / Mère divine.

Dharana : La concentration. Le sixième des huit membres (ou piliers) (*ashtanga*) du yoga décrits par le sage Patanjali dans les *Yoga Sutras*.

dharma : « Ce qui soutient (la création) ». Désigne généralement l'harmonie de l'univers, un code de conduite juste, un devoir sacré ou la Loi éternelle.

dhyana : La méditation.

dhyana shloka : Verset d'invocation.

dosa : Crêpe mince et salée.

Dronacharya : Le guru des Pandavas et des Kauravas dans le *Mahabharata*.

Dvaita : La dualité ; la philosophie qui considère que Dieu et l'âme individuelle sont deux entités séparées.

Ekalavya : Personnage du *Mahabharata* ; un prince des populations tribales, célèbre pour son habileté au tir à l'arc.

guna : Une des trois qualités suivantes : *sattva*, *rajas* et *tamas*. Les êtres humains manifestent un mélange de ces qualités. *Sattva* est associée au calme et à la sagesse, *rajas* à l'activité et à l'agitation, et *tamas* à la paresse ou à l'apathie.

Guru : Maître spirituel.

Guru Purnima : Le jour de la pleine lune (*purnima*) dans le mois hindou d'*ashadha* (Juin – Juillet) ; ce jour-là, les disciples honorent le guru ; c'est aussi l'anniversaire du sage Vyasa, compilateur des Védas et auteur des *Puranas*, des *Brahmasutras*, du *Mahabharata* et du *Shrimad Bhagavatam*.

Guruvayurappan : Une forme du Seigneur Vishnu, celui qui protège le monde dans la Trinité hindoue ; cette forme est adorée principalement dans le Kérala.

hatha yoga : Exercices physiques ou *asanas* conçus pour augmenter le bien-être général en tonifiant le corps et en ouvrant ses différents canaux afin que l'énergie puisse circuler librement ; la science du *pranayama* (contrôle de la respiration), qui inclut d'autres aspects du yoga, parmi lesquels des *asanas* et des *mudras* (gestes ésotériques exécutés avec les mains qui correspondent à des énergies ou à des pouvoirs spécifiques).

idli : Petite « galette » ronde cuite à la vapeur, à base d'une pâte fermentée faite de riz et de lentilles.

indriya : organe des sens.

ishvara : Le Seigneur ; le souverain intérieur qui guide de l'intérieur.

japa : La répétition d'un mantra.

jijnasa : Le désir de connaître (Dieu).

jijnasu : Une des quatre sortes de dévots mentionnées dans la *Bhagavad Gita*, celui qui aspire à connaître Dieu ; celui qui a le désir de connaître quelque chose.

jiva : Soi individuel, (âme).

jnana : La connaissance de la vérité.

jnani : Une des quatre sortes de dévots mentionnés dans la *Bhagavad Gita*, celui qui connaît Dieu ou le Soi.

Kali : Déesse à l'aspect effrayant ; elle est dépeinte comme une déesse au teint sombre et porte une guirlande de crânes et une ceinture faite de mains humaines ; féminin de Kala (le temps).

kama : Le désir.

Kamsa : Oncle maternel du Seigneur Krishna.

kanji : Gruau de riz

karma : Action ; activité mentale, verbale et physique ; enchaînement d'effets produits par nos actions.

karma kushalata : Habileté ou dextérité dans l'action.

karma yoga : La voie de l'action, la voie du service désintéressé.

Kauravas : Les cent un enfants du roi Dhritarashtra et de la reine Gandhari, dont le méchant Duryodhana était l'aîné. Les Kauravas étaient les ennemis de leurs cousins, les vertueux Pandavas, qu'ils ont combattus dans la guerre du Mahabharata.

kripa : La grâce divine.

Krishna : Dérivé de *krish*, qui signifie « attirer à soi » ou « enlever le péché » ; principale incarnation du Seigneur Vishnu. Né dans une famille royale mais élevé par des parents adoptifs, il mena la vie d'un petit vacher à Vrindavan, où il était aimé et adoré par ses compagnons pleins de dévotion, les *gopis* (laitières) et les *gopas* (vachers). Krishna fonda ensuite la ville de Dvaraka. Il était l'ami et le conseiller de ses cousins, les Pandavas, surtout d'Arjuna, dont il fut le conducteur de char pendant la guerre du Mahabharata, et auquel il révéla son enseignement dans la *Bhagavad Gita*.

Kuchela : Ami d'enfance du Seigneur Krishna.

Kurukshetra : Le champ de bataille où se déroula la guerre entre les Pandavas et les Kauravas. C'est aussi une métaphore du conflit entre le bien et le mal.

Lalita Sahasranama : La litanie des Mille noms de Sri Lalita Dévi, une des formes de la Déesse.

lila : Jeu divin.

Mahabharata : Épopée de l'Inde ancienne composée par le sage Vyasa, qui dépeint la guerre entre les vertueux Pandavas et les Kauravas, ennemis du dharma.

mahatma : « Grande âme » ; expression employée pour décrire celui qui a réalisé le Soi ou Dieu.

malayalam : Langue parlée dans l'état indien du Kérala.

Malayali : Celui dont la langue maternelle est le malayalam.

manana : Réflexion sur des sujets spirituels.

mantra : Son, syllabe, mot ou parole ayant un contenu spirituel. Les mantras sont des révélations faites aux *rishis* lorsqu'ils sont en profonde contemplation. Les gurus initient les disciples et les dévots à un mantra spécifique pour leur croissance spirituelle.

Matruvani : « La Voix de la Mère ». Le magazine publié par le Mata Amritanandamayi Math, actuellement en dix-sept langues.

Maya : L'illusion cosmique, personnifiée comme une tentatrice. L'illusion, une apparence, par opposition à la réalité. Le pouvoir créateur du Seigneur ; voir Shakti.

mithya : Changeant et donc impermanent. Également : illusoire ou irréel. Selon le Védanta, l'ensemble du monde visible est *mithya*.

moksha : La libération au sens spirituel, c'est-à-dire la délivrance du cycle des naissances et des morts.

nididhyasana : La méditation profonde et répétée sur les déclarations des Écritures.

nirguna : Sans attribut (par opposition à *saguna*).

Om (Aum) : Le son primordial de l'univers ; la graine de la création. Le son cosmique, que l'on peut entendre en méditation profonde ; la syllabe sacrée enseignée dans les *Upanishads*, qui représente Brahman, le fondement divin de l'existence.

Om amriteshwaryai namah : Salutations à la déesse immortelle.

pada puja : Cérémonie qui consiste à laver les pieds de la divinité comme une forme d'adoration.

Pandavas : Les cinq fils du roi Pandu, les cousins de Krishna.

papa : Péché, mauvaise action.

paramatma : Le Soi suprême.

Parashakti : La Puissance suprême, personnifiée comme la Déesse, l'Impératrice de l'univers.

Parvati : Épouse du Seigneur Shiva.

Les Yoga Sutras de Patanjali : Aphorismes composés par le sage Patanjali ; ils décrivent une voie qui permet de purifier et de transcender le mental.

payasam : Pudding sucré.

prakriti : La nature, la matière primordiale.

prana : La force vitale.

pranava : La syllabe mystique Aum (Om)

prasad : Offrande bénie venant d'une personne sainte ou d'un temple ; il s'agit souvent de nourriture.

prasada buddhi : L'attitude qui consiste à considérer tout ce que l'on reçoit comme un cadeau de Dieu.

puja : Rituel d'adoration.

punya : Mérite spirituel.

purna : Plein, entier ; la plénitude spirituelle.

purusha : Un homme en malayalam ; le Soi suprême en sanskrit.

rajas : voir guna.

Ramakrishna Paramahamsa : Maître spirituel (1836 – 1886) ayant vécu au Bengale ; il fut salué comme l'apôtre de l'harmonie religieuse. Il est à l'origine d'une renaissance spirituelle qui continue à toucher des millions de personnes.

Ramana Maharshi : Maître spirituel (1879 – 1950) qui vécut à Tiruvannamalai, dans le Tamil Nadu. Il recommandait l'introspection comme voie vers la Libération mais il approuvait une variété de voies et de pratiques spirituelles.

Rama : Le héros divin du *Ramayana*. C'était une incarnation du Seigneur Vishnu, et Il est considéré comme le modèle idéal du *dharma* et de la vertu. *Ram* signifie se réjouir ; celui qui trouve la joie en lui-même ; le Principe de la joie intérieure et aussi, celui qui apporte la joie dans les cœurs.

Ramayana : Une épopée de 24 000 vers qui décrit la vie et l'époque de Rama.

Ravana : Un puissant démon. Vishnu s'est incarné sous la forme du Seigneur Rama pour le tuer et rétablir l'harmonie dans le monde.

rishi : Un sage auquel des mantras sont révélés en méditation profonde.

Rukmini : Première épouse du Seigneur Krishna.

sadhana : Ensemble de pratiques spirituelles faites avec régularité et dévotion, qui mène au but suprême de la réalisation du Soi.

saguna : Avec attributs (par opposition à *nirguna*).

samadhi : Littéralement, cessation de tous les mouvements du mental ; union avec Dieu ; un état transcendantal dans lequel on perd tout sentiment d'identité individuelle ; l'union avec la réalité absolue ; un état de concentration intense dans lequel la conscience est complètement unifiée.

samatva : L'équanimité.

sambar : Sauce épicée du sud de l'Inde avec des lentilles et des légumes.

samsara : Le cycle des naissances et des morts ; le monde du changement ; la roue de la naissance, du déclin, de la mort et de la renaissance.

samyama : « Maintenir ensemble » ; combine les pratiques de *dharana*, *dhyana* et *samadhi* ; désigne aussi la maîtrise de soi ; celui qui excelle à cela est un *samyami*.

Sanatana Dharma : Littéralement, « la religion éternelle » ou « le mode de vie éternel », le nom originel et traditionnel de l'Hindouisme.

sankalpa : Résolution divine, généralement faite par un *mahatma*.

sannyasi : Un moine qui a fait le vœu officiel de renoncement (*sannyasa*) ; il porte traditionnellement des vêtements de couleur ocre, qui symbolisent le fait que tous les désirs ont été brûlés. L'équivalent féminin est *sannyasini*.

sanskrit : La langue dans laquelle est écrit le plus ancien des textes sacrés, le *Rik Véda*, ainsi que les trois autres Védas ; la langue des Écritures hindoues les plus anciennes.

Saraswati : Déesse de la Connaissance et des Arts.

sari : Vêtement traditionnel des femmes indiennes qui consiste en un long morceau de tissu sans couture enroulé autour du corps.

sarvajnatva : L'omniscience.

Satguru : « Maître authentique ». Tous les *satgurus* sont des *mahatmas*, mais tous les *mahatmas* ne sont pas des *satgurus*. Le *satguru* est celui qui, tout en demeurant établi dans la béatitude du Soi, choisit de se mettre au niveau des gens ordinaires pour les aider à grandir spirituellement.

satsang : Communion avec la vérité suprême. Également : être en compagnie des *mahatmas*, étudier les Écritures, et écouter les discours d'un *mahatma* ; assemblée de personnes qui désirent écouter ou discuter de sujets spirituels ; un discours spirituel.

sattva, sattvic : voir guna.

Satyabhama : Une des épouses de Sri Krishna.

seva : Service désintéressé dont les résultats sont consacrés à Dieu.

Shakti : La personnification de la volonté et de l'énergie cosmiques ; la force ; voir Maya.

shama : La maîtrise du mental.

Shankaracharya : Un saint révéré à la fois comme un guru et comme le principal représentant de l'*advaita*, la philosophie de la non-dualité.

sharanagati : L'abandon total de soi à Dieu ou au guru.

shastra : La science ; les textes des Écritures qui font autorité.

Shiva : Shiva est vénéré comme le premier et le principal dans la lignée des gurus, ainsi que comme le substrat sans forme de l'univers, par contraste avec Shakti. Le dieu de la Destruction dans la Trinité hindoue.

shraddha : La vigilance (malayalam) ; la foi (sanskrit).

shravana : Écouter les vérités des Écritures ; souvent associé à *manana* et à *nididhyasana*.

Shruti : « Ce qui est entendu » ; désigne les Védas, qui furent révélés aux *rishis* ; désigne aussi une tonalité en musique.

smriti : « Ce dont on se souvient » ; textes sacrés hindous attribués aux *rishis*.

svadhyaya : Étude quotidienne ou régulière des Écritures ; récitation des Védas et d'autres textes des Écritures.

svarup(a) : Forme propre, nature réelle.

Swami : Titre donné à celui qui a fait le vœu de *sannyasa* (voir *sannyasi*). Swamini est l'équivalent féminin.

tabla : Tambours indiens

tamas, tamasic : voir guna.

tapas : Austérités, pénitences.

tulasi : Basilic sacré.

Upanishad : La partie des Védas qui traite de la connaissance du Soi.

uppuma : Plat à base de semoule de blé grillée.

vairagya : Le détachement

Valmiki : Un sage, auteur du *Ramayana*.

vasana : Tendance latente ou désir subtil qui se manifeste comme une pensée, un motif, une action ; impression subconsciente acquise par l'expérience.

Védas : Les plus anciennes de toutes les Écritures, révélées par Dieu ; les Védas n'ont pas été composés par un auteur humain mais ont été révélés aux sages de jadis (*rishis*) plongés en profonde méditation. Ces révélations ont été appelées les Védas. Il en existe quatre : *Rik*, *Yajus*, *Sama* et *Atharva*

Vidyalayam : École

Vishnu : Le dieu qui préserve l'univers dans la Trinité hindoue.

Vishu : Le Nouvel An dans le Kérala, célébré à la fin de l'équinoxe de printemps.

viveka : Le discernement, surtout entre ce qui est éphémère et ce qui est éternel.

yagna : Rituel d'adoration dans lequel on offre des oblations au feu selon les injonctions des Écritures, tandis que l'on récite des mantras sacrés.

yoga : « Unir ». L'union avec l'Être suprême. Un terme vaste qui désigne aussi les différentes méthodes grâce auxquelles on peut atteindre l'union avec le Divin. Une voie qui conduit à la réalisation du Soi. Un adepte du yoga est un yogi ; yogini est l'équivalent féminin.

www.ingramcontent.com/pod-product-compliance
Lightning Source LLC
LaVergne TN
LVHW051547080426
835510LV00020B/2884